Stephan Grigat (Hg.)
Postnazismus revisited

Stephan Grigat (Hg.)

Postnazismus revisited

Das Nachleben des Nationalsozialismus im 21. Jahrhundert

Mit Beiträgen von
Ulrich Enderwitz, Stephan Grigat, Uli Krug, Florian Markl,
Clemens Nachtmann, Gerhard Scheit und Heribert Schiedel

ça ira

Gesamtverzeichnis, Leseproben, Texte:
www.ca-ira.net

Unterstützt von:
Studienvertretung Doktorat Gewi/Hus an der Universität Wien
Studienvertretung Theater-, Film- und Medienwissenschaft an der Universität Wien
IG Philosophie an der Universität Wien

Postfach 273
79002 Freiburg

Zweite, erweiterte und geänderte Auflage von *Transformation des Postnazismus. Der deutsch-österreichische Weg zum demokratischen Faschismus (2003)*

Umschlaggestaltung: Martin Janz, Freiburg
Lektorat: Karolin Freund und Gunter Heiß
Druck: buch bücher dd ag, Birkach

ISBN: 978-3-86259-106-0

Die Deutsche Bibliothek verzeichnet diese Publikation in der Deutschen Nationalbibliografie; detaillierte bibliografische Daten sind im Internet über http://dnb.d-nb.de abrufbar.

Inhalt

I
Postnazismus revisited

Stephan Grigat

Postnazismus in Zeiten des Djihad

Modernisierte Vergangenheitspolitik, die Konkurrenz der Antisemiten und die FPÖ nach Jörg Haider

Zur Einleitung

Der vorliegende Band dokumentiert die Mehrzahl der Beiträge aus der 2003 erschienenen Textsammlung *Transformation des Postnazismus. Der deutsch-österreichische Weg zum demokratischen Faschismus.* Neben einer Auseinandersetzung mit der damaligen schwarz-blauen Koalition in Österreich und der rot-grünen in Deutschland beinhalten die Aufsätze grundlegende Überlegungen zum Nachleben des Nationalsozialismus in den postfaschistischen Gesellschaften, die eine erneute Veröffentlichung der bereits seit mehreren Jahren vergriffenen Texte nahelegen. Doch ein reiner Nachdruck wäre den Veränderungen der letzten Dekade nicht gerecht geworden. Daher handelt es sich bei dem nun vorliegenden Band um eine erweiterte, um die Beiträge im ersten Teil des Bandes ergänzte, und im zweiten Teil geänderte Neuauflage, die dementsprechend unter einem neuen Titel erscheint.[1]

1 Daß der Begriff des ›Nachlebens‹ hier nicht im Sinne eines lediglich noch nicht vollständig vollzogenen Ablebens zu verstehen ist, sondern im Sinne eines Fortwesens, das die aktuelle Attraktivität von am Nationalsozialismus orientierten Krisenlösungen meint, wurde bereits in den Beiträgen aus dem Jahr 2003 betont. Der Postnazismusbegriff wurde seitdem in einer Reihe von Publikationen aufgegriffen – wenn auch mit sehr unterschiedlichen, sich mitunter widersprechenden Implikationen. Vgl. beispielsweise Oliver Barth: *Postnazismus, Staatsableitung, Zivilgesellschaft? Antideutsche und antinationale Kategorien in Zeiten von Transformationsprozessen.* In: *Phase 2. Zeitschrift gegen die Realität*, Nr. 37, 2010; Basisgruppe Theaterwissenschaft/ÖH Uni Wien (Hg.):

Die Aufsätze von Clemens Nachtmann und Gerhard Scheit im ersten Teil des Bandes sind in früheren Fassungen in der Zeitschrift *Bahamas* erschienen. Die Beiträge im zweiten Teil wurden bis auf die Anpassung von Jahreszahlen und kleinen Korrekturen unverändert aus der Erstauflage von *Transformation des Postnazismus* in den Band aufgenommen – mit Ausnahme einer Passage im Text von Clemens Nachtmann, was dieser in einer Vorbemerkung zu seinem Beitrag aus dem Jahr 2003 begründet.

Nicht enthalten in der vorliegenden Ausgabe ist der Beitrag über *Die Verhärtung der politischen Form. Das Kapital und die Zukunft des Faschismus am Ende der liberaldemokratischen Epoche* von Johannes Agnoli, dem der Sammelband *Transformation des Postnazismus* kurz nach seinem Tod gewidmet worden war.[2] Auch der Text *Anständiger Widerstand. Der patriotisch-politiksüchtige Protest gegen die demo-*

Theaterwissenschaft und Postnazismus. Wien 2009; kittkritik (Hg.): *Deutschlandwunder. Wunsch und Wahn in der postnazistischen Kultur*. Mainz 2007; IG Bildende Kunst (Hg.): *smrt postnazismus. Bildpunkt*, Nr. 1, 2011; Bericht über die Wiener Tagung *Repolitisierung! Display im Postnazismus*. 15.03.2011 – 11.05.2011: http://hsozkult.geschichte.hu-berlin.de/tagungsberichte/id=3800, 10.09.2011. (Soweit nicht anders angegeben, wurden alle Links am 30.12.2011 letztmalig aufgerufen. Die angegebenen Daten bezeichnen das Datum der Veröffentlichung auf der jeweiligen Webseite.)

2 Alles Notwendige zu der Vorgeschichte, warum Agnolis Text in diesem Band nicht mehr enthalten ist, findet sich hier: http://www.ca-ira.net/verlag/sonstiges/pe-agnoli-1.html, 18.4.2004. Die gerichtlich festgestellte Tatsache, daß Agnolis Text rechtmäßig in die Erstauflage aufgenommen wurde (vgl. http://www.ca-ira.net/verlag/sonstiges/ba-isf.3.html, 25.8.2006), ermöglicht allein leider nicht den Wiederabdruck in der erweiterten Neuauflage. Zur Kritik an der fehlenden ideologiekritischen Zuspitzung in Agnolis Überlegungen zu Staat und Kapital, die sich mitunter auch in seinen Ausführungen in *Transformation des Postnazismus* niedergeschlagen hat, siehe Stephan Grigat: *Agnolis Kritik der Politik. Das Elend der Politikwissenschaft und der Staatsfetisch in der marxistischen Theorie*. In: Joachim Bruhn/Manfred Dahlmann/Clemens Nachtmann (Hg.): *Kritik der Politik. Johannes Agnoli zum 75. Geburtstag*. Freiburg

kratische Barbarei, verfaßt von Simone Dinah Hartmann und dem Herausgeber, wurde nicht in den vorliegenden Band aufgenommen, da er sich weitgehend auf eine Kritik an der bereits im Jahr 2002 sanft entschlafenen Protestbewegung gegen die schwarz-blaue Bundesregierung in Österreich beschränkt. Die in dem Text formulierte Kritik am alternativen Nationalismus der Linken und an ihrem Staatsfetischismus bleibt jedoch aktuell: Nachdem Thüringen auf Grund des Auffliegens des ›Zwickauer Terrortrios‹ und seiner Verbindungen zusehends in Verruf geriet, organisierte die Gesinnungsgemeinschaft der anständigen Deutschen in Jena Anfang Dezember 2011 ein *Rock gegen Rechts*-Event, bei dem die Bürger an den Nazis in aller erster Linie kritisierten, daß sie aus ihrer Gegend stammen und ihren Wirtschaftsstandort schlecht aussehen lassen. In Österreich machten sich sozialdemokratische Nachwuchskader angesichts der FPÖ-Kandidatin Barbara Rosenkranz bei der Präsidentschaftswahl 2010, die laut einem Urteil des *Europäischen Gerichtshofs für Menschenrechte* straffrei als »Kellernazi« bezeichnet werden darf, über »den absehbaren Image-Schaden der Nation« Gedanken,[3] und ein Bündnis aus sich selbst zum »anderen Österreich« stilisierenden zivilgesellschaftlichen Initiativen organisierte mit Unterstützung der Sozialdemokratie einen *Lichtertanz gegen Rosenkranz* am Wiener Heldenplatz, dem erwartungsgemäß keine Phrase des alternativen Nationalismus zu blöd war.

2000 – eine Kritik im übrigen, an der sich der Kritisierte bei seinem Wien-Besuch 2001 ausgesprochen interessiert gezeigt hat.

3 http://www.gedenkdienst.at/index.php?id=607, 17.4.2011. Die Empörung der austropatriotischen Antifaschisten in der SPÖ über Rosenkranz war wie immer verlogen. Noch 2007 hatte ihr die sozialdemokratische Nationalratspräsidentin Barbara Prammer das Große Goldene Ehrenzeichen der Republik Österreich um den Hals gehängt und der sozialdemokratische Amtsinhaber hatte gleich zu Beginn des Präsidentschaftswahlkampfs 2010 die Beneš-Dekrete in einer Grußbotschaft an die *Sudetendeutsche Landsmannschaft Österreich* als »schweres Unrecht« bezeichnet (http://diepresse.com/home/politik/innenpolitik/544290/Aufregung_Fischer-verurteilt-BenesDekrete, 4.3.2010), was ganz im Sinne seiner Herausfordererin gewesen sein dürfte.

Die am Ende des Beitrags *Anständiger Widerstand* geäußerte Vermutung, daß »diese Linke keinen Beitrag zur gesellschaftlichen Emanzipation, sondern zur allgemeinen Regression leisten wird«,[4] hat sich allerdings nicht in erster Linie angesichts linkspatriotischer Aufmärsche gezeigt. Sie bestätigt sich insbesondere an der völligen Unfähigkeit der überwiegenden Mehrheit dieser Linken, ein adäquates Verständnis des Zionismus und eine Kritik des islamischen Djihadismus zu formulieren – und nicht zuletzt an ihrem abgehalfterten Antifaschismus, der sich in Beschwörungen einer braunen Gefahr gefällt, aber keinen Finger krumm macht, wenn im April 2010 der Eröffnungsredner der Teheraner Holocaust-Leugner-Konferenz, der damalige iranische Außenminister Manouchher Mottaki, von seinem österreichischen Amtskollegen im Wiener Außenministerium hochoffiziell empfangen wird, oder wenn der deutsche Außenminister Ende 2011 seinen iranischen Amtskollegen, den ehemaligen Chef des iranischen Atomprogramms Ali Akbar Salehi, zu Gesprächen begrüßt.

Eine derartige Dialogpolitik mit dem iranischen Regime, das Deutschland wiederholt unmißverständliche Angebote zur gemeinsamen endgültigen Überwindung der Nachkriegsordnung unterbreitet hat,[5] ruft in Erinnerung, daß eine Kritik des Postnazismus stets »auf eine internationale Konstellation« zielt[6] und sich keineswegs allein mit Entwicklungen in den Nachfolgegesellschaften des Nationalsozialismus auseinanderzu-

4 Simone Dinah Hartmann/Stephan Grigat: *Anständiger Widerstand. Der patriotisch-politiksüchtige Protest gegen die demokratische Barbarei*. In: Stephan Grigat (Hg.): *Transformation des Postnazismus. Der deutsch-österreichische Weg zum demokratischen Faschismus*. Freiburg 2003, S. 168

5 Vgl. Stephan Grigat/Simone Dinah Hartmann: *Freundschaft statt Freiheit. Warum die Mullahs Deutschland lieben und die Bundesrepublik Israel im Stich läßt*. In: Thomas von der Osten-Sacken/Oliver M. Piecha/Alex Feuerherdt (Hg.): *Verratene Freiheit. Der Aufstand im Iran und die Antwort des Westens*. Berlin 2010, S. 61 ff.

6 Clemens Nachtmann im vorliegenden Band, S. 92

setzen hat. Im Folgenden sollen einleitend erstens einige Schlaglichter auf die modernisierte Vergangenheitspolitik in Deutschland vor dem Hintergrund der Tatsache geworfen werden, daß die Berliner Politik den Staat Israel angesichts der existentiellen Bedrohung durch das iranische Nuklearwaffen- und Raketenprogramm im Stich läßt, indem sie sich weiterhin weigert, ein konsequentes Vorgehen gegenüber dem Regime in Teheran mitzutragen. Zweitens werden Gedanken zur Kritik des Postnazismus im Zeitalter des Djihadismus formuliert und die Karriere des ›Islamophobie‹-Begriffs vor dem Hintergrund der Diskussionen über den norwegischen Attentäter Anders Behring Breivik beleuchtet. Drittens wird kurz auf das aktuelle Krisenbewußtsein in den postnazistischen Gesellschaften eingegangen. Viertens werden die Entwicklung in Österreich seit 2003 skizziert und Modifikationen in den Positionierungen der FPÖ seit dem Ableben Jörg Haiders diskutiert, dessen Aufstieg in den 1990er Jahren einer der zentralen Hintergründe für das Erscheinen des Bandes *Transformation des Postnazismus* war.

I.

Was die postnazistische Normalität im heutigen Deutschland ausmacht, läßt sich mit einem einzigen Zitat eines deutschen Historikers treffend illustrieren. Bei den Jubiläumsfeierlichkeiten für jenes Holocaustmahnmal in Berlin, von dem Kanzler Gerhard Schröder sich gewünscht hatte, es solle ein Denkmal sein, »zu dem man gerne hingeht«,[7] verkündete der sozialdemokratische Faschismusforscher Eberhard Jäckel im Mai 2010: »In anderen Ländern beneiden manche die Deutschen um dieses Denkmal.«[8] Der *Tagesspiegel* freute sich angesichts des »Bürgerfestes am Stelenfeld« über die »Erfolgsgeschichte Holocaustmahnmal«.[9]

7 http://www.taz.de/index.php?id=archivseite&dig=2006/05/10/a0136, 10.5.2006

8 Entweder Broder 2: *Von Allah bis Osama. Das Erste*, 14.11.2010

Was Autoren wie Wolfgang Pohrt und Eike Geisel in den 1980er- und 90er-Jahren mit einer Polemik überziehen konnten, die darauf hoffte, daß das antizipierend Kritisierte sich doch nicht gesamtgesellschaftlich durchsetzen würde,[10] prägt heute das Selbstverständnis der ganzen Nation: Das passende Motto des seinem Selbstverständnis nach wiedergutgemachten Deutschlands könnte mittlerweile lauten: »Vergangenheitsbewältigung ist ein Meister aus Deutschland.« Und so kann man in Deutschland den Fernseher gar nicht mehr einschalten, ohne daß einem ein Historikerdarsteller wie Guido Knopp etwas über »Hitlers Frauen«, »Hitlers Helfer« oder »Hitlers Krieger« erzählt: Über alles zu reden, um ja nichts zu begreifen – das ist Vergangenheitspolitik im heutigen Deutschland. Die Mehrheit der Deutschen weiß inzwischen, was sie am Massenmord an den europäischen Juden hat und wie politischer Mehrwert aus seiner vergangenheitspolitischen Bewirtschaftung gezogen werden kann: Je mehr öffentliche Beschäftigung mit der nationalsozialistischen Vergangenheit, desto besser kann man den ehemaligen Opfern der Deutschen und ihrer Hilfsvölker Vorschriften machen. Je mehr Gedenken an die ermordeten Juden, um so hemmungsloser kann man sich den Antisemiten von heute an den Hals schmeißen.

Anfang der 1980er Jahre ließ der israelische Premierminister Menachem Begin dem deutschen Kanzler Helmut Schmidt völlig zu Recht ausrichten, wer als Offizier am Vernichtungskrieg an der Ostfront teilgenommen hat, sollte zu den Problemen im Nahen Osten ein für alle mal den Mund halten. Das scheint beim ehemaligen Oberleutnant der Wehrmacht aber auf taube Ohren gestoßen zu sein: Schmidt zählt zu 26 europäischen Ex-Politikern, die Israel Ende 2010 mit einem Aufruf

9 http://www.tagesspiegel.de/berlin/buergerfest-am-stelenfeld/1814252.html, 5.5.2010

10 Vgl. beispielsweise Eike Geisel: *Die Banalität der Guten. Deutsche Seelenwanderungen*. Berlin 1992; Ders.: *Triumph des guten Willens. Gute Nazis und selbsternannte Opfer. Die Nationalisierung der Erinnerung*. Berlin 1998; Wolfgang Pohrt: *Harte Zeiten. Neues vom Dauerzustand*. Berlin 1993

diktieren wollten, wie es sich beim Siedlungsbau und bei der Verhinderung der weiteren Aufrüstung im Gaza Streifen zu verhalten habe. Ebenfalls mit von der Partie war ein weiterer ehemaliger Wehrmachtsoffizier: Ex-Präsident Richard von Weizsäcker, der bis heute seinen Vater verteidigt, der in der Nazi-Zeit als Staatssekretär im Auswärtigen Amt tätig war. Schmidt und Weizsäcker waren an der Aushungerung von Leningrad beteiligt, der über eine Million Menschen zum Opfer gefallen sind; sie kämpften an der Ostfront, in deren Rücken systematisch die Ermordung der europäischen Juden vorangetrieben wurde. Heute nun fordern sie gegenüber jenem Land, das als Reaktion auf die deutschen Verbrechen gegründet wurde, Sanktionen, sollte sich der jüdische Staat nicht den Vorstellungen der *elder statesmen* fügen. Mit Verweis auf die angeblich so vorbildhafte deutsche Auseinandersetzung mit der Geschichte fühlen sie sich legitimiert, dem Staat der Shoahüberlebenden und ihrer Nachkommen Vorschriften zu machen. Schmidt, der »beliebteste deutsche Politiker der jüngeren Geschichte«,[11] hat das außenpolitische Resultat dieses Vorgangs offen ausgesprochen: »Deutschland hat keine Verantwortung für Israel.«[12] Dementsprechend plädieren Schmidt und Weizsäcker gemeinsam mit einer ganzen Riege ehemaliger, hauptsächlich sozialdemokratischer Spitzenpolitiker für »Sanktionen« und »konkrete Maßnahmen«[13] – nicht etwa gegen das

11 http://www.zeit.de/2011/44/Kanzlerkandidat-Steinbrueck, 27.10.2011

12 http://www.cicero.de/schmidt-stern-verantwortung-für-israel/40774, 16.4.2010. Ganz in diesem Sinne formulieren die heutigen sozialdemokratischen Außenpolitiker im Wartestand ihre Vorstellungen von einer zukünftigen Nahostpolitik Deutschlands angesichts des ›arabischen Frühlings‹. Niels Annen, der ehemalige Bundesvorsitzende der JUSOS, plädierte 2011 dafür, »Fehler der Vergangenheit zu revidieren und die quasioffizielle Kontaktsperre mit islamistischen Parteien aufzuheben«. *Arabellion und die Ratlosigkeit der deutschen Politik*. In: *Internationale Politik und Gesellschaft*, Nr. 4, 2011, S. 17

13 http://www.romanoprodi.it/documenti/eu-must-sanction-israel-over-its-refusal-to-obey-international-law-and-must-recognize-the-state-of-palestine_2401.html, 13.12.2010

iranische Regime oder seine Verbündeten Hamas und Hisbollah, die Israel vernichten wollen, sondern gegen den jüdischen Staat.

Das ist allerdings allemal ehrlicher als die Politik von Schmidts aktueller Nachfolgerin, die sich rhetorisch gerne an die Seite Israels stellt, aber nichts daran geändert hat, daß mit der Bundesrepublik der Rechtsnachfolger des ›Dritten Reiches‹ trotz aller Sanktionen bis heute die wichtigste westliche Stütze des Regimes aus Ajatollahs und Pasdaran ist, das fieberhaft daran arbeitet, sich mittels seines Nuklearwaffen- und Raketenprogramms, das aus den Einnahmen des Außenhandels finanziert wird, die entsprechenden Mittel für seine Vernichtungsdrohungen und -phantasien zu beschaffen.

Niemand vermag mit Gewißheit zu sagen, wie groß im postnazistischen Deutschland die insgeheime Bewunderung für den antiwestlichen Furor des iranischen Regimes ist, das mit seiner Propagierung eines dritten Weges zwischen ›Osten‹ und ›Westen‹ und seinem von konkurrierenden Rackets beherrschten Unstaat durchaus in der Tradition des Nationalsozialismus steht, die es als moderne Theokratie mit einem »gemeinsamen Oberkommando Allahs und seines Propheten«[14] in anderen Fragen jedoch wieder verwirft. Was die Deutschen mehrheitlich von jenem Staat denken, dem die Machthaber in Teheran Tod und Verderben an den Hals wünschen, ist hingegen bekannt: 2003 hielten 65 % der Deutschen laut einer EU-Umfrage Israel für »die größte Gefahr für den Weltfrieden«. 2004 erklärten über die Hälfte der Bundesbürger: »Was der Staat Israel heute mit den Palästinensern macht, ist im Prinzip auch nichts anderes als das, was die Nazis im Dritten Reich mit den Juden gemacht haben.« Knapp 70 % waren der Meinung, Israel führe »einen Vernichtungskrieg gegen die Palästinenser«. 2007 positionierten sich laut einer BBC-Umfrage 77 % der Deutschen eindeutig negativ gegenüber Israel,[15] das jeden Deutschen

14 Gerhard Scheit: *Der neue Vernichtungswahn und seine internationalen Voraussetzungen. Wodurch sich Ahmadinejads Islamische Republik von Hitlerdeutschland unterscheidet*. In: Stephan Grigat/Simone Dinah Hartmann (Hg.): *Der Iran. Analyse einer islamischen Diktatur und ihrer europäischen Förderer*. Wien/Innsbruck/Bozen 2008, S. 58 ff.

und Österreicher alleine durch seine Existenz an Auschwitz und Majdanek, an Treblinka und Sobibor erinnert.

Daß sich derartige Einstellungen keineswegs automatisch auf die Nahost-Politik der deutschen Regierung auswirken, liegt in erster Linie an jener *special relationship*, die dem postnazistischen Deutschland in der Nachkriegszeit zu Israel aufgenötigt wurde.[16] Die Unterschiede zwischen dem deutschen und österreichischen Postnazismus, auf die weiter unten zurückzukommen sein wird, werden auch am Beispiel der Beziehungen zu Israel deutlich: Während Deutschland sich gezwungen sah und weitgehend noch sieht, israelische Anliegen in internationalen Gremien in der Regel zu unterstützen, solange sie deutschen Wirtschaftsinteressen nicht allzu sehr entgegenstehen, hatte Österreich auf Grund seiner Opferideologie[17] noch nie ein Problem, sich bei entsprechenden Abstimmungen nicht nur zu enthalten, sondern zu Ungunsten Israels zu stimmen, wie zuletzt bei der Aufnahme ›Palästinas‹ in die UNESCO Ende 2011.

Die israelische Politik gegenüber dem postnazistischen Deutschland gestaltet sich ausgesprochen pragmatisch: Die Israelis tun so, als würden sie den Deutschen ihre Wandlung zu aufrechten Kämpfern gegen den Antisemitismus abnehmen. Und die Deutschen tun so, als würden sie plötzlich Juden mögen und sich aus ehrlicher Scham über die deutsche Geschichte um das Wohlergehen des jüdischen Staates sorgen. Die jeweiligen Interessen lassen sich kurz und knapp auf den Punkt bringen: »Für den Staat Israel ist es von großer Bedeutung, daß er in Deutschland einen halbwegs zuverlässigen Verbündeten in Europa finden kann, der von Zeit zu Zeit antiisraelische Beschlüsse zumindest abmildert, die Bundesrepublik erhofft sich von einer solchen Normali-

15 Vgl. Alex Feuerherdt: *Die Agenda der ›Israelkritiker‹*. http://kamo.blogsport.de/images/IsraelkritikerMoers.pdf, 8.6.2011; Martin Klocke: *40 Jahre deutsch-israelische Beziehungen*. http://www.bpb.de/popup/popup_druckversion.html?guid=EV50UI&page=0

16 Vgl. Yves Pallade: *Germany and Israel in the 1990s and Beyond: Still a ›Special Relationship‹?* Frankfurt am Main 2005

17 Vgl. dazu Stephan Grigat/Florian Markl im vorliegenden Band.

tät nichts weniger als die Möglichkeit, ohne geschichtlichen Ballast auf der internationalen Bühne agieren zu können.«[18] Dieses Arrangement hat zu einem breit gefächerten politischen, wirtschaftlichen und auch militärischen Beziehungsgeflecht inklusive zahlreicher Städtepartnerschaften und Jugendaustauschprogrammen zwischen dem Rechtsnachfolger des ›Dritten Reiches‹ und dem Staat der Shoahüberlebenden geführt, zu dem in Österreich kaum Vergleichbares existiert.

Vor diesem Hintergrund kann die Tatsache, daß der Bundestag das einzige europäische Parlament ist, in dem nach dem Aufbringen der Hamas-Solidaritätsflotte durch die israelische Armee im Sommer 2010 eine Resolution gegen das Vorgehen der IDF ohne Gegenstimmen verabschiedet wurde, durchaus als Schritt hin zum Bruch mit der

18 Rolf Schleyer: *»Wir haben da Zusagen gemacht.« Anmerkungen zu den deutsch-israelischen Beziehungen*. In: Alexandra Kurth (Hg.): *Insel der Aufklärung. Israel im Kontext*. Gießen 2005, S. 109. Dieser beidseitige Pragmatismus hat aber nie etwas daran geändert, daß die Sachwalter des Erbes des Nationalsozialismus ihren israelischen ›Partnern‹ eine Zumutung nach der anderen präsentiert haben: Konrad Adenauer gab als einen der Hauptgründe für die sogenannten ›Wiedergutmachungszahlungen‹ an, daß man, wie er 1965 bemerkte, die »Macht der Juden, auch heute noch, insbesondere in Amerika« nicht unterschätzen dürfe. (Zit. n. ebd., S. 113) Willy Brandt besuchte als *elder statesman* das baathistische Bagdad und hatte auch Umarmungen für Jassir Arafat im Programm, der sich im Golfkrieg 1991 demonstrativ auf die Seite Saddam Husseins gestellt hatte. Helmut Schmidt bezeichnete Menachem Begin als »Gefahr für den Weltfrieden« (http://www.spiegel.de/spiegel/spiegelspecial/d-52498300.html, 1.2.1992). Helmut Kohl durchbrach die internationale Isolation des österreichischen Bundespräsidenten mit Wehrmachtsvergangenheit Kurt Waldheim, der 1991 als erstes westliches Staatsoberhaupt dem iranischen Regime seine Aufwartung machte und am Sarkophag Khomeinis einen Kranz niederlegte, und empörte sich polternd über Einmischungen des *World Jewish Congress* in deutsche Angelegenheiten. Gerhard Schröder, der der Wehrmacht in Gestalt seines uniformierten Vaters einen Ehrenplatz auf dem deutschen Kanzlerschreibtisch einräumte, war 2003 bei seinem Besuch in Ägypten der erste Regierungschef der BRD, der öffentlich forderte, »politischen Druck« auf den jüdischen Staat auszuüben.

postnazistischen Normalität gesehen werden, in der die stets behauptete ›Verpflichtung‹ gegenüber Israel zu den letzten noch sichtbaren Resten der Erinnerung an die deutsche Schuld gehört.[19] Noch deutlicher als vor zehn Jahren zeigt sich heute, daß sich in Deutschland das Nachleben des Nationalsozialismus nicht in der Gefahr faschistischer Massenaufmärsche und auch nicht in einem klassischen Geschichtsrevisionismus artikuliert, sondern beispielsweise im Appeasement gegenüber den islamischen Djihadisten und in der Delegitimierung des Zionismus; eine Delegitimierung, die einstweilen im politischen Mainstream noch als Kritik an der konsequenten Selbstverteidigung Israels daherkommt, während der Frontalangriff auf den jüdischen Staat in der Regel Islamisten, Nazis und – derzeit in Europa am publikumswirksamsten – vermeintlich radikalen Linken überlassen bleibt.

Und doch ist die alte Schuldabwehr, das Relativieren und Aufrechnen der deutschen Verbrechen, nicht völlig verschwunden. Es wird heute nur nicht mehr wie noch bis in die Regierungszeit Helmut Kohls hinein von konservativen Nationalisten vorgetragen, sondern von Vordenkern des rot-grünen Milieus. Günter Grass hat 2011 in einem Interview mit der israelischen Tageszeitung *Haaretz* seine ganz eigene Sicht auf die Geschichte präsentiert: »Aber der Wahnsinn und die Verbrechen fanden nicht nur ihren Ausdruck im Holocaust und hörten nicht mit dem Kriegsende auf. Von acht Millionen deutschen Soldaten, die von den Russen gefangen genommen wurden, haben vielleicht zwei Millionen überlebt, und der ganze Rest wurde liquidiert.«[20] Das ist schlicht eine Lüge, und keine kleine. Nicht acht, sondern rund drei Millionen Vernichtungskrieger der Wehrmacht gerieten in sowjetische Gefangenschaft. Vermutlich starben etwa eine Million von ihnen, in der Regel an Unterernährung, die ein unmittelbares Resultat der deutschen

19 Der Allparteienbeschluß des Wiener Gemeinderats vom Sommer 2010 mit ganz ähnlichem Inhalt stellt eine Art provinzpolitische Ergänzung des Bundestagsbeschlusses dar. Vgl. dazu Gerhard Scheit im vorliegenden Band.

20 http://www.haaretz.com/weekend/magazine/the-german-who-needed-a-fig-leaf-1.380883, 26.8.2011

Taktik der ›verbrannten Erde‹ beim Rückzug an der Ostfront mit ihrer unvorstellbaren Ressourcenzerstörung war, an der auch die sowjetische Bevölkerung in den ersten Nachkriegsjahren massiv zu leiden hatte. Grass macht daraus als deutscher Mathematiker, der immer nur bei *einer* Zahl landen kann: sechs Millionen liquidierte, also vorsätzlich ermordete Deutsche. Vermutlich würden sich revanchistische Konservative und selbst ausgemachte Nazis eine derart offensichtliche Geschichtsfälschung heute kaum trauen.

Einer der wenigen deutlichen Einsprüche gegen Grass' Äußerungen in einem Mainstreammedium fand sich in der *Süddeutschen Zeitung*, in welcher Peter Jahn, der ehemalige Leiter des *Russischen Museums Berlin-Karlshorst*, den Starautor nicht nur mit den historischen Fakten konfrontierte, sondern ihm auch attestierte, mit seiner Relativierung der deutschen Verbrechen in die 1950er Jahre »zurückzufallen«.[21] Von einem ›Rückfall‹ kann allerdings insofern keine Rede sein, als erst die linke Faschismusbewirtschaftung in Folge von 1968 und die rot-grüne Vergangenheitsoffensive der 1990er-Jahre derartige Äußerungen von Grass, den der israelische Schriftsteller Yoram Kaniuk schon vor Jahren als »miesen Lügner« bezeichnet hat,[22] ermöglicht haben. Grass, der 61 Jahre gewartet hat, bis er seine Fan-Gemeinde wissen ließ, daß er ab 1944 in der Waffen-SS war, wurde in den Nachkriegsjahren schnell zum Sprachrohr jenes ›anderen Deutschlands‹, das aus der Erfahrung des Nationalsozialismus offenbar nur eine Lehre gezogen hat: Auf keinen Fall dürfe man auf das Umschlagen bürgerlicher oder sich in Herausbildung befindlicher bürgerlicher Vergesellschaftung in jene manifeste Barbarei, die unter anderem Clemens Nachtmann und Gerhard Scheit als negative Aufhebung des Kapitals auf seiner eigenen Grundlage bestimmt haben,[23] mit militärischen Mitteln antworten. In den Jahrzehnten nach 1945 war es vornehmlich die Linke, die das

21 http://www.sueddeutsche.de/kultur/relativierung-von-kriegsgraeulen-wie-guenter-grass-den-weltkrieg-und-dessen-folgen-verrechnet-1.1137420, 31.8.2011

22 http://www.n-tv.de/politik/dossier/Der-Fall-Guenter-Grass-article194966.html, 13.8.2006

Diktum ›Nie wieder Auschwitz, nie wieder Krieg‹, bei dem noch jeder wußte, daß der deutsche Aggressions- und Vernichtungskrieg gemeint war, in das Dogma ›Nie wieder Krieg gegen Antisemitismus‹ transformierte.

Dementsprechend macht es auch keinen Sinn, immer wieder jenes Bild des häßlichen Deutschen auferstehen zu lassen, demgegenüber es sich der traditionelle Antifaschismus ebenso bequem eingerichtet hat wie bestimmte Ausprägungen einer ›antideutschen Kritik‹. Es sind keineswegs in erster Linie autoritätshörige, sich ›ethnische‹ Homogenität wünschende Duckmäuser, die heute in Deutschland Gegenaufklärung und Ressentiment entscheidend voranbringen, sondern vielmehr jene sich als antiautoritär begreifenden ›Wutbürger‹, die der authentischen ›Stimme des Volkes‹, die im heutigen Deutschland gerne auch einmal etwas anderes als Deutsch sprechen kann, Ausdruck verleihen wollen. Sekundiert wird ihnen von jener poststrukturalistischen Philosophie, die das Denken Martin Heideggers »konservierte und modernisierte« und deren Siegeszug an den Universitäten und im Feuilleton insofern völlig zu Recht als ein Paradebeispiel für das angeführt wurde, was Adorno das »Nachleben des Faschismus in der Demokratie« genannt hat.[24]

Keinesfalls sollen die Gefahren in Abrede gestellt werden, die von der *Freiheitlichen Partei Österreichs*, neonazistischen Freien Kameradschaften, der NPD oder dem revanchistischen, wenn auch reichlich zurechtgestutzten Flügel der Unionsparteien in Deutschland ausgehen. Doch wollte man heute eine erfolgreiche autoritär-völkische Mobilisierung *im klassischen Sinne* ausmachen, man müßte viel eher auf ein Land wie Ungarn schauen. Die Magyaren belegen bei vergleichenden

23 Vgl. Clemens Nachtmann im vorliegenden Band, S. 172ff.; Gerhard Scheit: *Bruchstücke einer politischen Ökonomie des Antisemitismus*. In: *Streifzüge*, Nr. 1, 1997, S. 7

24 Alex Gruber/Philipp Lenhard: *›Deutsche Ideologie‹: Von Stirner zum Poststrukturalismus. Einleitung*. In: Dies. (Hg.): *Gegenaufklärung. Der postmoderne Beitrag zur Barbarisierung der Gesellschaft*. Freiburg 2011, S. 22

Länderstudien zur Verbreitung von Fremdenfeindlichkeit und klassischem Antisemitismus regelmäßig Spitzenwerte.[25] *Fidesz*, die Schwesterpartei von CDU und *Österreichischer Volkspartei*, betreibt mit ihrer Zwei-Drittel-Mehrheit im vorauseilenden Gehorsam gegenüber der noch in Opposition befindlichen, offen antisemitischen und rassistischen *Jobbik* in einem atemberaubenden Tempo eine Umgestaltung der Gesellschaft, die wohl selbst die FPÖ vor Neid erblassen lassen dürfte, deren Vorsitzender 2010 eine Delegation der ungarischen Faschisten empfing.[26] *Jobbik* liegt mittlerweile in Umfragen selbst bei fast 20 % der Wählerstimmen.[27] Neben der Hetze gegen Juden, Roma und Homosexuelle, die regelmäßig zu gewalttätigen, mitunter tödlichen Angriffen führt, fordern *Jobbik*-Politiker, Ungarn dürfe kein »zweites Palästina werden«, wie es die Spitzenkandidatin für die Europaparlamentswahlen 2009, Krisztina Morvai, formulierte, bei denen die Partei knapp 15 % der Stimmen erhielt. Parteichef Gábor Vona, der vor den Parlamentswahlen 2010 Mahmoud Ahmadinejad aufgefordert hatte, iranische Pasdaran als Wahlbeobachter nach Ungarn zu schicken,[28] verglich den Erfolg seiner Partei mit dem »Triumph palästinensischer Partisanen gegen israelische Helikopter«[29]. Morvai attackierte Israelis als »verlauste, dreckige Mörder«, denen sie die Hamas an den Hals

25 Vgl. Heribert Schiedel: *Extreme Rechte in Europa*. Wien 2011, S. 16f.

26 Zur Situation in Ungarn siehe die Arbeiten von Magdalena Marzovsky, welche die nationalistisch-völkische Transformation detailliert beschreibt. Vgl. beispielsweise: *Ethnizität, völkisches Denken und Antisemitismus im Ungarn der Gegenwart*. In: Lars Rensmann u. a. (Hg.): *Politik des Hasses. Antisemitismus und die radikale Rechte in Europa*. Hildesheim 2010, S. 291 ff.

27 http://www.europeonline-magazine.eu/umfrage-rechtsradikale-jobbik-zweitstaerkste-partei-ungarns_168617.html, 16.11.2011

28 Vgl. http://pusztaranger.wordpress.com/2009/11/22/wird-jobbik-vom-iran-finanziert/, 22.11.2009

29 Zit. n. Carsten Hübner: *Europas Rechtspopulisten auf dem Vormarsch*. http://www.bpb.de/popup/popup_druckversion.html?guid=NWJKT3, 9.6.2009

wünscht, und empfahl 2008 den »liberal-bolschewistischen Zionisten« in Ungarn, sich zu überlegen, »wohin sie fliehen und wo sie sich verstecken« werden.[30] Insofern ist es weder überraschend, daß immer wieder Gerüchte über eine Finanzierung von *Jobbik* durch die Teheraner Machthaber aufkommen, noch, daß die Partei sich regelmäßig mit dem iranischen Regime solidarisiert und auch in diesem Punkt die Politik der Regierungspartei *Fidesz* unterstützt, die auf einen Ausbau der ökonomischen Beziehungen mit Teheran setzt.[31]

Der Frage, was derartige Entwicklungen sowie die Erfolge einer antizionistischen Linken in anderen Ländern als Österreich und Deutschland für eine ›antideutsche Kritik‹ bedeuten können, geht Clemens Nachtmann in seinem Beitrag im ersten Teil des vorliegenden Bandes nach, nachdem er nochmals die kritische Intention der Begriffe Postfaschismus und Postnazismus hat Revue passieren lassen.

30 http://www.haaretz.com/jewish-world/news/hungary-far-rightist-i-rejoiced-at-news-of-idf-deaths-in-gaza-1.269519, 6.2.2009; http://jungle-world.com/artikel/2009/13/33589.html, 26.3.2009

31 Vgl. http://pusztaranger.wordpress.com/2009/11/22/wird-jobbik-vom-iran-finanziert/, 22.11.2009. Iranische Nachrichtenagenturen bezeichnen Ungarn als Tor »in Richtung Mittel- und Osteuropa«. Im Oktober 2010 gründete das ungarische Parlament eine Abgeordnetengruppe zur »ungarisch-iranischen Freundschaft« und das *Majles*, das Pseudoparlament in Teheran, initiierte das iranische Pendant, womit an ähnliche Initiativen aus der ersten Amtszeit von Ministerpräsident Victor Orbán zur Jahrtausendwende angeknüpft wurde. Einen Monat später besuchte der stellvertretende iranische Außenminister Ali Ahani Budapest. Als Vizepräsident der *Hungarian-Iranian Chamber of Commerce* fungiert gegenwärtig Márton Gyöngyösi, stellvertretender Fraktionsvorsitzender von *Jobbik* und Vizevorsitzender des Außenausschusses des ungarischen Parlaments. Anfang Dezember 2011 soll Jahromi M. Ali, Präsident der *Hungarian-Iranian Chamber of Commerce*, auf einer Kundgebung gesprochen haben, die *Jobbik* in Solidarität mit dem iranischen Regime vor der US-Botschaft in Budapest organisiert hatte, und Tiszavasvári, jener Ort im Osten Ungarns, der von *Jobbik* als eine Art »Hauptstadt der Bewegung« betrachtet wird, hat unlängst eine Städtepartnerschaft mit dem iranischen Ardabil geschlossen.

II.

Etablierte Antisemitismusforscher sind dermaßen mit der Beforschung der historischen Judenfeindschaft und mit der Verbreitung der These beschäftigt, man müsse sich heute viel stärker der Bekämpfung einer dem Antisemitismus mindestens ebenbürtigen, krankhaften Islamfeindschaft widmen, daß sie sich für derartige Fragen nicht sonderlich interessieren. Ein Paradebeispiel dafür ist Wolfgang Benz, der ehemalige Direktor des Berliner *Zentrums für Antisemitismusforschung* (ZfA). Benz hat eine ganze Karriere darauf aufgebaut, den Antisemitismus als Vorurteil zu verharmlosen und dadurch mit allen möglichen anderen Vorurteilen gleichzusetzen. 2010 ist er dort gelandet, wo es ihn vielleicht schon lange hingezogen hatte. Nur drei Tage bevor er in Wien eine *Simon Wiesenthal Lecture* hielt, hat er dem Islamistenportal *Muslim-Markt* der Khomeini-Bewunderer Yavuz und Gürhan Özoguz ein Interview gegeben. Daß sich die schiitischen Özoguz-Brüder für ihn interessieren, ist alles andere als überraschend. Schließlich ist Benz einer der maßgeblichen akademischen Stichwortgeber für das Gerede von einer ›Islamophobie‹, die stets mit zu bedenken sei, wenn man sich mit dem Judenhaß auseinandersetzt.

›Islamophobie-Kritiker‹ wie Benz inszenieren sich gerne als verfolgte Spezies. Vielleicht ist es ja die imaginierte gesellschaftliche Marginalität, die solche Leute dazu treibt, einem Projekt wie *Muslim-Markt* bereitwillig Rede und Antwort zu stehen, das die Gleichstellung von Mann und Frau ebenso für eine »Pervertierung des menschlichen Daseins« hält wie Homosexualität und auf seinen Seiten Erklärungen des Obersten Geistlichen Führers des Iran, Ali Khamenei, veröffentlicht, in denen er die Shoah als »Märchen« bezeichnet.[32] Der ehemalige Leiter des ZfA hat nicht nur dazu beigetragen, den Antisemitismus zu

32 http://www.taz.de/1/archiv/archiv/?dig=2004/03/06/a0168, 6.3.2004. Für gewöhnlich werden auf *Muslim-Markt* solch illustren Figuren wie der Rechtsextremist Alfred Mechtersheimer, der iranische Holocaustleugner und Ahmadinejad-Berater Mohammad-Ali Ramin oder der ehemalige NPD- und DVU-Funktionär Andreas Molau interviewt.

einem Allerweltsvorurteil zu verniedlichen, sondern er erkennt das antisemitische Ressentiment nicht einmal, wenn man ihn direkt darauf stößt. 2010 konnte man ihn in der *3Sat*-Sendung *Kulturzeit* bewundern, wie er vor einem Plakat des dänischen Künstler-Duos *Surrend* steht, auf dem der Deutschland-Korrespondent der *Jerusalem Post* als Teil der »jüdischen Lobby in Deutschland« vorgestellt wurde und als *Stürmer*-Journalist, also als Nazi, gebrandmarkt wird. Benz erklärte vor laufender Kamera, das habe mit Antisemitismus nichts zu tun,[33] was seiner akademischen Reputation selbstverständlich kein bißchen geschadet hat.

Das ist Vergangenheitsbewältigung im heutigen Deutschland: Dem Nationalsozialismus begegnet man mit einer ebenso empiristischen wie begrifflosen Geschichtswissenschaft; gleichzeitig steht man den Unterstützern des Antisemitenregimes in Teheran bereitwillig Rede und Antwort, liefert ihnen mit dem bedenkenlosen Gerede von einer ›Islamophobie‹ die Stichworte und sagt ihnen genau das, was sie zur Behübschung ihrer Vernichtungsdrohungen gegen Israel hören wollen: »Antisemitismus ist grundsätzlich etwas anderes als Antizionismus.«[34]

Seit dem Erscheinen von *Transformation des Postnazismus* hat der ›Islamophobie‹-Begriff regelrecht Karriere gemacht. Er zielt in erster Linie darauf, jegliche Kritik an den unterschiedlichen Strömungen des Islam als ebenso ungerechtfertigte wie krankhafte Panikmache zu

33 *Kulturzeit*, *3sat*, 26.5.2010. Zum ZfA vgl. auch Matthias Küntzel: *Das Zentrum für Antisemitismusforschung im Kampf gegen ›Islamophobie‹. Gleichen sich Antisemitismus und antimuslimischer Rassismus?* In: Hartmut Krauss (Hg.): *Feindbild Islamkritik. Wenn die Grenzen zur Verzerrung und Diffamierung überschritten werden*. Osnabrück 2010, S. 163 ff.

34 Vielleicht hat Benz die Gelegenheit seiner *Simon Wiesenthal Lecture* ja dazu genutzt, um einer für derartiges stets empfänglichen Öffentlichkeit auch gleich noch zu erklären, daß der als ›Nazi-Jäger‹ berühmt gewordene Wiesenthal heute ganz sicher ein ›Islamophobie‹-Jäger wäre, der »Recht, nicht Rache« für die namen- und zahllosen Opfer der völlig ungerechtfertigten Kritik des islamischen Djihadismus einfordern würde.

delegitimieren.[35] Besonders deutlich wird die Selbstimmunisierung gegenüber Kritik bei der *Organisation der islamischen Konferenz*, in der 57 Staaten zusammengeschlossen sind. Ginge es nach ihnen, sollen nicht Individuen, sondern der Islam als Religion zum Objekt des Menschenrechtsschutzes werden. Diese Kampfansage an einen universalistischen Freiheitsbegriff artikuliert sich unter anderem darin, jegliche Kritik an der Anwendung der Sharia als »Islamophobie« und diese als »schlimmste Form des Terrorismus« zu brandmarken.[36] Auch Vertreter des iranischen Regimes kanzeln Kritik an der Herrschaftsausübung im Iran regelmäßig als »Propaganda« ab, die »Teil der schrecklichen Islamophobie« sei.[37]

Seine zentrale Bedeutung im Zusammenhang einer Auseinandersetzung mit der nationalsozialistischen Vergangenheit bekommt das unbedachte Gerede von einer ›Islamophobie‹ durch die Gleichsetzung oder auch Parallelisierung einer wie auch immer ressentimenthaft begründeten Ablehnung des Islam oder eines handfesten Hasses auf in Europa lebende Moslems mit dem seit 2000 Jahren existierenden, als allumfassende Welterklärung auftretenden und in der Shoah kulminierenden Antisemitismus, die auf der Lüge basiert, die Moslems seien die Juden von heute. Keine politisch relevante Gruppierung imaginiert Moslems oder gar ein ›islamisches Prinzip‹ als Verkörperung der Zersetzung und als Personifikation des globalen Prinzips subjektloser Herrschaft, in deren Vernichtung der Krisencharakter der Moderne zu exorzieren wäre. Das aber ist der Kern des antisemitischen Wahns.

35 Ausführlich dazu Manuel Frischberg: *Das Konzept ›Islamophobie‹ als Abwehr westlicher Zumutungen. Zur Genese eines Kampfbegriffs*. In: Stephan Grigat (Hg.): *Feindaufklärung und Reeducation. Kritische Theorie gegen Postnazismus und Islamismus*. Freiburg 2006, S. 155 ff.

36 http://archive.arabnews.com/?page=4&section=0&article=96276&d=17&m=5&y=2007, 17.5.2007

37 So der iranische Ex-Präsident Mohammed Khatamie 2006. Zit. n. Wahied Wahdat-Hagh: *Der islamistische Totalitarismus. Über Antisemitismus, Anti-Bahaismus, Christenverfolgung und geschlechtsspezifische Apartheid in der ›Islamischen Republik Iran‹*. Frankfurt am Main 2012, S. 96

Wenn das iranische Regime oder djihadistische Gruppierungen wie Hamas und Hisbollah von einem jüdischen Drang nach Weltherrschaft fantasieren, ist das eine wahnhafte Projektion der eigenen Wünsche auf den ewigen Todfeind. Der Hinweis auf einen globalen Herrschaftsanspruch im Islam hingegen ist keine Verschwörungstheorie (auch wenn er von FPÖ-Anhängern und ihren deutschen Pendants meist nur in der Form von paranoidem Geraune vorgebracht wird), sondern dieser Anspruch wird von maßgeblichen Strömungen des Islam offen artikuliert.

Eine global orientierte Kritik der postnazistischen Konstellation muß konstatieren, daß sich das Zentrum der *offenen* antisemitischen Agitation nach 1945 von Europa in den arabisch-islamischen Raum verschoben hat. Nachdem die Deutschen und ihre Hilfsvölker nicht nur bewiesen hatten, daß man einen wahnhaft-projektiven Antikapitalismus bis zum industriell betriebenen Massenmord steigern kann, sondern auch, daß man dafür selbst nach der totalen militärischen Niederlage keine ernsthaften Konsequenzen zu befürchten hat, kann gar nicht hoch genug eingeschätzt werden, was für eine ungemeine Attraktivität eine derartig pathologische, sowohl mörderische als auch selbstmörderische Krisenlösungsstrategie für antisemitische Massenbewegungen und Banden in anderen Weltregionen haben mußte.

Eine Kritik der dominanten Strömungen des Islam müßte konstatieren, daß sich heute die Kräfte der Gegenaufklärung, die Todfeinde der Freiheit und die Potentiale zu einer negativen Aufhebung des Kapitals gerade, wenn auch keineswegs ausschließlich, unter dem Banner Allahs sammeln. Dem kann allerdings auf keinen Fall mit den Rezepten von Abschiebefanatikern oder einem Pochen auf die ›Werte des christlichen Abendlandes‹ begegnet werden, die von einem Schmißgesicht wie dem ehemaligen FPÖ- und heutigen BZÖ-Politiker Ewald Stadler, der mittlerweile im EU-Parlament sitzt und homosexuelle Partnerschaften für »pervers« hält,[38] durchaus angemessen repräsentiert werden. Es ginge um eine an der allgemeinen Emanzipation

38 http://derstandard.at/1324170216566/Stadlers-neue-Rolle-Haiders-Dobermann-auf-der-EU-Hinterbank, 21.12.2011

orientierte Islamkritik, die sich zugleich gegen die Fremdenfeinde wendet. Gegen den Kulturrelativismus, der von den rechten Ethnopluralisten ebenso bedient wird wie von linken Islamapologeten und akademischen ›Islamophobie‹-Forschern, gilt es sich an jene Parole zu erinnern, unter der 1979 zehntausende Frauen in Teheran tagelang gegen die Einführung der Zwangsverschleierung demonstriert haben: »Emanzipation ist nicht westlich oder östlich, sondern universal.«[39]

Doch das Gegenteil ist heute der Fall: Für Verfechter des Kampfbegriffs ›Islamophobie‹ wurde durch das Massaker von Oslo im Sommer 2011 endgültig bewiesen, daß der traditionelle Antisemitismus durch einen Haß auf den Islam abgelöst worden sei. Immer wieder konnte man in der Debatte über den norwegischen Attentäter Anders Behring Breivik hören, es handele sich bei ihm um einen neuen Typus des Rechtsextremisten: Der Massenmörder von Oslo sei kein Antisemit.[40] Doch schon ein flüchtiger Blick in Breiviks irres ›Manifest‹ könnte einen eines Besseren belehren. Weder erteilt der Attentäter dem Antisemitismus eine Absage, noch stürzt er sich in blindem Haß auf den Islam.

Wie anders als einen Antisemiten soll man jemanden nennen, der den USA attestiert, sie hätten angesichts von »über 6 Millionen Juden« ein »beachtliches jüdisches Problem«? Was soll man von jemandem halten, der in Westeuropa nur deswegen kein »jüdisches Problem« sieht, weil die dortigen jüdischen Gemeinden ausgesprochen klein seien? Einmal abgesehen von Frankreich und Großbritannien, wo, wie der Statistikfan Breivik referiert, 800 000 Juden und Jüdinnen leben, was eben doch wieder ein »jüdisches Problem« hervorrufe. Daß auch

39 Zit. n. Andreas Benl: *Delegierte Regression. Der europäische Kulturrelativismus: eine Form der Kollaboration mit dem Islamismus.* In: Stephan Grigat/Simone Dinah Hartmann (Hg.): *Der Iran. Analyse einer islamischen Diktatur und ihrer europäischen Förderer.* Innsbruck/Wien/Bozen 2008, S. 246

40 So zum Beispiel der *Standard*-Redakteur Eric Frey: http://derstandard.at/1311802467222/Islamophobie-statt-Judenhass-Neues-Feindbild-alte-Hetze, 1.8.2011

Antisemiten sich beizeiten Israel an den Hals schmeißen, ist keineswegs neu (wobei Breivik auch hier fein säuberlich zwischen jenen jüdischen Israelis unterscheidet, die ihm als Bündnispartner gelten und jener wohl überwiegenden Mehrheit, die allein schon aufgrund ihres »Multikulturalismus« letztlich aus der Welt geschafft werden müssen). Solche Leute solidarisieren sich mit Israel in aller Regel jedoch nur als Bündnispartner im Abwehrkampf, den das »Abendland« (ein Begriff, der gerne auch von österreichischen und deutschen Kulturkämpfern gegen jenen des ›Westens‹ in Anschlag gebracht wird) gegen die antisemitische Konkurrenz des Islam zu führen habe – ganz so wie der FPÖ-Vorsitzende Heinz-Christian Strache, der seine Israel-Visite Ende 2010 unbedingt dazu nutzen mußte, mit einer ›Biertonne‹, dem aus der antisemitischen Tradition der Burschenschaften stammenden Kapperl, durch die Holocaust-Gedenkstätte von *Yad Vashem* zu stolzieren, woraufhin deutschvölkische Burschenschaftler und Neonazis in ihren Foren aus dem Feixen gar nicht mehr herausgekommen sind.

Auffällig ist, daß der abgrundtiefe Haß von Breivik auf emanzipierte Frauen, der neben der Kampfansage an Moslems zu den wenigen Dingen gehört, die in seinem wirren Manifest einigermaßen konsequent durchgehalten werden, in der Berichterstattung kaum eine Rolle gespielt hat. Hätte man ihm mehr Beachtung geschenkt, wäre wohl die Gefahr zu groß gewesen, auf die doch offensichtlichen Parallelen zwischen Breiviks Weltsicht und jener keineswegs nur des djihadistischen, sondern auch des orthodox-konservativen Mainstreamislam zu stoßen. Breiviks Haß auf Muslime ist offenbar Ausdruck eines unbändigen Neids auf eine Gemeinschaft, in der repressive Familienstrukturen noch etwas zählen und Frauen wenig zu melden haben.

Ganz so wie die fremdenfeindlichen Parteien in Europa haßt Breivik Moslems, die sich auf dem Kontinent niedergelassen haben. Dem Islam jedoch kann er einiges abgewinnen. Dementsprechend wendet er sich auch keineswegs grundsätzlich gegen ihn. Er müsse zwar aus Europa herausgehalten werden, komme ansonsten aber durchaus als Bündnispartner im Kampf gegen die »US/EU-Globalisten« in Frage. Selbst die Errichtung eines von »frommen Muslimen geführten Kalifats im Nahen und Mittleren Osten« hält Breivik in seinem Manifest unter bestimmten Umständen für ein unterstützenswertes Projekt, was insbesondere angesichts seiner ausgeprägten Misogynie überhaupt nicht verwunderlich ist. Um so bemerkenswerter ist es, daß seine Spekulationen über den Islam als potentiellen Partner in der bisherigen Diskussion über die Anschläge von Oslo kaum zur Kenntnis genommen wurden.

Breivik ist ein Antisemit im Zeitalter der Konkurrenz zwischen abendländischem Vernichtungswahn und islamischem Djihadismus. Doch davon mußte in der Debatte über das Osloer Attentat und die Transformationen im europäischen Rechtsradikalismus schon deswegen zwanghaft abstrahiert werden, um sich ja nicht die offenbar ungemein attraktive Gelegenheit entgehen zu lassen, kryptonazistische Moslemhasser mit liberalen und linken Islamkritikern in einen Topf zu schmeißen. Der Versuch, linke und liberale Kritiker des Islam in die Nähe von Breiviks eklektizistischen Irrsinn zu rücken oder ihnen gar eine Mitverantwortung für sein Massaker zu attestieren, stellt nichts anderes als ein durchschaubares Manöver dar, mit dem jegliche Kritik an der islamischen Menschenzurichtung unter Rassismusverdacht gestellt werden soll. Sich über die geistige Nähe von Neonazis und den eingeborenen postnazistischen Erben der NSDAP zu Breivik Gedanken zu machen, ist hingegen alles andere als abwegig. Der Massenmörder teilt mit ihnen keineswegs nur den Antisemitismus und den Haß auf die zersetzende Wirkung der Kritischen Theorie, sondern auch jene Mischung aus Haß auf und Neid gegenüber dem Islam, die ohne eine gewisse Bewunderung nicht auskommt.

NPD und DVU, freie Kameradschaften und österreichische Freiheitliche äußern sich regelmäßig begeistert über die Politik der ›Islamischen Republik Iran‹.[41] Andreas Molau, einer der Vordenker der deutschsprachigen Neonazis und Rechtsextremisten, erklärte dem Islamisten-Portal *Muslim-Markt*, »etwas ›mehr Kopftuch‹, als Frage einer züchtigen Kleiderordnung, stünde manch deutschem Mädel schon gut zu Gesicht... Weder der Islam noch eben eine Kopftuch

41 Vgl. Heribert Schiedel: *Heiliger Hass. Zur rechtsextrem-iranischen Freundschaft*. In: Stephan Grigat/Simone Dinah Hartmann (Hg.): *Iran im Weltsystem. Bündnisse des Regimes und Perspektiven der Freiheitsbewegung*. Innsbruck/Wien/Bozen 2010, S. 165ff.

tragende Muslima ist ein Feindbild für mich. Den Islam als gewachsene Kultur achte ich… Das einzige Feindbild für mich ist ein alle Kultur zerstörender Amerikanismus.«[42] Der Altnazi Otto Scrinzi, dem vom FPÖ-Vorsitzenden nach seinem Ableben Anfang 2012 bescheinigt wurde, er habe »die Werte unserer Gesinnungsgemeinschaft immer gelebt«,[43] verkündete in der *Aula*, dem Sprachrohr des deutschnationalen Burschenschaftlerflügels in der Partei: »Nicht der Islam ist zu prügeln, sondern jene, die 20 Millionen seiner Bekenner ins Land gerufen haben… Nicht den Islam als Religion gilt es zu bekämpfen oder seinen Gründer zu schmähen, sondern die anzuprangern, welche im Dienste des Mammons ihm den Weg in unseren Lebens- und Kulturraum geöffnet haben.«[44] Die FPÖ lobt in einem Grundsatzpapier die »geopolitische Bedeutung des Islam« und erklärt: »Als identitätsbewußte Bewegung unterstützt die FPÖ die Bestrebungen der islamischen Welt, sich von Fremdbestimmung zu emanzipieren.«[45] Bruno Gollnisch, der im Parteivorstand des *Front National* und im Europaparlament sitzt, hat, wie er im Interview mit der Wochenzeitung *Junge Freiheit* erklärt, nichts gegen den Islam einzuwenden, »solange er sich nicht bei uns ausbreitet«[46]. Und für die NPD fordert ihr Vordenker Jürgen W. Gansel »die Achtung vor dem Islam dort, wo er historisch beheimatet ist«. Die »innenpolitische Gegnerschaft zum Islam« schließe nicht »die außenpolitische Würdigung der islamischen Welt als letztes Bollwerk gegen die Durchkapitalisierung und Durchamerikanisierung der Welt aus«. Dort, »wo der Islam zuhause ist«, habe er »sein volles Existenzrecht und natürlich auch das Selbstverteidigungsrecht gegen

42 http://www.muslim-markt.de/interview/2006/molau.htm, 9.3.2006

43 http://derstandard.at/1325485522210/Otto-Scrinzi-1918-2012-Rathkolb-Scrinzi-war-am-rechtsextremen-Rand-der-FPOe, 3.1.2012

44 Zit. n. Schiedel: *Extreme Rechte in Europa*, S. 40f.

45 FPÖ/Freiheitlicher Parlamentsklub: *Wir und der Islam. Freiheitliche Positionen zur Religionsfreiheit, zur islamischen Welt und zur Problematik des Zuwanderungs-Islam in Europa*. Wien 2008, S. 2

46 http://www.jf-archiv.de/archiv11/201112031810.htm, 18.3.2011

den amerikanischen Kultur- und Wirtschaftsimperialismus sowie den israelischen Staatsterrorismus. In Mitteleuropa aber ist der Islam eine fremdkörperhafte Aggressionsreligion«.[47]

Dieses ambivalente Verhältnis der heimischen Fremdenfeinde zu den Djihadisten thematisiert Gerhard Scheit im vorliegenden Band ebenso wie die linken Sympathien für den Islam und die Bedeutung der postnazistischen Konstellation für die Diskussionen über die Herausbildung eines europäischen Souveräns. Er geht von der Tatsache aus, daß die Freiheitlichen 2010 kurzzeitig einen Versuch unternahmen, ihren nach wie vor vorhandenen Haß auf den jüdischen Staat zeitweise zu bändigen, während sie noch im Europaparlamentswahlkampf 2009 in einer Anzeige in der *Kronenzeitung* nicht nur gegen einen möglichen EU-Beitritt der Türkei wetterten, sondern auch die antisemitischen Ressentiments der Leserschaft bedienten, indem sie sich gegen einen von niemandem ernsthaft diskutierten EU-Beitritt Israels in Pose warfen und die grüne, sozialdemokratische und konservative Konkurrenz auf Grund ihrer vermeintlichen Unterstützung solch eines Beitritts im traditionellen Nazi-Jargon als »Handlanger der Amerikaner« denunzierten.

III.

In der aktuellen Krise, die Deutschland zur Festigung seiner Vormachtstellung in Europa zu nutzen versucht, geraten nun in Europa ganz andere Personen und Institutionen als »Handlanger der Amerikaner« ins Visier des Volkszorns: Hedgefondmanager und Börsenspekulanten, Ratingagenturen und Investmentbanken. Schon Anfang des neuen Jahrtausends ließ sich ahnen, daß der kurzzeitig als gemeinschaftliche Verpflichtung inszenierte kollektive Gang zur Börse[48] und die damit einhergehende Verschiebung des Hasses auf den Aktienmarkt hin zur Wut auf den defizitären Steuerstaat[49] bei den ersten Krisenerscheinun-

47 http://www.deutsche-stimme.de/ds/?p=3939, 30.11.2010

48 Vgl. Uli Krug im vorliegenden Band.

gen revidiert werden würde und das postnazistische Ressentiment zu seinen alten Feindbildern zurückfindet.[50] Ende 2011 griff beispielsweise der Haus- und Hofdichter der *Kronenzeitung*, Wolf Martin, die nationalsozialistische Unterscheidung von ›raffendem‹ und ›schaffendem‹ Kapital auf und reimte in der auflagenstärksten österreichischen Tageszeitung: »Das Spekulantenpack ist schädlich, doch nicht das Kapital, das redlich.«[51] Stefan Petzner, bis 2011 geschäftsführender Landesparteiobmann der FPÖ-Abspaltung *Bündnis Zukunft Österreich* in Kärnten, machte sich im Juli 2010 in einem Gespräch mit der *Woche* Gedanken über die globale Krise, die auch seine Heimat arg gebeutelt hat: »Wo ist das Geld, das verspekuliert wurde? Wer ist im Hintergrund so mancher großer Bank?« Auf die Bitte des Interviewers, deutlicher zu werden, legte er nach: »Das verspekulierte Geld ist ja nicht weg, es hat nur jemand anderes. Nämlich Banker und Spekulanten an der Wall Street. Wenn man dann noch forscht, woher Goldmans und Lehmans so kommen, wird man auf spannende Ergebnisse stoßen.« Gefragt, ob er ernsthaft auf »jüdische Wurzeln« anspielen wolle, antwortete Petzner, der sich stets von den »wahren Mächtigen in der Welt, die an der Ostküste oder sonst wo sitzen«,[52] bedroht fühlt, denen der BZÖ-Politiker auch die Ermordung seines großen Vorbilds Jörg Haider zutraut, ganz in der kryptischen Manier seines politischen Ziehvaters: »Ich verweise nur drauf, dass Herr Goldman und die Brüder Lehman schon eine Geschichte haben.«[53] So klingt die Sprache des nachnationalsozialistischen Antisemitismus, die gänzlich darauf verzichten kann,

49 Vgl. Uli Krug: *Ende einer Zwangsdemokratie. Der ›Parteispendenskandal‹ oder das erneuerte Bündnis von Mob und Elite*. In: *Bahamas*, Nr. 31, 2000, S. 19

50 Vgl. Grigat/Markl im vorliegenden Band.

51 *Kronenzeitung*, 12.12.2011

52 http://derstandard.at/1271376619681/Verhandlung-Haiders-Sex-wieder-vor-Gericht?seite=3, 13.5.2010

53 Stefan Petzner: *»Ich war nie am Grab«. Interview von Uwe Sommersguter.* http://regionaut.woche.at/klagenfurt/politik/ich-war-nie-am-grab-d9677.html, 27.7.2010

das eigentlich Gemeinte, nämlich »Die Juden sind unser Unglück«, auch auszusprechen.

Thematisiert wird der Zusammenhang zwischen Spekulantenhatz und Antisemitismus heute mitunter in ausgesprochen skurrilen Konstellationen. Die Äußerungen der konservativen österreichischen Finanzministerin Maria Fekter zum Zusammenhang von Bankenschelte, zwei Weltkriegen und Judenhaß im September 2011[54] waren derart geschichtsvergessen und in ihrer Intention durchschaubar, daß es einem widerstrebt, sie näher unter die Lupe zu nehmen. Interessanter wäre es wohl gewesen, über Fekters Beitrag zur Befeuerung der Fremdenfeindlichkeit in Österreich durch ihre Asylpolitik und ihre Äußerungen als Innenministerin in den Jahren 2008 bis 2011 zu diskutieren und zu fragen, warum ausgerechnet solch eine Politikerin sich nun zur Streiterin gegen ›Feindbilder‹ berufen fühlt. Fekters Äußerungen waren nicht der erste Versuch, eine dringend gebotene Kritik am Antisemitismus in den Diskussionen über die Finanzkrise für die Verteidigung einer bestimmten Politik zu instrumentalisieren. Schon in der deutschen Debatte über Managergehälter ging es 2008 dem Präsidenten des *Instituts für Wirtschaftsforschung* Hans-Werner Sinn und dem späteren Bundespräsidenten Christian Wulff mit ihrer Gleichsetzung des Geraunzes über Manager mit antisemitischen Parolen aus den 1920er Jahren ebenso wenig um eine Kritik antisemitischer Denkmuster wie Hans-Olaf Henkel, dem ehemaligen Präsidenten des *Bundesverbandes der Deutschen Industrie*, der sich 2008 mit Verweis auf einen angeblichen Marxschen Antisemitismus, der den Straftatbestand der Volksverhetzung erfülle, über den finanziellen Beitrag der deutschen Regierung zur *Marx-Engels-Gesamtausgabe* empörte.[55] Ganz so wie

54 Vgl. http://derstandard.at/1315006621769/So-etwas-hatten-wir-schon-einmal-Empoerung-ueber-Fekters-Vergleich-zwischen-Juden--und-Reichenverfolgung, 17.9.2011

55 Vgl. http://www.tagesspiegel.de/wirtschaft/finanz/1929-traf-es-die-juden-heute-die-manager/1357144.html, 27.10.2008; http://www.spiegel.de/politik/deutschland/0,1518,588983,00.html, 7.11.2008; *Wiener Zeitung*, 15.4.2008

Maria Fekter suchen Figuren wie Sinn oder Henkel wohlfeile Munition zur Verteidigung der Charaktermasken des Kapitals und zur Legitimation der von ihnen favorisierten Politik. Keine Sekunde interessieren sie sich für die Opfer des Antisemitismus, die sie dementsprechend zum Material im politischen Kleinkrieg degradieren.

Doch die politische Konkurrenz gibt sich mit ihren Attacken gegen das ›Spekulantentum‹ und gemeinschaftsschädigende ›Heuschrekken‹ größte Mühe, selbst noch den wirren Äußerungen einer Maria Fekter Plausibilität zu verleihen. Dennoch ist auffällig, daß in der wohl größten ökonomischen Krise nach 1945 gerade in Österreich und Deutschland zwar das keineswegs nur für die postnazistischen Gesellschaften obligatorische Ausspielen vom ›bösen Markt‹ gegen den ›guten Staat‹ über alle Parteigrenzen hinweg fröhliche Urstände feiert, aber zumindest bisher keine offen antisemitische Massenpanik ausbricht. Einen Hinweis darauf, warum das so sein könnte, hat unlängst Joachim Bruhn gegeben: »Deswegen blieb die Panik aus, weil das Vertrauen der Deutschen in die Nazismusfähigkeit ihres Souveräns bedingungslos ist; eben das ist das bleibende Resultat des Nationalsozialismus als eines Produktionsverhältnisses… Die Transformation der Bevölkerung in das ›Wir sind ein Volk‹-Verhängnis ist im Gefolge von Wannsee-Konferenz und Grundgesetz definitiv gelungen, und das ist der Grund dafür, daß man in Deutschland angesichts der Krise und des kommenden Zusammenbruchs der kapitalistischen Produktionsverhältnisse … überhaupt gar keine Angst vor dem ›Schwarzen Freitag‹ [hat].«[56] Es bleibt allerdings abzuwarten, welches Krisenbewußtsein sich in Deutschland und Österreich letztlich durchsetzen wird, wenn dort die Auswirkungen der Verwertungskrise sich trotz der Versuche Deutschlands, sich an der Krise in anderen, insbesondere den südeuropäischen Ländern zu sanieren, in einer Art bemerkbar machen werden, die heute noch gar nicht abzusehen ist.

56 Joachim Bruhn: *Echtzeit des Kapitals, Gewalt des Souveräns. Über die Zukunft der Krise*. In: *Bahamas*, Nr. 63, 2012, S. 67 und 77

IV.

Einer, dessen Auftreten und Politik lange Zeit für Krisenverwalter aus anderen Parteien Modellcharakter hatte, und der wohl in der aktuellen Situation zur Höchstform aufgelaufen wäre und wie ein Ferment für das regressive und ressentimenthafte Krisenbewußtsein gedient hätte, weilt seit einigen Jahren nicht mehr unter uns. Den österreichischen Fremdenfeinden und dem modernisierten europäischen Rechtsextremismus ist 2008 mit Jörg Haider eine Leitfigur abhanden gekommen, weil sie sich volltrunken hinter das Steuer setzte und nach Walhall raste. Seine früheren Konkurrenten, die ihn schon zu Lebzeiten nicht nur beneidet, sondern immer auch ein wenig bewundert haben, übten sich angesichts dieses Abgangs in ›Pietät‹, die jedes böse Wort über den Verstorbenen verbiete. Sie kaschierten damit ihre hemmungslose Verklärung und Verharmlosung eines Politikers, dem sie früher nur mit begriffs- und substanzlosen Demokratiebeschwörungen bei gleichzeitiger weitgehender Übernahme der Politik dieses Lautsprechers der postnazistischen Volksseele begegnen konnten – eine Politik, die 2001 eines der maßgeblichen Motive für die Abhaltung jenes Kongresses in Wien war, aus dem die Beiträge des Bandes *Transformation des Postnazismus* hervorgegangen sind.

Der sozialdemokratische Wiener Bürgermeister Michael Häupl sprach 2008 von seinem »Respekt für den Menschen Jörg Haider, für seine Dynamik, seine Kraft und seine Intelligenz«. Der sozialdemokratische Bundespräsident Heinz Fischer lobte einen »Politiker mit großen Begabungen« und zeigte sich ebenso wie der damalige SPÖ-Kanzlerkandidat Werner Faymann »tief betroffen«, während ihr Parteifreund und 2008 noch amtierende Kanzler Alfred Gusenbauer ein »sehr betroffen« bevorzugte und die ebenfalls sozialdemokratische Parlamentspräsidentin »die große politische Lebensleistung« Haiders würdigte.[57] Ähnliche Verlautbarungen kamen von der ÖVP, und auch

57 http://www.bundespraesident.at/newsdetail/artikel/bundespraesident-heinz-fischer-zum-ableben-des-kaerntner-landeshauptmanns-joerg-haider/, 11.10.2008; http://diepresse.com/home/politik/innenpolitik/

in den Stellungnahmen der grünen Partei suchte man Wörter wie Rassismus, Antisemitismus oder NS-Verharmlosung, die fast jedem ausländischen Beobachter beim Gedanken an den Sproß einer eingefleischten Nazi-Familie in den Sinn kommen, vergeblich.

Die Statements der Politiker entsprachen der vorherrschenden Stimmung im Land. Schon die zahme Frage des ORF-Anchorman Armin Wolf an den neuen designierten Vorsitzenden des BZÖ, den damals 27jährigen Stefan Petzner, ob Haider politisch gescheitert sei, bezeichneten Zuschauer in empörten Reaktionen als ›pietätlos‹. Während es bei jedem anderen Politiker als unentschuldbare Verantwortungslosigkeit gelten würde, mit 1,8 Promille und gut 180 km/h in eine Tempo-50-Zone einzufahren, stand Haider unmittelbar nach seinem Ableben wie zu Lebzeiten nicht nur für seine Anhänger als famoser Bursche da, der sich an keine Regeln hält und halten muß. Haiders Anhänger spekulierten darüber, ob der Mossad seine Finger im Spiel hatte oder ›die Ausländer‹ ihm die Reifen aufgeschlitzt haben. Sie verfielen in einen Trauertaumel, der zeitweise Lady-Di-Format annahm: Vom »König der Kärntner Herzen« war auf Plakaten zu lesen. Aus Gerhard Dörfler, dem Nachfolger Haiders als Kärntner Landeshauptmann, brach es in einer ersten Reaktion heraus: »In Kärnten ist die Sonne vom Himmel gefallen!«[58]

Zum Begräbnis waren dann alle noch einmal nach Klagenfurt gekommen, um vom prototypischen Führer der demokratisierten Volksgemeinschaft Abschied zu nehmen: Zum langjährigen Haider-Freund und Ghaddafi-Sohn mit dem Sympathie verströmenden Vornamen ›Schwert des Islam‹ gesellte sich der Bundespräsident, der Bundeskanzler und sein designierter Nachfolger, Ex-Kanzler und Vizekanzler von der Volkspartei und fast alle Minister der großen Koalition, sämtliche Landeshauptleute, der Präsident der Wirtschaftskammer und der Vorsitzende der Gewerkschaft, Kameradschaftsbündler, Burschenschaftler in vollem Wichs und 30 000 trauernde Bürger. Das

421803/index?gal=421803&index=14&direct=423709&_vl_backlink=/home/politik/innenpolitik/423709/package.do&popup=, 12.10.2008

58 http://www.spiegel.de/spiegel/print/d-61366552.html, 20.10.2008

Bundesheer hielt Ehrenwache. So war Österreich noch einmal ganz bei sich – als große postnazistische Familie, in der alle um so fester zusammenstehen, je mehr sie sich alle hassen.

Der sozialdemokratische Kanzler attestierte dem Verstorbenen, der noch wenige Wochen zuvor gefordert hatte, allen Asylbewerbern elektronische Fußfesseln zu verpassen, Asylsuchende rechtswidrig in andere Bundesländer abschob und bis zuletzt Urteile des obersten Gerichts zur Errichtung zweisprachiger Ortstafeln schlicht ignoriert hatte, er habe »ein feines Gespür für das gehabt, was sich ändern muß«, und zollte ihm gleich mehrfach »Respekt und Anerkennung«.[59] Auch Veteranen der Waffen-SS, die Haider in früheren Jahren als »anständige Menschen« bezeichnet hatte, »die einen Charakter haben, die auch bei größtem Gegenwind zu ihrer Überzeugung stehen und ihrer Überzeugung bis heute treu geblieben sind«,[60] nahmen an den Feierlichkeiten mit der versammelten Staatsspitze teil, und der ORF war sichtlich bemüht, die ordenbehängten Recken nicht ins Bild zu rücken.

In den letzten Jahren vor seinem Tod hatte man Lob für die nationalsozialistischen Vernichtungskrieger oder für die »ordentliche Beschäftigungspolitik im Dritten Reich«[61] von Haider allerdings nicht mehr gehört, und in einem seiner letzten Interviews kritisierte er die mangelnde Abgrenzung der FPÖ zum offenen Neonazismus.[62] Sein neustes Projekt dürfte darin bestanden haben, den postfaschistischen Konsens und die postnazistischen Ressentiments gegen jene Nazis zu organisieren, die vom Hitlergruß nicht lassen können, was aber wohl auch nichts daran geändert hätte, daß die alten Kameraden jährlich mit Unterstützung der Landesregierung am Kärntner Ulrichsberg aufmarschieren.[63]

59 http://www.news.at/articles/0842/13/222759/kanzler-respekt-anerkennung-die-reden-haider-begraebnisfeier, 18.10.2008

60 Freiheitliche Partei Österreichs: *Schnell-INFO*, Nr. 30, 1996, S. 11

61 Protokoll der Sitzung des Kärntner Landtages, 13.6.1991, zit. n. Brigitte Bailer-Galanda/Wolfgang Neugebauer: *Haider und die ›Freiheitlichen‹ in Österreich*. Berlin 1997, S. 73

62 *News*, Nr. 42, 2008

Österreich hat 2008 seinen Führer der Herzen verloren, der sich als Leitfigur für die nach gemeinschaftlicher Wärme lechzenden Opfer seiner Wirtschaftspolitik und für die erfolgreichen, kaltschnäuzigen Eventhopper in Kärnten gleichermaßen etablieren konnte. In seiner nach seinem Tod viel beschworenen Menschenliebe sorgte er sich dermaßen um das Wohl der Eingeborenen, daß er kurz vor seinem Ableben die vereinsamte Saualpe zu einer Sonderanstalt für Asylbewerber umfunktionieren ließ, die zwar nicht verurteilt worden waren, aber einer Straftat ›verdächtigt‹ werden. Daß die sozialdemokratische Vizebürgermeisterin von Klagenfurt diese rechtswidrige Maßnahme befürwortete, zeigte abermals, daß der Staatsrassismus keine Spezialität von Haider war. Große Teile der SPÖ im südlichsten Bundesland Österreichs existieren ohnehin in erster Linie, um die durch Erwin Ringel bekannt gemachte Charakterisierung von Kärnten zu bestätigen: Das Land sei »ein Punschkrapferl, außen rosa, innen braun und ständig unter Alkohol.«[64]

Haider hat in seinem arisierten Bärental seine letzte Ruhe gefunden, aber wie man schon vor rund zehn Jahren wissen konnte,[65] hat sich an der Unerträglichkeit der österreichischen Normalität auch ohne ihn nicht viel geändert. Ein Charakteristikum der postnazistischen Gesellschaft in Österreich besteht darin, daß die zwangsdemokratisierten Nazis nicht als solche bezeichnet werden, sondern als ›nationales‹ oder ›drittes‹ Lager neben dem sozialdemokratischen und konservativen zum integralen Bestand der Zweiten Republik zählen. Eine Kooperation mit diesem ›dritten Lager‹ stellt daher stets eine Option dar. In den 1970er und 80er Jahren schloß der sozialdemokratische Kanzler Bruno

63 Zur Geschichte und Gegenwart der Feiern am Ulrichsberg sowie ihrer Bedeutung für die österreichische Vergangenheitspolitik vgl. Arbeitskreis gegen den Kärntner Konsens (Hg.): *Friede, Freude, deutscher Eintopf. Rechte Mythen, NS-Verharmlosung und antifaschistischer Protest*. Wien 2011

64 Erwin Ringel: *Die Kärntner Seele*. Klagenfurt/Ljubljana/Wien 2000 (1988), S. 24

65 Vgl. Grigat/Markl in diesem Band.

Kreisky einen Pakt mit dem ehemaligen SS-Obersturmführer Friedrich Peter von der FPÖ. Vor zehn Jahren waren es Wolfgang Schüssel und Andreas Khol von der ÖVP, die Haider und seiner Entourage durch eine Koalition die staatspolitischen Weihen verliehen. Sowohl in der Sozialdemokratie als auch bei den Konservativen gibt es maßgebliche Stimmen, die sich die Möglichkeit einer Kooperation mit der FPÖ nach den Nationalratswahlen 2013 unbedingt offen halten wollen.

Daran ändert auch das mittlerweile bei den Freiheitlichen dominierende Personal nichts. Barbara Rosenkranz, die FPÖ-Präsidentschaftskandidatin des Jahres 2010, war bereits Klubobfrau der niederösterreichischen FPÖ, als ÖVP-Kanzler Schüssel seinen Pakt mit den Freiheitlichen schmiedete. Sie wechselte wenig später in den Nationalrat. Es braucht keine ideologiekritische Finesse, um die Gesinnung der FPÖ-Kandidatin zu erkennen: Bei Sonnwendfeiern verlangte sie, daß die »Gesetze, die in der Natur zu finden sind ..., der Gestaltung unseres Gemeinschaftslebens« zugrunde gelegt werden sollen.[66] Wenn sie ihre zehn Kinder beim Namen ruft, klingt es wie bei einer Familienaufstellung aus dem Nibelungenlied. Gezeugt hat sie den germanischen Nachwuchs mit ihrem Ehemann Horst, der das in Nazi-Kreisen beliebte Blättchen *Fakten* herausgibt, in der mittlerweile verbotenen *Nationaldemokratischen Partei* aktiv war und mit dem Neonazi Gerd Honsik die Liste *Nein zur Ausländerflut* gründete, die wegen nationalsozialistischer Wiederbetätigung nicht zu den Wahlen zugelassen wurde. Der Holocaustleugner Honsik empfahl mit Hinweis auf Barbara Rosenkranz die Wahl der FPÖ. Die freiheitliche Präsidentschaftskandidatin konnte an den Aktivitäten ihres Mannes »nichts Ehrenrühriges« entdecken[67] und meinte noch im Wahlkampf 2010, in den *Fakten* würden »sehr reputierliche Leute schreiben.«[68]

66 http://derstandard.at/1267743500835/Zitatesammlung-Rosenkranz-und-der-Rechtsextremismus, 8.3.2010

67 http://www.profil.at/articles/0744/560/188022/fpoe-ikone-rechten, 3.11.2007

68 http://www.news.at/articles/1012/13/265328/fakten-hause-rosenkranz-horst-jakob-hetzblatt, 26.3.2010

Der FPÖ diente die Präsidentschaftswahl in erster Linie als Vorbereitung auf die Wiener Gemeinderatswahl im Oktober 2010, die vom FPÖ-Vorsitzenden Strache zur Entscheidungsschlacht gegen den sozialdemokratischen Bürgermeister Michael Häupl stilisiert wurde. Deshalb war auf den Wahlplakaten der Freiheitlichen im Präsidentschaftswahlkampf zunächst auch nur der Parteivorsitzende, nicht die eigentliche Kandidatin zu sehen. Der Nutzen für die FPÖ war offensichtlich: Gegen den Sozialdemokraten Heinz Fischer zu verlieren, schadet niemandem, Rosenkranz war im Frühling 2010 die Politikerin mit der größten Medienpräsenz in Österreich, und im Vergleich mit ihr konnte sich selbst Strache noch als gemäßigter Rechter für die Wahl in Wien inszenieren, bei der die FPÖ dann fast 26% der Stimmen erhielt.

Das *Personenkomitee für Barbara Rosenkranz* pries die FPÖ-Inhalte als Beitrag zu einer »Demokratisierung Österreichs« an.[69] Die Betonung der Demokratie im Sinne des gesunden Volksempfindens, das gegen die republikanischen Institutionen und die staatlichen Vermittlungsinstanzen in Anschlag gebracht wird, steht ganz in der Tradition von Haider. Der gegenwärtige Einfluß der offen rechtsextremen Parteikader und der deutschnationalen Burschenschaftler auf die FPÖ bedeutet hingegen eine partielle Abkehr vom Modernisierungsprogramm des ehemaligen Vorsitzenden. »Unterm Haider hätt's das nicht gegeben«, dürften sich bei der Nominierung von Rosenkranz nicht wenige jener Fans des verunglückten Führers gedacht haben, welche die allzu offene NS-Nostalgie schon immer reichlich antiquiert fanden.

Rosenkranz wurde von Hans Dichand, dem greisen, mittlerweile verstorbenen Herausgeber der mächtigen *Kronenzeitung* unterstützt, der erst zu ihrer Wahl aufrief, nach einem Entrüstungssturm (selbst in der eigenen Redaktion) aber eine öffentliche Distanzierung der FPÖ-Kandidatin vom Nationalsozialismus forderte. Dem kam sie pflichtschuldig mit einer heruntergeleierten Erklärung nach, die an Haiders ›Dann entschuldige ich mich eben‹-Reden erinnerte. Seitdem streitet die militante Naziszene in ihren Foren, ob Rosenkranz nun als

69 *Der Standard*, 6.4.2010

Verräterin zu betrachten sei, oder ob sie nicht ganz in der Tradition von Hitler stehe, der ja auch seinen Legalitätseid geleistet habe, solange er noch im parlamentarischen System agieren mußte.

Rosenkranz erhielt allerdings nur 12,2 % der Stimmen und blieb damit weit unter den von Strache für möglich gehaltenen 35 %, obwohl die Freiheitlichen auf eine Trotzreaktion der Österreicher gesetzt hatten – ganz im Sinne jener traditionsreichen Parole »Wir wählen, wen wir wollen«, welche die FPÖ in Erinnerung an den erfolgreichen antisemitischen Wahlkampf des ÖVP-Bundespräsidentschaftskandidaten mit Wehrmachtsvergangenheit Kurt Waldheim aus dem Jahr 1986 plakatiert hatte. Ähnlich wie in Deutschland kann auch in Österreich eine Partei mit allzu offener Nähe zum historischen Nationalsozialismus heute offenbar nur mehr einen vergleichsweise kleinen Teil der Wähler ansprechen. Das nötigt jene die Partei dominierenden Burschenschaftler wie den EU-Parlamentarier Andreas Mölzer, den stellvertretenden Parlamentspräsidenten Martin Graf oder auch den steirischen Parteivorsitzenden Gerhard Kurzmann, der bekennendes Mitglied der Kameradschaft IV der Waffen-SS ist, die vermeintlich ›unideologischen Populisten‹ um Parteichef Strache und Generalsekretär Herbert Kickl weitestgehend das politische Tagesgeschäft bestreiten zu lassen – bisher mit einigem Erfolg: 2010 und 2011 lag die FPÖ in Umfragen zeitweise auf Platz 1 und Anfang 2012 sprachen über 30 % den Freiheitlichen die größte politische »Lösungskompetenz« zu.[70]

Zudem haben BZÖ und FPÖ das Problem, daß sie sich in den letzten Jahren vermehrt mit ähnlichen ›Skandalen‹ herumschlagen müssen, die sie früher den ›Systemparteien‹ angekreidet haben. Seit über die mutmaßlichen Millionenkonten des verstorbenen Parteichefs im Ausland berichtet wurde, verlegten sich die treuen Haiderjünger auf Attacken gegen jene, die mit dem dubiosen Finanzgebaren der FPÖ und des BZÖ befaßt sind. Doch die verbalen Ausritte beispiels-

70 http://diepresse.com/home/politik/innenpolitik/646709/Platz-1_FPOe-zieht-in-Umfrage-an-SPOe-und-OeVP-vorbei, 1.4.2011; http://derstandard.at/1325486028601/Umfrage-Oesterreicher-trauen-FPOe-am-meisten-Loesungskompetenz-zu, 10.1.2012

weise des stellvertretenden BZÖ-Vorsitzenden Gerald Grosz, der angesichts von Medienberichten über Auslandskonten von Haider und über vermutliche Zahlungen aus Ghaddafis Libyen und Saddams Irak von »Schweinejournalismus« mit »*Stürmer*-Qualität« sprach,[71] zeugten nicht von jener beängstigenden Souveränität des politischen Übervaters, der noch auf jede Anschuldigung mit ebenso aggressiven wie wohlüberlegten Gegenattacken reagierte, sondern von Panik und einer Ahnung, diesmal vielleicht doch nicht ganz ungeschoren davonzukommen.

Alle bisherigen Skandale haben allerdings weder der FPÖ noch dem Ansehen Haiders nachhaltig geschadet. In den Augen ihrer Wählerschaft stellte und stellt es offenbar keinen Widerspruch dar, als Partei der ›Ehrlichen und Anständigen‹ aufzutreten und gleichzeitig ein alternatives Modell der Abzocke zur sozialdemokratischen und konservativen Klientelpolitik zu praktizieren. Was bei den Vertretern der ›Systemparteien‹ als Ausweis ihrer gemeinschaftsschädigenden Gesinnung galt, erschien bei Haider als Beleg dafür, was für ein »klasser Bursch« er doch sei, der jederzeit bereit ist, sich zum Wohle des Volkes über unsinnige Vorschriften hinwegzusetzen. Er war der Tausendsassa, der versuchte, Kärnten mit billigem libyschen Öl zu versorgen, während er gleichzeitig gegen die Islamisierung Österreichs wetterte.

Angesichts des offensichtlichen ökonomischen Desasters, das Haider seinen Nachfolgern hinterlassen hat, könnte er nun aber posthum selbst ins Visier jenes Volkszorns geraten, den er zu Lebzeiten so virtuos bedient hat. Andreas Mölzer nutzt als langjähriger Chefideologe des äußersten rechten Flügels der FPÖ die Gelegenheit zur Generalabrechnung mit Haider, dessen »politische Irrwege« korrigiert werden müßten. Mölzer konstatiert, die FPÖ habe sich in der Koalition mit der ÖVP »politisch-ideologisch verkauft«. Gegen die »unideologische« Buberlpartie bringt er das »historisch gewachsene national-freiheitliche Lager« in Stellung, und gegen das verlotterte »System Haider« macht er die »freiheitliche Gesinnungsgemeinschaft« stark, die in der

71 http://www.bzoe-steiermark.at/aktuelle_themen/2010/august_2010/pg_11.htm, 3./4.8.2010

heutigen FPÖ unter Strache wieder das Sagen habe. Gegen die »ideologischen Null-Gruppler« setzt er »ideologisch motivierte Nationale«, die »Haider bewußt von der Macht ferngehalten« habe.[72]

Aber sollten die Freiheitlichen nochmals von ÖVP oder SPÖ in Regierungsverantwortung gehievt werden, was angesichts eines zu erwartenden Stimmenanteils bei den Nationalratswahlen 2013 zwischen 20 und 30 % keineswegs auszuschließen ist, müßten sie sich mit den gleichen Widersprüchen herumschlagen, an denen letztlich auch Haider gescheitert ist: Wie läßt sich die von der FPÖ über Jahre betriebene ›Verschlankung‹ des Staates mit der Protektion der eigenen Klientel vereinbaren? Selbst in Ungarn, wo die *Fidesz*-Regierung unter dem wohlwollenden Auge der deutschen Außenpolitik und befeuert von der offen faschistischen *Jobbik*-Opposition innenpolitisch die Transformation zur autoritär-völkischen Gemeinschaft mit Tiraden gegen die EU und das internationale Kapital garniert, zeigt sich das Problem der umstandslosen Umsetzung einer gegenüber dem Westen isolationistischen Politik in einer weitestgehend in den Weltmarkt integrierten Ökonomie mitten in Europa. Das klassisch faschistische Modell des überbordernden Staatskonsums samt militärischem Expansionsdrang scheint keine Option zu sein. Das Beispiel Kärntens zeigt, daß es auch durch die Kooperation mit antisemitischen Ölpotentaten auf Dauer nicht substituiert werden kann, und in Ungarn ist es ausgesprochen fraglich, ob die sowohl von *Fidesz* als auch von *Jobbik* betriebene Annährung an das iranische Regime samt Ausbau der bisher vergleichsweise unterentwickelten ökonomischen Beziehungen eine ernsthafte Alternative darstellt. Nur macht das die Hetze der Freiheitlichen ebensowenig ungefährlich wie die Tatsache, daß das antisemitische Ressentiment mit Stefan Petzner einen der bizarrsten Politikerdarsteller der Zweiten Republik als seinen Protagonisten gefunden hat. Und in Ungarn steht zu befürchten, daß die Angriffe gegen all jene, von denen sich immer mehr Ungarn in ihren wahnhaften Projektionen bedroht fühlen, desto aggressiver werden, je mehr sich die wirtschaftspolitischen Maß-

72 http://diepresse.com/home/meinung/gastkommentar/692437/Als-sich-im-Windschatten-Haiders-Gauner-sammelten, 12.9.2011

nahmen der Orbán-Regierung als aussichtsloser Versuch erweisen, den von Liberalen so gerne als ›Sachzwänge‹ verklärten Gesetzen des Weltmarkts etwas entgegenzusetzen.

Jenseits von FPÖ und BZÖ setzt Österreich in den letzten Jahren vorsichtige Schritte in Richtung einer Anpassung der anachronistischen postnazistischen Normalität an die modernisierte Variante des Postnazismus, wie sie aus der Bundesrepublik bekannt ist. In Folge des »Gedankenjahres« 2005[73] scheint man mittlerweile auch in Österreich zunehmend zu begreifen, daß dies im Vergleich zum antiquierten Verharmlosen und Beschweigen eine zeitgemäßere Form der Auseinandersetzung mit dem alten und neuen Nazismus darstellt, die im Ergebnis eine »Identitätsstiftung durch Erinnerungsstolz«[74] befördert. Auch die etablierte Forschung zur Auseinandersetzung mit der NS-Vergangenheit konstatiert heute im Gegensatz zur Situation von vor zehn Jahren: »Die Bereitschaft zur Erinnerung an die Opfer des Nationalsozialismus gehört mittlerweile zum kulturellen Erwartungshorizont.«[75] Genauso wie in Deutschland gehört es aber ganz und gar nicht zum »kulturellen Erwartungshorizont«, daß man mit Holocaustleugner-Regimes wie jenem in Teheran keine diplomatischen Beziehungen unterhält und keine Geschäfte betreibt, weshalb beispielsweise die *Österreichische*

73 Vgl. dazu Stephan Grigat: *Kritische Theorie gegen Burschenschaftler, Islamisten, antizionistische Antifaschisten und althusserianische Antirassisten*. In: Stephan Grigat (Hg.): *Feindaufklärung und Reeducation. Kritische Theorie gegen Postnazismus und Islamismus*. Freiburg 2006, S. 9ff.

74 Katharina Morawek/Nora Sternfeld: *Visuelle Geschichtspolitiken im öffentlichen Raum. Eine Reflexion über künstlerische Strategien der Erinnerung im Postnazismus*. In: smrt postnazismus. *Bildpunkt*, Nr. 1, 2011: http://www.igbildendekunst.at/bildpunkt/2011/smrt-postnazismus.htm

75 Heidemarie Uhl: *»Wann fahren Sie endlich mit den Kindern nach Mauthausen?« Transformationen der österreichischen Gedächtniskultur seit 2000*. In: Frederick Baker/Petra Herczeg (Hg.): *Die beschämte Republik. 10 Jahre nach Schwarz-Blau in Österreich*. Wien 2010, S. 32

Wirtschaftskammer weiterhin, trotz aller Sanktionen und mit Unterstützung der Bundesregierung, auf einen Ausbau der Geschäftsbeziehungen mit den iranischen Machthabern setzt. Diesbezüglich unterscheiden sich die beiden Nachfolgestaaten des ›Dritten Reiches‹ nicht voneinander: Über 30 Jahre lang waren sie die Avantgarde, wenn es darum ging, dem Regime in Teheran aus der politischen Isolation zu helfen, es durch den Ausbau der ökonomischen Beziehungen weiter am Leben zu erhalten und die Fortsetzung seiner Projekte zu ermöglichen.

Die Tatsache jedoch, daß jemand wie Martin Graf als Mitglied der Burschenschaft Olympia, die Neonazis und Holocaustleugner zu Vorträgen und Gesangsabenden nach Wien eingeladen hat, 2008 mit SPÖ- und ÖVP-Stimmen zum dritten Nationalratspräsidenten gewählt werden konnte, und daß er weder nach seiner Bezichtigung des Präsidenten der *Israelitischen Kulturgemeinde*, Ariel Muzicant, als »Ziehvater des antifaschistischen Linksterrorismus« 2009 noch nach dem Bekanntwerden der Nazi-Kontakte seiner Mitarbeiter zurücktreten mußte, illustriert, daß zwischen Österreich und Deutschland weiterhin beträchtliche Unterschiede bestehen, wenn es darum geht, die Positionierung gegenüber der nationalsozialistischen Vergangenheit in den Dienst aktueller Politik zu stellen. Das zeigte sich zuletzt daran, daß sich am 27. Januar 2012, dem Jahrestag der Befreiung von Auschwitz, die postnazistischen Erben der NSDAP so wie in den vergangenen Jahren zum Ball des *Wiener Korporationsringes* in der Wiener Hofburg einfanden – wenn auch voraussichtlich zum letzten mal. Sie schwangen auf Einladung des WKR, in dem mehrere deutschvölkische Burschenschaften zusammengeschlossen sind, das Tanzbein und trafen sich im Amtssitz des österreichischen Bundespräsidenten zur Vernetzung mit ihren europäischen Freunden, was in etwa so wäre, als würde die NPD ihren nächsten Parteitag am 9. November im Berliner Schloß Bellevue abhalten.

Clemens Nachtmann

Die demokratisierte Volksgemeinschaft als Karneval der Kulturen

Von der Verallgemeinerung des Postnazismus und dem Altern der antideutschen Kritik

> *Jegliche neue Form [von Barbarei] besitzt dann eine Chance, wenn bürgerliche Gesellschaft ihrer bedarf und wenn sich eine entsprechend große Zahl von Menschen davon Lösung ihrer Probleme verspricht... Neuer Barbarei wären Bedingungen gesetzt, welche es ihr einerseits schwerer, andererseits leichter machen, sich durchzusetzen... Ihre innere Dialektik hätte die Gestalt subjektiver Entsubjektivierung anzunehmen, müßte [gemäß eigenem Verständnis] ›autonome‹, ›freie‹ Entscheidung zur Barbarei sein... Es bedürfte jedoch einer Bedingung: die ›freie‹ Entscheidung zur Barbarei müßte aus scheinbarer ›Einsicht‹ in unhintergehbare Zwänge geschehen und sich im Bewußtsein ihrer Träger auch so legitimieren... vielleicht zukunftsträchtige Variante zur Krisenlösung: die Alternative derer, die sich zum Anwalt gefährdeter Natur und ›des Lebens‹ machen. Ihre historische ›Chance‹, also ihre Gefahr, könnte darin bestehen, ... die Logik subjektiver Entsubjektivierung tatsächlich zu erfüllen. Damit ginge von ihnen – ganz im Gegensatz zu den Neonazis – tatsächlich Gefahr aus, weil nicht Ewig-Gestrige am Werke wären, sondern gleichsam ›Morgige‹.*
>
> Rainer Rotermundt[1]

I.

Immer dann, wenn bestimmte Phänomene sich den Kategorien des Verstandes nicht mehr unmittelbar fügen wollen, ist für Intellektu-

1 Rainer Rotermundt: *Verkehrte Utopien. Nationalsozialismus, Neonazismus, Neue Barbarei*. Frankfurt am Main 1980, S. 98 und 102

elle, allen voran die fortschrittlich sich Dünkenden, die hohe Zeit des ›Umdenkens‹ angebrochen: Dann inszenieren sie entweder mit großem Aplomb einen ›Tabubruch‹ und werfen einen neuen kategorialen Apparat auf den Markt – oder sie fühlen sich berufen, ›kreativ‹, ›schöpferisch‹ tätig zu werden, indem die althergebrachten Kategorien ›neu interpretiert‹ oder ›neu definiert‹, das heißt solange gedehnt und gestreckt werden, bis die Erscheinungen wieder ins Schema passen. Welche Methode die einzelnen bevorzugen, ist eine Geschmacksfrage, die mit der Sache nichts zu tun hat, dafür aber in der öffentlichen Inszenierung um so mehr ins Gewicht fällt, wenn die Forschen sich von den Nachdenklichen abgrenzen und umgekehrt und damit wiederum den Vermittlern die Möglichkeit geben, mit konstruktiven Vorschlägen zur Mäßigung und Deeskalation zu reüssieren.

Wie dem auch sei: lieber machen Intellektuelle sich zu Trotteln, als daß sie auf den Anspruch geistigen Kommandierens der Realität verzichteten, lieber vollführen sie gräßliche Verrenkungen, als dem Drang, die Welt im Griff des Begriffs zu haben, zu entraten. Untrüglichstes Indiz für Verhärtung und Erfahrungsresistenz ist gerade nicht das ›orthodoxe‹, ›talmudistische‹, unnachgiebige Beharren auf einmal fixierten Kategorien, sondern gerade das ›undogmatische‹, ›freischöpferische‹, flexible Zurechtfrisieren der Begriffe. Während jenes auf dem Buchstaben beharrt, nicht um des Buchstabens, sondern um des Erfahrungsgehalts wegen, der sich im Begriff und seiner immanenten Logik niedergeschlagen hat und damit den Begriff selbst als Moment der Objektivität, als »objektive Gedankenform« (Marx) ernst nimmt, behandelt dieses jeglichen Begriff instrumentell als ›an sich‹ komplett inhaltsleeres und daher mit jedem beliebigen Inhalt befüllbares Schema und verhält sich damit gegen den Begriff wie gegen den konkreten Gehalt gleichermaßen gleichgültig. Eine Betrachtung der linken Intellektuellen und ihres Wirkens der letzten 50 Jahre liefert für diese Entleerung von Begriffen unzähliges Material: Als das Proletariat als Klasse ›für sich‹ abzudanken begann, wurde am Begriff des Proletariats ebensolange herumgeflickt[2] wie am Begriff des Rassismus, der bei Linken genau dann aktuell zu werden begann, als ihm in der Realität so gut wie nichts mehr entsprach, von der Inflationierung des Faschismusbegriffs einmal ganz zu schweigen.

Im berufsbedingten Größenwahn des Intellektuellen-Subjekts, das demonstriert, wie durch virtuoses Begriffs-Jonglieren die Theorie auch noch mit den entlegensten Phänomenen spielerisch fertig wird, erscheinen Willkürherrschaft und Despotie geistig antizipiert und so ist es nur konsequent, daß einer der größten undogmatischen Denker aller Zeiten gleichzeitig ein Despot von Rang war: Josef Stalin.[3] – Wobei die forcierte Souveränität ihrerseits wiederum eine Reaktionsbildung auf die schier übermächtige Angst darstellt, die Realität würde ihm entgleiten und es sich einer haltlosen Fülle unzusammenhängender Dinge gegenüber befinden, angesichts welcher es zusammen mit seiner intellektuellen Koordinierungsfunktion zugleich seine psychische Selbstbestätigung, neudeutsch: seine ›Identität‹, einbüßt.[4] Materialistische Kritik richtet sich aber von Grund auf genau gegen diesen aus geistiger Arbeit bezogenen psychischen Mehrwert, in dessen Konsumation der bürgerliche Intellektuelle sich behaglich einrichtet, und die basale Zumutung, die sie fürs denkende Subjekt bereithält, besteht darin, sich von der eigenen notorischen Sorge um identitäre Selbstbestätigung nicht dumm machen zu lassen – denn dies ist die Probe darauf, daß die Intention der Kritik in der Abschaffung ihres Gegenstandes und damit der Verunmöglichung ihrer selbst besteht. Erst recht zielt die ›antideutsche‹ Zuspitzung materialistischer Kritik auf jenen blinden und unerhellten Subjektivismus, wie er im Nationalsozialismus seinen grauenhaften Triumph feierte, und dessen Reflexionsformen.

2 Bereits die »relative Verelendung« war, wie Adorno in den *Reflexionen zur Klassentheorie* anmerkt, solch ein »Hilfsbegriff«, aus dem die ganze Hilflosigkeit eines dogmatischen Marxismus sprach. In: Theodor W. Adorno: *Gesammelte Schriften (GS)*, Bd. 8. Frankfurt am Main 1997, S. 384

3 »Der Marxismus ist der Feind jeglichen Dogmatismus'«, heißt es am Ende von Stalins selbstverständlich bahnbrechendem Aufsatz über *Marxismus und die Fragen der Sprachwissenschaft* (München 1968).

4 Nicht eine stabile, fraglos gegebene ›Identität‹, sondern im Gegenteil der Zweifel über sich und die Realität kennzeichnet den Konstitutionsakt des bürgerlichen Subjekts, wie sich an der Philosophie Descartes' unschwer ablesen läßt.

Auch in der von den Veranstaltern der Bremer Konferenz *Auf einer Skala von eins bis zehn: Wie Scheiße ist Deutschland?* im November 2010 in ihrem Ankündigungstext gestellten Frage, ob die »Krise der antideutschen Bewegung« nicht Symptom dafür sei, daß der Kritik dessen, »was deutsch ist«, der Gegenstand abhanden zu kommen drohe,[5] da es mittlerweile keine Walser-, Wehrmachts- und Geschichtsdebatten, keine Konflikte und Skandale im Umgang mit dem Nationalsozialismus mehr gebe, kommt ein theoretisches Bedürfnis nach Adäquanz von Begriff und Sache zum Ausdruck und schwingt die Sorge mit, es werde einem das Vehikel der politischen ›Identität‹ entrissen.[6] Die Sorge wäre begründet, wären die ›Antideutschen‹ eine ›Bewegung‹ und wäre ihr Agieren ein dezidiert politisches – dann würde das Verschwinden oder auch nur die Verundeutlichung ihres Gegenstandes sie mit Recht in eine letale Krise stürzen; sind die ›Antideutschen‹ dies aber nicht, sondern wie auch immer versprengte oder assoziierte Kritiker, dann wäre das Verschwinden des Gegenstands kein Anlaß zur Sorge, sondern Grund zur ungeteilten Freude – wie umgekehrt die ›Krise der Antideutschen‹ Indiz sowohl für das wie auch immer beschaffene Fortdauern ihres Objekts wie auch für die Virulenz der Kritik daran ist:

5 http://www.nadir.org/nadir/initiativ/ang/Konferenz2010.html, 6.11.2010

6 ›Adäquanz‹ von Begriff und Sache ist das Ideal von *Theorie*, das die Kritik bestimmt zu negieren, nicht zu erfüllen hat; materialistische *Kritik* aber hat ihren Gegenstand nicht im Griff, sondern ist, wenn sie gelingt, kraft exakter Phantasie über ihn hinaus, indem sie ihn der Nichtidentität mit sich selbst überführt. Auf eine vermeintliche ›Inadäquatheit‹ antideutscher Kritik abzuheben, wie es im Aufruf durchscheint, führt, wie auf dem Kongreß auch festgestellt wurde, mit Notwendigkeit zu einer Art ›Normalisierungsdebatte‹, in deren Gefolge dann die steinalte und »steindumme« (Eckhard Henscheid) Diskussion wieder aufgewärmt wird, ob denn nun die Kritik ›Deutschlands‹ *oder* die Kritik ›des Kapitals‹ primär sei – zwei Positionen, die, wie bekannt sein sollte, beide einer ungebrochen positiven Wesensmetaphysik folgen, in der das Wesen, das nur verschieden genannt wird, als kontinuierliches, in der und durch die Geschichte und in allen Erscheinungen identisch sich verhaltendes aufgefaßt und damit verfehlt wird.

denn nicht obwohl, sondern *weil* die Kritik andauernd mit sich uneins ist, das heißt in der Krise steckt, ist sie auch lebendig.

II.

Unter diesen Voraussetzungen ist jener politisierende Antiimperialismus gegen Deutschland, wie er gegen Ende 1989 aufkam und die ›antideutschen‹ Kampagnen des Jahres 1990 prägte, durch die deutsche Realität unwiderruflich widerlegt – aber das war er in seinen Grundannahmen (es drohe ein ›Viertes Reich‹, Geschichtsrevisionismus in großem Stil, mörderischer Rassismus und Antisemitismus, Unterdrükkung der Opposition in einem autoritären oder gar faschistischen Staat) auch damals schon; und deshalb waren solche konstitutiven Annahmen bereits damals Gegenstand einer Kritik, die die terroristische Frage nach dem, ›was deutsch ist‹, auf materialistische Weise zu destruieren unternahm.

Daß aber auch diejenigen, die ›antideutsche‹ Kritik als logische Entfaltung und notwendige Zuspitzung materialistischer Kritik begriffen haben, sich so gerne auf Themen wie ›Geschichtsrevisionismus‹, ›Rassismus‹ und auch ›Antisemitismus‹ – in jenem abgespaltenen, auf innerstaatliche ›Ausgrenzung‹ reduzierten Sinn – kaprizierten und ihnen dickleibige Abhandlungen angedeihen ließen, aus denen bald nicht mehr der frische Wind der Kritik, sondern der Muff akademischer Bräsigkeit wehte und die als Ansuchen auf ein gemütliches Diskursplätzchen im neuen Deutschland gelesen werden konnten, hat mit nichts anderem zu tun als mit der Herkunft der ›Antideutschen‹ aus und ihrem langen Verharren in jenem protestantisch geprägten linken Milieu der alten BRD – jenem Milieu im allerweitesten Sinne, das sich wohl das erste Mal 1962 anläßlich der Strauß-/Spiegel-Affäre formierte, das vom linken SPD-Flügel bis zur militanten Linken reichte und deren Angehörige sich, wie sehr sie einander auch feind waren, stets durch Gesinnungskumpanei angesichts der von der ›Reaktion‹ ausgehenden gemeinsamen Bedrohungen erkannten. Erinnern wir uns: es handelte sich um jenes Milieu, dessen Gemütszustand die dauerbetroffene Empörung, dessen Tonfall das moraline Falsett, dessen literarische Ausdrucksformen der offene Brief oder die Unterschriftenliste war, dessen bevorzugte Treffpunkte die evangelischen Akademien Bad Boll oder Tutzing waren, auf dessen Themenhitliste ›Geschichtsrevisionismus‹, Neonazis, ›Braunzonen‹ ganz oben standen und dessen Repräsentanten, wenn gar nichts anderes mehr half, auch mit ›Auschwitz‹ bedeutungsvoll herumwedelten: »Deutschland denken heißt Auschwitz denken« formulierte Günter Grass, einer der Meinungsführer des linken Rackets, bekanntlich im Jahr 1990, was nicht wenige der damaligen ›Antideutschen‹ als Unterstützung von prominenter Seite für sich reklamieren wollten und dabei geflissentlich ausblendeten, daß die moralisierende Pose für Grass nur der Aufhänger war, um, stellvertretend für die ganze Bagage, für sein Konzept eines ›anderen Deutschlands‹ zu werben, eines, das nicht durch Nationalchauvinismus, Rassismus und Militarismus hervortritt, sondern sich als ›Kulturnation‹ definiert.[7]

Daß die genannten Themen, die früher selbst bei nichtigsten Anlässen durchgehechelt wurden, heute keine mehr sind, keine Aufmerksamkeit, keine Debatten, keine Skandale mehr verursachen, hat wiederum schlicht damit zu tun, daß dieses linke Milieu nicht mehr existiert – aber nicht in dem Sinne, daß es sich ersatzlos aufgelöst hätte, abgeschafft oder gar unterdrückt worden wäre, sondern in dem Sinne, daß es sich verallgemeinert, in die Gesellschaft aufgelöst hat. Verallgemeinert hat sich dieses Milieu sowohl personell – es sind die ›68er‹, die heute in Verwaltung, Rundfunk, Presse etc. am Drücker sitzen – als auch sachlich, insofern das ›andere‹ Deutschland nun zum ›einen‹ Deutschland und das Denkmuster der ›Kulturnation‹, das dem linksliberalen, linken Milieu entstammt, zu dessen offiziellem Selbstverständnis wurde. Die flammenden ›Nie wieder‹-Appelle – ›Nie wieder‹ Faschismus, ›Nie wieder‹ Krieg und schließlich auch ›Nie wieder‹ Deutschland – und damit einhergehend das falsche und ver-

7 Einer, der damals Günter Grass als Bündnispartner der Antideutschen besonders offensiv ins Spiel gebracht hatte, ist sich völlig gleichgeblieben, er macht noch immer dieselbe Bündnispolitik, nur mittlerweile nicht mehr gegen, sondern für den Nationalstaat: Jürgen Elsässer.

logene Kitschbild vom verklemmten, ungehobelten, autoritätshörigen Deutschen wahlweise mit Pickelhaube oder Filzhut, Sauerkraut und Wurst fressend, »Jawohl!« brüllend, das vielleicht noch für das Preußen des 19. Jahrhunderts galt, aber schon nicht mehr für die Nazis und erst recht nicht mehr für die BRD gilt und das insgesamt ungefähr dieselbe Erklärungskraft hat wie das Bild vom schmerbäuchigen zigarrerauchenden Kapitalisten in der antikapitalistischen Agitation, nämlich gar keins – diese Rhetorik und die damit zusammenhängenden Bilder waren nichts anderes als eine moralisch einwandfreie Rationalisierung derer, die selber ans Ruder wollten und die jetzt entbehrlich wird, wo sie ihr Ziel erreicht haben. Alles, was das Deutschland von heute ausmacht – Antiimperialismus, Friedensliebe, Mülltrennung, Kulturvergötzung – stammt aus der Linken.[8] Und geschaffen wurde das neue Deutschland in jener ›typisch deutschen‹ *antagonistischen Kooperation* zwischen Mehrheit und Minderheit, indem diese, scheinbar in extremem Gegensatz zur Mehrheit, in Wahrheit deren verschwiegene Sehnsüchte artikulierte, dafür von jener zunächst gehaßt und verfolgt wird, was der Minderheit wiederum den moralischen Mehrwert verleiht und die Zähigkeit zum Durchhalten eingibt, bis schließlich die Mehrheit – so geschehen dann seit den späten 1990er Jahren – sich widerstrebend dem ›Lauf der Dinge‹ oder dem ›Zug der Zeit‹ beugen darf und die dann stattfindenden gesellschaftlichen Reformen als Ergebung in ein unabwendbares Schicksal darstellen kann. Und ein Ende dieser Spiegelfechterei ist nicht absehbar, man hat sogar den Eindruck, daß diese um so munterer weitergeht, je scheinhafter die sachlichen Differenzen in Wahrheit sind. Obwohl das linke Milieu sich längst in die gesellschaftliche ›Mitte‹ hinein aufgelöst hat; obwohl es längst keine substantiellen Differenzen mehr zwischen der

8 »Ein halbes Jahrhundert lang fast war sie« – die Linke – »der einzige Traditionsverband, wo sich das deutsche Wesen erhalten, entwickeln und entfalten konnte, die Vorstellung von der Eigengruppe als dem Ziel und Opfer ungerechtfertigter Verfolgung.« Wolfgang Pohrt: *Meinungen und Tatsachen*. In: Ders.: *Das Jahr danach. Ein Bericht über die Vorkriegszeit*. Berlin 1991, S. 144

›Mitte‹ und der ›Linken‹ gibt, so daß die politischen Fraktionen *real* zur »pluralen Fassung einer Einheitspartei«[9] geworden sind, gerieren sich die berufenen Sprecher der Linken immer noch, wenn's opportun ist, als zu kurz gekommene, vom Establishment unterdrückte und verfolgte Minderheit und reproduzieren damit das Grundmuster des deutschen Sozialcharakters, zumal in seiner nazifizierten Form: die verfolgte und deswegen zur Verfolgung ermächtigte Unschuld. In Deutschland können aus einstigen Rebellen nicht einfach angepaßte, selbstzufriedene Bürger werden, weil der deutsche Bürger, der bereits als engherziger, neidbeißerischer, von Selbst- und Welthaß umgetriebener und tendenziell vernichtungswütiger Protestant die historische Bühne betrat, sich selbst zutiefst als konformistischen Rebellen, das heißt *antibürgerlichen Bürger* begreift, der stets mit der bösartigen Regression seiner selbst auf den Stamm beziehungsweise die Rasse liebäugelt: daß Leute, die man sonst als kreuzbrave Spätzlesschaber kannte, sich plötzlich zu einer Volksbewegung (»Stuttgart steht auf!«) zusammenrotten, um ihrem Ruf, der Pietcong Deutschlands zu sein, endlich vollauf gerecht zu werden, ist dafür das aktuellste Beispiel. Wenn die ehemaligen Schmuddelkinder also heute auf breite Anerkennung und Zustimmung stoßen, wie zuletzt das niederschmetternde Ergebnis bei den Landtagswahlen in Baden-Württemberg 2011 demonstrierte, dann zeigt das, daß aus einer Minderheitenmarotte ein Massenbedürfnis geworden ist, dann zeigt das überdies, daß konformistisches Rebellentum objektiv erforderlich ist, wo es darum geht, sozialstaatliche Regulation in moralische Selbst- und Fremdkontrolle zu überführen. Und es besteht kein Zweifel daran, daß die Linken die an sie gestellten Anforderungen zu erfüllen gewillt sind: In der politischen Spiegelfechterei sind sie es, die als Vorreiter gesellschaftlicher Barbarisierung fungieren, weil sie, durch einschlägige Erfahrungen

9 Johannes Agnoli: *Die Transformation der Demokratie und andere Schriften zur Kritik der Politik*. Freiburg 1990, S. 53. Wie in der Diskussion auf der Bremer Konferenz *Wie Scheiße ist Deutschland?* richtig angemerkt wurde, ist eine antideutsche Annahme der ersten Stunde tatsächlich eingetreten: daß es in Deutschland keine Opposition mehr gibt.

im eigenen Milieu vorbelastet, keinerlei Hemmungen haben, rechtsstaatlich-formelle Regularien dem von ihnen angeheizten Volkszorn zu opfern und dieses direkt-demokratische Willkürprinzip[10] auch noch als Errungenschaft und Fortschritt zu verkaufen.

10 Willkür- und charismatische Herrschaft sind zwei Seiten einer Medaille: die Volksmeinung an sich ist kein unmittelbarer politischer Faktor, sondern bedarf einer zentralen Instanz, idealerweise einer charismatischen Figur, eines Führers, der als ›Seiteneinsteiger‹ oder reputierter Outlaw als nicht vom Apparat korrumpiert erscheint und deshalb die widersprüchlichen Momente, die im Massenbewußtsein vereint sind, glaubwürdig repräsentiert und außerdem das Anheizen wie das Beschwichtigen gleich gut beherrscht. Im Falle des komplett irrsinnigen ›Stuttgart 21‹-Protests war es Heiner Geißler, der Bergpredigt-Antiimperialist von der CDU, der gleichermaßen als Weltweiser wie als Lausbub, als Zuchtmeister ebenso wie als Einpeitscher auftreten durfte. Die Einsetzung eines nicht rechtlich, sondern völkisch legitimierten ›Schlichters‹; die im Internet wie im Fernsehen live übertragene ›Schlichtung‹ zu einem Projekt, über das rechtlich bereits entschieden ist, zeigt an, wie sehr ›Stuttgart 21‹ eine Spielwiese der Gegensouveränität darstellt und wie hellsichtig Johannes Agnoli war, als er bereits 1968 von der »Überspitzung oligarchischer Methoden zu einer [postfaschistischen] Form des plebiszitären, unmittelbaren Kontakts mit dem Volk« sprach und hinzufügte: »Die technisch durchführbare Einseitigkeit des Fernsehgesprächs mit der Menge bedingt zum Teil die Ablösung des charismatischen durch den technologischen Stil der Herrschaft« (*Die Transformation der Demokratie*, S. 80 f.) – nur daß die Massenmedien heutzutage keine autoritären Volksbeglückungsagenturen mehr sind, sondern zu demokratischen Mobilisierungsapparaten umgerüstet wurden, in denen die Beteiligung der Subjekte an ihrer eigenen Unterdrückung in Form des Massenplebiszits täglich eingeübt wird. Dazu auch: Raijko Eichkamp: *Spielwiese der Gegensouveränität. Stuttgarts Bahnhofsgegner im Taumel völkischer Putativnotwehr.* In: *Bahamas*, Nr. 61, 2011, S. 5 ff.

III.

Für die Kritik bedeutet diese Situation zunächst eine Erleichterung, denn endlich muß man sich mit Themen wie den genannten nicht mehr herumplagen und die Bestimmung dessen, ›was deutsch ist‹, nicht mehr an Objekten vornehmen, die, aufs Ganze gesehen, den Kritiker doch nur in die Irre führten und längst zu antideutscher Folklore herabgesunken sind. Was mich betrifft: ich bin froh, daß diese ganzen Geschichtsrevisionismus-, Walser- und Wehrmachtsdebatten endlich vorbei sind. Aber die Erleichterung ist andererseits doch sehr begrenzt, denn die Kritik gewinnt im selben Maße, in dem ihr ihre traditionellen Objekte zum Glück abhanden kommen, leider auch an Aktualität. Aktuell wird antideutsche Kritik, weil sie jetzt unter Beweis stellen kann, daß ihr zum Gang der Gesellschaft auch dann und erst recht etwas einfällt, wenn alle vordergründigen Anlässe für ihr Geschäft weggefallen sind. Daß das der Fall ist; daß in der bundesrepublikanischen Wirklichkeit immer weniger offen auf Auschwitz, ihr Gründungsverbrechen, hindeutet, liegt wiederum in nichts anderem beschlossen als in der eigentümlichen Konstitution der Bundesrepublik als eines postfaschistischen beziehungsweise genauer, postnazistischen Gemeinwesens. Mit dem Begriff des ›Postfaschismus‹, zu dessen Konjunktur meine Publikationen zum Thema[11] wohl maßgeblich beigetragen haben, sollte eine Gesellschaft wie die bundesdeutsche, die nach eigenem Bekunden der

11 Insbesondere wohl der Aufsatz *Nationalsozialismus und Postfaschismus*, ein Text, der 1993/94 in verschiedenen Fassungen zur Selbstverständigung geschrieben, aber nie in irgendwelchen Zeitschriften publiziert wurde, dafür aber zweimal in Seminarreadern auftauchte (1994 in einem Seminar der *Radikalen Linken* in Berlin, 1995 für eines der *Jungen Linken* in Rotenburg/Wümme). Eine Kurzfassung des Textes mit dem Titel *Die postfaschistische Demokratie in der Krise* wurde auf dem 8. Mai-Kongreß 1995 in Berlin referiert und im Kongreßreader abgedruckt. (*Dokumentation der Beiträge zum antinationalen und antideutschen Aktionswochenende am 6./7. Mai 1995*) Zur Terminologie: je nach Kontext wird sowohl der Begriff des ›Postnazismus‹ als auch der des ›Postfaschismus‹ verwendet.

»freiheitlichste Staat, der je auf deutschem Boden existiert hat«, sei und dessen »demokratisches Verfassungssystem ... eo ipso den Bruch mit den autoritären und obrigkeitlichen Traditionen der deutschen Geschichte verbürgen«[12] soll, in die Nähe des Nationalsozialismus gerückt werden, dessen soziale Resultate die BRD als Moment ihrer Reproduktion sich einverleibt hat. Eine Gesellschaft, deren Exponenten in Ökonomie und Politik sich seit jeher nach Kräften bemühten, alle Spuren zu verwischen, die auf Auschwitz als auf ihr kollektives Gründungsverbrechen verweisen, sollte mit ihrer barbarischen Geschäftgrundlage konfrontiert werden, es galt – und gilt – nicht »den geschickten Wandel einer Gesellschaft zu übersehen, die sich vom Tatort entfernt«, indem man »an aller perfekten Innenausrüstung der Städte und smarter Psychohygiene die Zeichen wahrnimmt, die auf Auschwitz weisen«.[13]

Im Deutschland des Jahres 2012 scheinen selbst die letzten Spuren getilgt zu sein. Daß das neue Deutschland sich äußerlich selbst von demjenigen, sagen wir mal des Jahres 2000 unterscheidet, fällt einem besonders dann auf, wenn man seinen Wohnsitz dorthin verlegt hat, wo die Verhältnisse nicht so durchgängig von jener elenden Philosophie selbstbestimmter Knechte, vulgo Protestantismus durchherrscht sind und sich dann mal wieder etwas länger bei den Landsleuten aufhält. Dabei handelt es sich nicht einmal um besonders neue und spektakuläre Veränderungen – die meisten sind das Ergebnis schon längst im Gange befindlicher Entwicklungen, an denen vielleicht nur die Deutlichkeit überrascht, mit der sie einem mittlerweile entgegentreten. Waren etwa früher die deutschen Innenstädte wahre Triumphe der Trostlosigkeit,[14] standen innenstadtnahe Altbauviertel auf Abbruch, so sind diese heute, dem in den 1970ern einsetzenden Trend folgend, schmuck herausgeputzt sowie aufgewertet, verschönert, belebt durch Begrünung und

12 Nachtmann: *Nationalsozialismus und Postfaschismus*

13 Frank Böckelmann: *Die schlechte Aufhebung der autoritären Persönlichkeit*. Freiburg 1987, S. 31 und 30

14 Der Buchtitel *Die Unwirtlichkeit der Städte* von 1965 ist dafür das geradezu volkstümlich gewordene Schlagwort von Alexander Mitscherlich.

vor allem durch dort stattfindende kulturelle ›Events‹. In Hamburg-St. Pauli beispielsweise massieren sich, sobald die Temperaturen wärmer werden, sogenannte Spaß-Events der allerdeppenhaftesten Sorte: zum ohnehin dreimal pro Jahr stattfindenden Volksfest *Dom* inklusive Feuerwerk am Freitag, im Jahr 2010 noch zusätzlich verschärft durch die Fußball-WM, bei der die kollektive Zusammenrottung vor dem Fernseher in der Öffentlichkeit, zum *public viewing*[15] geadelt, mittlerweile unausgesprochene Spaßpflicht ist, gesellt sich noch im Frühsommer das Harley-Treffen und der besonders schlimme *Schlagermove* hinzu und auch das Schanzenfest mit anschließender Randale kann im erweiterten Sinne als kulturelle Bereicherung angesprochen werden, zumal Immobilienmakler den Blick auf die *Rote Flora* als wohnwertsteigerndes Merkmal von Wohnungen in der Schanze anpreisen.

Auch die Landsleute sind nach Kräften bemüht, diesem Trend folgend nicht als die muffligen, übellaunigen, verstockten, auf sich bezogenen, in sich verschlossenen Duckmäuser dazustehen, als die sie sich selbst und als die andere sie früher taxierten, sondern als fröhliche, offenherzige, feierlaunige Zeitgenossen. Seit der WM 2006 bescheinigt man ihnen und bescheinigen sie sich selber eine geradezu ›südländische‹ Mentalität und mitunter hat man den Eindruck, sie seien zu Ehrenitalienern befördert worden und im Grunde sogar noch lockerer und freizügiger als diese. Zu dieser Selbsteinschätzung paßt die neue flächendeckende Xenophilie: Traten die Landsleute früher Ausländern in der Regel distanziert, abwehrend oder sogar feindselig gegenüber, so können sie heute vor Begeisterung für fremde Kulturen, Essen,

15 Der bedeutendste lebende Gegenwartsphilosoph, Gerhard Polt, hat diesen aufgedonnerten Nonsens schon in seinem Vortrag *Bad Hausen* liebevoll destruiert: Dort preist der Bürgermeister eines fiktiven bayerischen Kurortes dessen touristische Möglichkeiten mit den Worten an: »Bad Hausen ist ein Ort, da ist für Phantasie kein Raum mehr... Bei uns ist alles möglich, von mountain climbing bis zum mountain biking, vom river rafting – und wer's mal ruhiger haben will bei uns, der kann auch fresh air snapping, wenn er will, net wahr, der kann auch mushroom searching, candle light brotzeiting.« Gerhard Polt: *Circus maximus. Das gesammelte Werk*. Frankfurt am Main 2002, S. 22

Religionen gar nicht an sich halten. Der Kurzzeitbundespräsident Chritian Wulff hat diese Wertschätzung anderer Kulturen gleichsam in den Rang einer Staatsraison erhoben, als er zur Einheitsfeier 2010 bekräftigte, was bis in die CDU längst Konsens ist: daß Deutschland ein Einwanderungsland ist und daß der Islam selbstverständlich zu Deutschland gehöre – eine These, die noch vor 10 Jahren in dieser Klarheit nicht möglich gewesen wäre.[16]

In diesen Zusammenhang fällt auch die Tatsache, daß die Bereitschaft, abseits von Parteien und Verbänden sich politisch zu artikulieren, mittlerweile nicht mehr nur Angelegenheit eines linken Milieus mit bürgerlichem Anhang ist, sondern aus der bürgerlichen Mitte selbst kommt. Allenthalben wird zur Selbsthilfe gegriffen und ›direkte Demokratie‹ praktiziert und die Landsleute, die früher als obrigkeitshörig und staatsfromm galten, lassen sich nun gerne vom in- und ausländischen Feuilleton ›Zivilcourage‹ und ›demokratisches Selbstbewußtsein‹ attestieren. Staatsrechtler diskutieren mittlerweile ernsthaft die Einführung direkt-demokratischer Verfahren ins Grundgesetz, und galt bis in die 1990er Jahre noch der ›soziale Frieden‹ als das höchste Gut für den ›Standort Deutschland‹, so verweisen Ökonomen und Politologen heutzutage gerne darauf, daß Deutschland mittlerweile über eine solide ›Protestkultur‹ verfüge, die im internationalen Zusammenhang ein veritabler Standortvorteil sei.[17] Halten sich die Landsleute beim Feiern für die besseren Italiener, so beim Protestieren mittlerweile für die besseren Franzosen und deshalb ließen sich die deutschen Enragés für ihre zur Schau getragene staatsbürgerliche Empörtheit vom *Spiegel* gerne zu »Wutbürgern« nobilitieren – eine Bezeichnung, die von der unvermeidlichen *Gesellschaft für deutsche Sprache* sogleich zum Wort des Jahres 2010 gekürt wurde, wo doch mit Blick auf den zutiefst lächerlichen Zirkus um ›Stuttgart 21‹ das Wort ›Kohlhääsle‹ weitaus angemessener wäre.

16 Man erinnere sich an den im NRW-Wahlkampf 2000 von der CDU lancierten Slogan »Kinder statt Inder«.

17 Als *pars pro toto*: Thomas E. Schmidt: *Diese Wut nützt uns allen*. In: *Die Zeit*, 14.12.2010

All die genannten Phänomene werden von den Landsleuten selbst als ›Kulturalisierung‹ des öffentlichen Lebens verhandelt, die es, dem traditionellen bürgerlichen Bildungsglauben an die veredelnde Kraft der Kultur entsprechend, mit sich bringe, daß sie sich zum Besseren gewandelt hätten, offener, umgänglicher, beherzter geworden seien. Faßt man bündig zusammen, dann scheint also schon der bloße Augenschein selbst die differenziertesten antideutschen Grundannahmen zu widerlegen: kein Nationalismus im herkömmlichen Sinn, keine Fremdenfeindlichkeit im großen Maßstab, noch nicht mal eine Massenpanik angesichts der schweren Finanzkrise, keine antisemitische Massenbewegung – dafür ist Auschwitz und die Erinnerung daran seit der Merkel-Rede vor zwei Jahren zur Staatsraison erklärt worden. Ohne große Übertreibung könnte man also sagen: ›spezifisch deutsch‹ ist heute gerade die *Absenz* von Nationalchauvinismus im Sinn eines bornierten selbstgerechten Beharrens auf dem als ›eigen‹ Reklamierten und die darin implizierte Frontstellung einer kompakten Majorität gegen eine Minderheit; chic ist gerade umgekehrt die moralisch aufgeladene, mit Schuldbewußtsein vorgetragene Selbstverleugnung alles ›Eigenen‹ und die schier grenzenlose Offenheit für alle sogenannten fremden Kulturen. Darin eine Veränderung der Landsleute zum Positiven oder gar eine ›Normalisierung‹ Deutschlands zu erblicken, wie es vor allem jene Teile der linksliberalen Intelligenz tun, in der, wie bereits skizziert, eine gewisse ›antideutsche‹, gegen den obrigkeitshörigen Spießer gerichtete Haltung lange Zeit zum guten Ton zählte, wäre ebenso dumm und falsch wie die umgekehrte Unterstellung, daß etwa die neue Ausländerfreundlichkeit nur Tünche und Makulatur sei, in Wahrheit seien die Deutschen ›ihrem Wesen nach‹ immer noch ›dieselben‹ wie früher. Beide Annahmen sind eine Fortschreibung des notwendig auf Identität und Selbstbestätigung erpichten Politisierens und der ihr adäquaten Polit-Rhetorik traditionellen Zuschnitts, in der die Beschwörung drohender Gefahren und die Selbststilisierung der Protagonisten als prospektive Opfer aufs Häßlichste zusammenzustimmen pflegen und der eine durchgängige Erfahrungsresistenz objektiv immanent ist, denn: tritt das Beschworene nicht ein, dann macht man entweder kontrafaktisch mit der alten Unterstellung weiter – oder aber läßt sie fallen und gibt generelle Entwarnung. Mit eherner

Notwendigkeit folgt deshalb jeder Faschisierungsdebatte entweder das Sektierertum oder die Normalisierungsdiskussion auf dem Fuße.

Diese fatale Notwendigkeit bereits im Ansatz zu sabotieren diente die systematische Entfaltung des Begriffs ›Postfaschismus‹; dieser war intendiert als Einspruch gegen eine antideutsche Agitation, die sich spätestens durch die Intifada von Rostock 1992 zu einer ›kritischen‹ Reanimation des althergebrachten demokratieseligen Antifaschismus legitimiert sah und bereits zum Zeitpunkt ihrer Formulierung obsolet war, weil sie mit all jenen schiefen Bildern, hinkenden historischen Analogien und antiquierten Begriffen operierte, die allesamt unter dem Niveau ihres Gegenstandes lagen und deshalb letzten Endes dazu angetan, dem demokratischen Fundamentalkonsens des neuen Deutschland zuzuarbeiten anstatt ihn zu destruieren. Gegen die damals schon unternommenen Anstrengungen, entweder eine verborgene Wahrheit ›hinter‹ den Erscheinungen hervorzukehren oder die Erscheinungen selber unmittelbar für die Wahrheit zu nehmen, wurde an das Einmaleins materialistischer Kritik erinnert, demzufolge es darum gehen muß, Erscheinungen selbst in eine Konstellation zu bringen, in der sie lesbar werden.[18] Gegen die antifaschistische Kaffeesatzleserei wurde Ideologiekritik gesetzt, die sich von Prognostik dadurch unterscheidet, daß sie zwar versucht, ihrem Gegenstand auf der Spur zu bleiben, indem sie ihm durch exakte Phantasie geistig immer zwei bis drei Schritte voraus ist, es sich aber verbietet, diese Antizipation selber wieder zu verdinglichen oder zu konkretisieren: das Utopieverbot gilt eben auch für die negative Utopie. Den allenthalben ins Kraut schießenden Prophezeiungen von einer ›Faschisierung‹ Deutschlands schließlich wurde, scheinbar ganz kontrafaktisch und dadurch, wie sich heute herausstellt, um so realistischer entgegengehalten: »Eine neue Barbarei, so steht zu befürchten, wird sich nicht aus dem Geist des Nationalsozialismus speisen, sondern im Gewande von demokratischem Antifaschismus, von ›Lernen aus der Geschichte‹ und ›political correctness‹ daherkommen.«[19]

18 Theodor W. Adorno: *Die Aktualität der Philosophie*. In: Ders.: *GS*, Bd. 1. Frankfurt am Main 1997, S. 335

19 Nachtmann: *Nationalsozialismus und Postfaschismus*

Aus dieser bereits 1993 eröffneten Perspektive setzt das neue Deutschland seiner ›Lesbarkeit‹ viel weniger Widerstände entgegen als das der 1980er und 90er Jahre, so daß man sich eher fragen müßte, warum selbst so viele ›Antideutsche‹ so angestrengt an ihr vorbeizielen. Betrachtet man nämlich die aufgetragene Abscheu vor der ›eigenen‹ und die forcierte Begeisterung für fremde Kulturen einmal so nahe, wie es ihnen gebührt, dann wird man nämlich schnell darauf stoßen, daß etwa die Bescheidenheit und Zurückhaltung in nationalen Dingen etwas ist, das den deutschen Nationalismus seit jeher auszeichnet: Dieser trat nie selbstgewiß und unbefangen, sondern kleinlaut und verdruckst auf und dem nationalen Triumphalismus früherer Tage, der zuletzt um 1989 noch einmal ein Revival erlebte, war stets anzusehen und anzuhören, daß er sich selbst nicht glaubte und vor allem der Versuch war, die eigene Muckerhaftigkeit so laut wie möglich zu überschreien. Deshalb ist die heute anzutreffende nationale Selbstzurücknahme alles andere als ein Ausdruck von Kritikfähigkeit und Lernbereitschaft, sondern Ausdruck jenes für den deutschen Protestantismus so charakteristischen Selbsthasses, der den deutschen und das heißt den antibürgerlichen Bürger dazu prädestiniert, der unerreichbaren Sinnenwelt letzten Endes nur noch auf eine Weise nahe sein zu können: im Augenblick ihrer Vernichtung.[20] Daß die Landsleute sich in nationaler Demut üben oder mit

20 Für die Subjektauffassung des deutschen Protestantismus im 18. Jahrhundert einschlägig sind die von Pastor Erdmann Neumeister (1671–1756) beziehungsweise Konsistorialpräsident Salomo Franck (1659–1725) verfaßten Texte, die den meisten der geistlichen Kantaten von Johann Sebastian Bach zugrunde liegen und die blitzartig erhellen, warum gerade engagierte Protestanten es heutzutage so dicke mit islamischen Selbstmordattentätern haben: »Der Mensch ist Kot, Stank, Asch und Erde; ist's möglich, daß vom Übermut, als einer Teufelsbrut er noch bezaubert werde... Wirf dich vor Gott im Geiste gläubig nieder! Zu seiner Zeit erhöht er dich auch wieder«, heißt es im Rezitativ (Nr. 3) der Kantate *Wer sich erhöhet, der soll erniedriget werden* (BWV 47) und in der nachfolgenden Baßarie fleht das Subjekt Jesus an: »Jesus, beuge doch mein Herze unter deine starke Hand... Gib mir einen niedern Sinn, daß ich dir gefällig bin.«

dem, was sie ›das Deutsche‹ nennen, keine substantiellen inhaltlichen Vorstellungen verbinden, ist keine Neuheit, sondern etwas, was den deutschen Nationalismus bereits seit seinen Anfängen Ende des 18., Anfang des 19. Jahrhunderts kennzeichnet. Die Frage nach dem, ›was deutsch ist‹, war zu keiner Zeit eine, auf die eine eindeutige Antwort gegeben worden wäre – weil das gar nicht geht und auch gar nicht die Intention der Frage ist. »Typisch deutsch« ist vielmehr, wie Nietzsche treffsicher notiert hat, »daß bei den Deutschen die Frage, ›Was ist deutsch?‹ niemals ausstirbt«.[21] Was Deutschland von anderen Nationen und die Deutschen von anderen Nationalstaatsbürgern unterscheidet, ist gerade nicht irgendeine positiv benennbare und zum ›Wesen‹ oder zur ›Substanz‹ erklärte Eigenschaft, sondern die Frage nach der Substanz selbst und der daraus folgende Wettstreit der Individuen, von denen jeder sich mit seiner Definition als der beste Deutsche bewähren will. Kritisch im allerschönsten Sinne ist Nietzsches Bonmot, weil es den Selbstzuschreibungen der Deutschen nicht auf den Leim geht und das ›typisch Deutsche‹ treffsicher gerade im *Prozeß* einer manisch in sich verbohrten, virtuell unendlichen Selbstbeschäftigung erblickt. Das heißt: ›Deutsch‹ ist, dem ›Deutschen‹ als einer vermeintlichen Substanz nachzujagen, wobei es keine Rolle spielt, ob die diesbezüglichen Beiträge nun ›affirmativ‹ etwa die Wiederbesinnung auf ›nationale Tugenden‹ einfordern oder ›kritisch‹ das Leiden der Deutschen an ihrem ›Deutsch-Sein‹ durchnudeln – entscheidend ist, daß jeder, der in noch so kritischer Absicht die Frage nach dem Deutschen brav beantwortet anstatt die Frage selbst zu destruieren, zum integralen Bestandteil einer nationalen Sinnstiftung wird, einer Unternehmung, die dem als unauslotbar und unergründlich vorausgesetzten Charakter des Deutschen gemäß nie entschieden werden, nie an ein Ende kommen kann und somit auch den Enkeln und Urenkeln noch Beschäftigungs- und Profilierungsmöglichkeit verheißt.

Die Frage nach dem ›Deutschen‹ impliziert also unmittelbar den demokratischen Appell an jeden einzelnen, selbst eine Antwort darauf

21 Friedrich Nietzsche: *Jenseits von Gut und Böse*, Aph. 244. In: Ders.: *Werke*, Bd. 8. München 1964, S. 134

zu finden, setzt also mit anderen Worten eine *Dynamik leerer, schlechter Unendlichkeit* frei, einen Prozeß, der seiner Bewegungsform nach bereits die Dynamik allseitiger Mobilmachung antizipiert, die der Nationalsozialismus viel später praktisch realisiert. Die Bewegung leerer Unendlichkeit bedeutet, daß das zutiefst Vergebliche einer jeden Antwort auf die deutsche Frage nur zwanghaft zu neuen Anläufen aufstachelt; und solche unmittelbare Identität von Vergeblichkeit und Zwanghaftigkeit läßt im bürgerlichen Subjekt deutscher Prägung bereits früh das nachbürgerliche aufscheinen, das um so zwanghafter auf seiner Naturwüchsigkeit beharrt, je weniger es sich diese noch glaubt. Und weiterhin ist der Prozeß leerer Unendlichkeit, die Absenz eines eindeutig fixierbaren Inhalts dessen, was deutsch sein soll, identisch mit einer ebenfalls dann im nachbürgerlichen Subjekt voll zum Tragen kommenden frei flottierenden Projektivität, die sich gerne an entlegene Orte und Zeiten heftet,[22] deren konkrete Gestalt beliebig auswechselbar ist, solange das jeweilige Material nur ein entscheidendes Kriterium erfüllt: es muß eine Regression des Individuums auf Stamm und Kult legitimieren und bebildern.[23] Antizipiert ist dieser Prozeß, in dem das ›Eigene‹ des Deutschen projektiv am vermeintlich ›Fremden‹ verhan-

22 Wobei, wie man aus der *Dialektik der Aufklärung* weiß, Projektion nicht gleich Projektion ist, diese vielmehr schon für den einfachen Wahrnehmungsakt und die Herausbildung von Objekt-Libido unabdingbar ist. Vgl. Max Horkheimer/Theodor W. Adorno: *Dialektik der Aufklärung. Philosophische Fragmente*. In: Theodor W. Adorno: *GS*, Bd. 3. Frankfurt am Main 1997, S. 212f. So teilt etwa die französische Romantik in Literatur und Musik mit der deutschen die Sehnsucht nach vorbürgerlichen Zeiten, aber während sich diese hierorts ans Mittelalter heftet, richtet sie sich etwa bei Hector Berlioz auf ein Italien der Renaissance und damit auf eine Zeit, wo das bürgerliche Subjekt sein Selbstbewußtsein ausbildete und der Künstler als Pionier eben dieser Bürgerlichkeit hoch angesehen war.

23 Die große Vorliebe galt daher schon seit dem Kaiserreich dem Orient und dem Islam. Der ›linke‹ Antiimperialismus seit den 1950er Jahren ist in dieser Perspektive nichts weiter als eine Aktualisierung dieser bösen regressiven Sehnsüchte.

delt wird, bei Johann Gottfried Herder, der bekanntlich an Montesquieu anschließend eine Lehre entwickelt, wonach jedes Volk über einen höchsteigenen »Volksgeist« verfüge, der jeweils vorzugsweise in Sprache, Kunst, Denkweise, Kleidung, Gewohnheiten und Traditionen seinen Ausdruck finde. Damit einher geht die namentlich gegen Voltaire gerichtete Polemik gegen den aufklärerischen Universalismus und die Rehabilitation der Vorurteile, da diese nach Herders Ansicht die guten Ursprünge eines Kollektivs repräsentieren.[24] Es gehört nicht viel Phantasie dazu, um zu erkennen, daß Herders im übrigen weder chauvinistisch noch rassistisch konnotierte Theorie von den guten und gegen die Anmaßung der Aufklärung zu schützenden »Volksgeistern« ziemlich genau dem heutigen ›anti-rassistischen‹ *common sense* in Deutschland und Europa entspricht, der unterschiedslos ›Respekt‹ und ›Toleranz‹ für alle ›gewachsenen Kulturen‹ reklamiert. Und es ist weiterhin unschwer zu sehen, daß Herders Lehre von der in allen Lebensäußerungen eines Volkes sich aussprechenden Eigenart Modell gestanden hat für den modernen Kulturbegriff, der mit der als ›elitär‹ verunglimpften Hochkultur jeden objektiven Maßstab für das, was Kultur ist und was nicht, verabschiedet.[25]

IV.

Das vermeintlich Allerneueste entpuppt sich also bei näherer Betrachtung zugleich als das Alterälteste und das, was einen Fortschritt der Landsleute zum Besseren bezeugen soll, läßt sich zugleich als Regression auf ihre eigenen Ursprünge begreifen. Unbezweifelbar haben die Landsleute sich weiterentwickelt und ebenso unbezweifelbar ist diese Entwicklung scheinhaft, weil sie keine qualitative Veränderung, sondern nur eine andere Darstellung des Immergleichen bewirkt hat. Wenn aber

24 Dazu ausführlicher Clemens Nachtmann: *Rasse und Individuum. Plädoyer für eine vollendet künstliche Amoral*. In: *Bahamas*, Nr. 58, 2009, S. 52

25 Vgl. Alain Finkielkraut: *Die Niederlage des Denkens*. Reinbek 1989, S. 70ff.

Fortschritt und Regression keine zeitlich voneinander unterschiedenen Phasen darstellen, sondern, wie im Falle des neuen Deutschlands, der Fortschritt unmittelbar zugleich seine eigene Regression ist, dann heißt das soviel wie: daß eigentlich überhaupt keine Zeit vergangen ist und im strengen Sinne gar keine Entwicklung stattgefunden hat.

Genau dieses eigentümlich Trübe, Abstrakte, Ungreifbare der deutschen Gegenwart, die ›Zeitlosigkeit‹, die sie ausstrahlt und damit verbunden das Lähmende, das von ihr ausgeht, ist aber nun ebenfalls etwas, was die postnazistischen deutschen Verhältnisse seit jeher auszeichnet und was ihre Gegner regelmäßig in die Irre führte: Auch dieses Ungreifbare ist somit keine Neuigkeit, sondern führt zurück auf die basalen Konstituentien des postnazistischen Gemeinwesens und weist die Gegenwart als dessen konsequente Fortsetzung und zugleich als dessen Zerfallsprodukt aus: es zerfällt, indem es konsequent seiner immanenten Logik folgt und es setzt sich andererseits im und durch den Zerfall fort, dessen Ende nicht absehbar ist.

Nachdem der Nationalsozialismus die politökonomischen Vermittlungen der bürgerlichen Gesellschaft kassiert und an ihre Stelle die Staatsunmittelbarkeit der Subjekte gesetzt hatte, restituiert die Bundesrepublik mit der Wiedereinrichtung einer reproduktiven kapitalistischen Ökonomie, mit Mehrparteiensystem und demokratischem Verfassungsstaat den Zustand vor dem Nationalsozialismus, eine bürgerliche Gesellschaft als Totalität von waren- und rechtsförmigen formellen *Vermittlungen* – die aber scheinhaft bleiben, weil sie materialiter darauf gerichtet sind, durch ein vom Faschismus inspiriertes System der ökonomischen und politischen Krisenprävention einen neuerlichen Faschismus entbehrlich zu machen.[26] Indem die Bestimmungen des völkischen Notstands in die politökonomischen Formbestimmungen eingebaut, legalistisch fixiert und dadurch vorverlagert werden, wird der »entfesselte faschistische Ausnahmezustand in die demokratische

26 Zum Scheincharakter der restaurierten politökonomischen Vermittlungen und den Konsequenzen, die sich für eine kritische Theorie daraus ergeben: Gerhard Scheit: *Suicide Attack. Zur Kritik der politischen Gewalt*. Freiburg 2004, S. 27 und 87 f.

Normalität integriert«, um »den Faschismus als offenen Bruch mit rechtsstaatlichen Verkehrsformen überflüssig zu machen«.[27] Abwehr des offenen Faschismus durch dessen demokratische Entnazifizierung und Eingemeindung – dies ist, auf eine kurze Formal gebracht, die Geschäftsgrundlage der Bundesrepublik, durch die sie sich als ein postnazistisches Gemeinwesen ausweist. Zwar wird eine sich selbst reproduzierende kapitalistische Ökonomie reinstalliert, aber eine, die zugleich die Resultate ihrer negativen Aufhebung in der und durch die Arbeitsfront reproduziert: das Kapitalverhältnis wird als großes Volksfürsorgeunternehmen gesetzt, für deren reibungs-, das heißt krisenloses Funktionieren die ›Sozialpartner‹ in Verbindung mit dem Staat Sorge zu tragen haben. Zwar tritt an die Stelle des nazistischen ›bürokratischen Naturzustands‹ nun im Rahmen eines gewaltenteilig organisierten Verfassungsstaats wieder eine bürgerliche Öffentlichkeit mit Parlament und Parteien, die aber in Struktur, Programmatik und Auftreten den populistischen Bewegungscharakter der ehemaligen Volks-Einheitspartei in sich aufnehmen und reproduzieren. Zwar wird statt der unmittelbar kollektiven Mobilmachung die formelle Privatheit und Freiheit des Individuums und damit das abstrakt-allgemeine, formelle Recht als Komplement der ökonomischen Vermittlungen restituiert, aber unter den generalklauselhaften Vorbehalt seiner Zuträglichkeit fürs Volksganze gestellt, dergestalt, daß die individuelle Freiheit selber als Staatszielbestimmung gefaßt ist, die im Zweifelsfall vom Staat gegen ihren ›illegitimen‹ Gebrauch durch bestimmte Individuen durchgesetzt werden kann. Die formelle Privatheit fungiert materiell als Privatisierung der Volksgemeinschaft, die die Male ihrer Entstehung abgestreift hat.

Die Objektivierung des nazifaschistischen Kurzschlusses von Staat und Subjekt im Modus permanenter Mobilmachung in den Vermittlungen zielt dabei auf ein System des »totalen Konsenses«[28], dessen Inhalt die möglichst zwanglose Internalisierung und Demokratisie-

27 Nachtmann: *Nationalsozialismus und Postfaschismus*

28 Johannes Agnoli: *Der Staat des Kapitals und weitere Schriften zur Kritik der Politik*. Freiburg 1995, S. 153

rung des Opfers ist: ein jedes Individuum soll seine Aufopferung fürs Kollektiv in all seinen Handlungen und selbst in seinen Vorstellungen spontan, unmittelbar und freiwillig bezeugen.[29] So werden die Bedingungen dafür geschaffen, daß die im Nationalsozialismus begonnene ›Faschisierung des bürgerlichen Subjekts‹ sich auch und gerade im postfaschistischen Verfassungsstaat fortsetzen kann, weshalb Georg Seeßlen einmal mit Recht feststellte: »Im Jahr 1965 gab es vermutlich mehr deutsche Faschisten als im Jahr 1935.«[30] Die in den gesellschaftlichen Vermittlungen objektivierte, präventive Entschärfung und vorauseilende Absorption möglicher Konflikte und Krisen im volksgenossenschaftlichen ›Konsens der Demokraten‹ ist aber wiederum die Bedingung jener vorhin bereits erwähnten ›Zeitlosigkeit‹ und ›Ungreifbarkeit‹ der herrschenden Verhältnisse: Wo alle sich so verhalten, als sei die Gesellschaft ein »Organismus, in welchem das harmonische Zusammenspiel der Glieder nicht erzwungen werden muß, weil es von Natur gegeben ist und nur durch Krankheit und Schädlinge gestört werden kann«,[31] spielen sich gesellschaftliche Auseinandersetzungen wie in einer Grauzone ab: Weder sind die beherrschenden Themen klar konturiert noch existieren wirklich einander befehdende Lager oder Fraktionen und dementsprechend gibt es keine zielgerichteten Entwicklungen, aber auch keine erkennbaren Zäsuren oder Brüche, sondern nur entweder – wie in der Gegenwart zu beobachten – schleichende und schwer dingfest zu machende Mutationen oder ein unvermitteltes und für den weiteren Gang der Dinge folgenloses Umschlagen in den Ausnahmezustand – dafür wiederum können sowohl der sogenannte ›Deutsche Herbst‹ von 1977 als auch das Pogrom von Rostock 1992

29 Dies war bereits die grausige Utopie des Nationalsozialismus, die er aber auch noch erzwingen mußte; erst die postnazistische Demokratie, die dessen Resultate als ›Gratisproduktivkraft‹ sich einverleibt, vermag diese effektiver zu realisieren.

30 Georg Seeßlen: *Natural Born Nazis. Faschismus in der populären Kultur.* Berlin 1996, S. 35

31 Wolfgang Pohrt: *Gewalt und Politik.* In: Klaus Bittermann (Hg.): *Die alte Straßenverkehrsordnung. Dokumente der RAF.* Berlin 1987, S. 12

stehen, die eben, anders als viele Linksradikale meinten, kein Auftakt für einen oder eine Etappe in einem Prozeß der ›Faschisierung‹ waren, sondern ein *Umkippen* in eine Art ›temporären Faschismus‹ und damit eine Demonstration dafür, wie die postnazistische Demokratie »ohne politisch-rechtlichen Legitimationsbruch in den Ausnahmezustand übergehen«[32] und hernach wieder in den »Normalzustand« zurückkippen kann.

Wenn also die institutionelle und ideologische *Kontinuität*, in der die Bundesrepublik zum Nationalsozialismus steht, sich gerade aus ihrem Gegenteil, der Schaffung von *Diskontinuität* ergibt; wenn mit anderen Worten ihre *Nähe* zum Nazi-Regime sich gerade der ›antifaschistisch‹ beziehungsweise ›antitotalitär‹ motivierten, sachlichen und zeitlichen, *Entfernung* zu ihr verdankt, dann heißt dies mit Blick auf die Gegenwart nichts anderes als: je weiter sich die deutsche Gesellschaft vom Tatort ihres Gründungsverbrechens entfernt, desto näher rückt sie ihm: Nicht obwohl, sondern *gerade weil* im Alltag der deutschen Gegenwart immer weniger auf Auschwitz hindeutet, zeichnen sich die Konturen dessen, was Auschwitz ermöglichte, geradezu überdeutlich ab. Je weniger der hiesige Sozialcharakter noch dem Bild des ›klassischen‹ autoritären, auftrumpfenden Chauvinisten entspricht, desto klarer wird, daß dieses Bild ihm noch nie wirklich entsprach und um so mehr kommt das faschisierte Subjekt, das Produkt der negativen Aufhebung des Kapitals, wieder zu sich selbst. Je antirassistischer und weltoffener sich die Deutschen aufführen, desto mehr ähneln sie wieder einer gegen ihre Todfeinde verschworenen Horde, die nicht mehr auf Exklusivität pocht, sondern die Anforderungen zum Mitmachen wieder flexibilisiert hat und sich ihr Jagdrevier mit anderen teilt, sofern sie sich bewähren. Weil also gerade die Entfernung vom Nazismus die Nähe zu ihm verbürgt, waren und sind es diejenigen, die in Person und Sache am wenigsten mit Nazifaschistischem in Verbindung zu bringen sind, die Linksliberalen, die Linken, die Antifaschisten, die entscheidenden

32 Hans-Jürgen Krahl: *Konstitution und Klassenkampf. Zur historischen Dialektik von bürgerlicher Emanzipation und proletarischer Revolution*. Frankfurt am Main 1971, S. 258

Schrittmacher dafür, daß der anfangs noch gar nicht wirklich übergreifende postnazistische Fundamentalkonsens tatsächlich totalisiert und auf die Höhe der Zeit gebracht werden konnte.[33] Die Nazis und die Rechten hingegen waren für diesen Vorgang nur von untergeordnetem Belang; sie standen immer schon für eine in ihrer konkreten Ausprägung ›gestrige‹ Gesellschaftsformation und deshalb ging von ihnen auch nie eine ernsthafte Gefahr eines ›neuen Faschismus‹ aus.

Die Totalisierung der ›Gemeinschaft der Demokraten‹ ist allerdings identisch mit ihrem Zerfall und dieser wiederum ist im Selbstwiderspruch der postnazistischen Vergesellschaftung angelegt, in der der nazistische Kurzschluß von Staat und Subjekt im Modus permanenter Mobilmachung in den politökonomischen Formen im Doppelsinne aufgehoben ist: seiner Substanz nach anerkannt und aufbewahrt – wie vorerst *suspendiert* und seiner Verlaufsform nach *gezügelt*. Taxiert selbst zu Zeiten der Prosperität jeder insgeheim »seinen Erwerb als verkappte Arbeitslosenunterstützung«,[34] so mobilisiert die Krise der postnazistischen Vergesellschaftung erst recht die Sehnsucht nach der alten Staatsunmittelbarkeit: »Der präfaschistisch-liberale Ruf nach dem ›starken Staat‹ wiederholt sich postfaschistisch-neoliberal«[35] und damit gerät das ganze System des autoritären Etatismus und geraten letzten Endes die politökonomischen Vermittlungen als solche wieder ins Visier des Volkszorns; und es war die Linke, die noch zu Zeiten, wo keine Krise in Sicht war, dem sinistren Drang nach Liquidation der Vermittlungen die Zunge gelöst und ihm neue ›phantasievolle und kreative‹ Äußerungsformen zur Verfügung gestellt hat. Sie war das Laboratorium, in dem die allgemeine Mobilmachung eingeübt und jener darauf zugeschnittene neue und zugleich sehr alte Sozialcharakter

33 Vgl. dazu nur den Titel des im übrigen immer wieder lesenswerten Aufsatzes von Wolfgang Pohrt: *Das ›andere Deutschland‹. Die antifaschistische Legende als Basis völkischer Kontinuität*. In: Ders.: *Zeitgeist, Geisterzeit. Kommentare und Essays*. Berlin 1986, S. 52 ff.

34 Theodor W. Adorno: *Jargon der Eigentlichkeit*. In: Ders.: *GS*, Bd. 6. Frankfurt am Main 1997, S. 435

35 Agnoli: *Die Transformation der Demokratie*, S. 64

herangebildet wurde, in dem sich mittlerweile die Mehrheit spontan wiedererkennt: derjenige, der nach dem Motto ›Ich leide, also bin ich‹ sich einerseits unter Berufung auf die höchst unverwechselbare Diskriminierung, die ihm angeblich widerfährt, zur kleinsten existierenden Minderheit erklärt, sich nach dem Muster verfolgter und ihrer Kultur bedrohter Völker begreift – und andererseits als Gegensouverän *en miniature* seine private, wahnhafte Feinderklärung allen anderen oktroyieren möchte und zu diesem Zweck entweder vorhandene gesellschaftliche Organisationen zu Rackets umfunktioniert, neue Rackets gründet oder andere Rackets mit ins Boot holt.[36] Der demokratische Fundamentalkonsens wird dadurch einerseits ins einzelne Subjekt zurückgenommen und andererseits vermittlungslos verallgemeinert; aus der formell kollektiven Feinderklärung der ›Mitte‹ gegen die ›Extreme‹ wird die pluralisierte Feinderklärung aller gegen alle, die getrennt vereint sich zusammenrotten; auf diese Weise zerfällt die Gemeinschaft wehrhafter Demokraten und reorganisiert sich zugleich im Zerfallen: »Wie durch höhere Gewalt sondern sich die Langen von den Kurzen, die Weiblichen von den Männlichen, die Alten von den Jungen, die Dicken von den Dünnen ab« und das Resultat ist eine »Segregation und Ghettoisierung, durch welche die Metropolen einem riesigen Freiluftgefängnis mit seinen Unterabteilungen für Männer und Frauen, Jugendliche, Kranke, Alte etc. immer ähnlicher werden«.[37] Neu ist, daß das Gefängnis als kulturelle Einrichtung und seine Insassen als Kulturbotschafter begriffen werden. Es ist diese nahezu flächendeckende Selbst-Kulturalisierung der gesellschaftlichen Mehrheit und der einzelnen Individuen in ihr, die in der Postmoderne ihr bewußtloses Selbstbewußtsein und ihre Legitimation erfährt und im antirassistischen pc-Sprech sich ihren Ehrenkodex schafft, ihre Omertà, die sich an

36 Der grassierende Gesundheitswahn des Mittelstandes ist dafür ein besonders abstoßendes und den Alltag belastendes Beispiel, vgl. dazu: Justus Wertmüller: *Dieser Sieg ist ein Sieg des Volkes. Protestantische Elite und Tugendterror.* In: *Bahamas*, Nr. 60, 2010, S. 52ff.

37 Wolfgang Pohrt: *Kein Mitleid mit Soweto!* In: Ders.: *Ausverkauf. Von der Endlösung zu ihrer Alternative*. Berlin 1980, S. 53

ihresgleichen und die verbliebenen Kritiker draußen richtet; ›Islamophobie‹ ist ihr derzeit aktuelles Schlagwort.

Dieser Vorgang ist die Bedingung der neuen Haltung Ausländern und Migranten gegenüber, an denen die Deutschen projektiv ihre ersehnte Regression auf den Stamm illustrieren, was ihnen um so leichter gelingt, als deren Repräsentanten und Lobbies mehrheitlich sich anschicken, genau dem Bilde zu gleichen, das die Deutschen sich seit jeher von ihnen machten und wofür sie von ihnen jetzt auch kollektiv und offiziell ins Herz geschlossen werden. Der mittlerweile zur Dauereinrichtung erklärte *Karneval der Kulturen* ist nichts anderes als ein Zerfallsprodukt der postfaschistischen Demokratie, mehr noch: er *ist* diese Gemeinschaft in einer flexibilisierten, zugleich pluralisierten und kollektivierten Gestalt. In dieser Völkerfamilie, die die Deutschen gerne auf der ganzen Welt hätten, wären da nicht Israel und die USA als Störenfriede, und die sie aus Mangel an Realisierungschancen deshalb erstmal bei sich zuhause einrichten, geht es dabei zu wie in jeder guten Familie: die einzelnen Mitglieder sind einander spinnefeind und die Widersprüche und Konflikte, die daraus resultieren, gehören auch voll und ganz dieser Vergesellschaftung an, sind von ihr konstituiert; dazu gehört ein fein dosiertes Spiel mit Fremdheit und Nähe, das von allen Beteiligten auch weiterhin gepflegt wird, weil damit ein moralischer Surplus bei der Gefolgschaft eingefahren werden kann. Das heißt praktisch, daß man endlich aufhören muß, so zu tun, als gäbe es hierzulande einen Rassismus in nennenswertem Maßstab, als stehe eine kompakte Majorität der Deutschen einer Minderheit von schutzbedürftigen Ausländern gegenüber – selbst die traditionelle Fremdenfeindlichkeit ist, jedenfalls, was den Westen betrifft, im Schwinden begriffen, der rapide sich entvölkernde Osten ist hingegen immer noch ein Sonderfall, der sich aber anschickt, allmählich aufzuholen.

Was also vor sich geht, ist ein Diffundieren, eine Diversifikation der Souveränität, und zwar im selben Maße, in dem die durch das Zusammenwirken von Staat und Sozialpartnern scheinbar prästabilisierte Einheit von Massenproduktion und Massenkonsum und damit das in scheinbar immerwährender Prosperität prozessierende Volkskapital in die Krise gerät. Der Zerfall dieses – nach deutschen Maßstäben nicht ›fordistischen‹, sondern ›Kraft-durch-Freude-Wagen-istischen‹ – Vergesellschaftungsmodells bedeutet, daß das Staatsideal, für alle an jedem Ort gleiche Lebensverhältnisse zu garantieren, verabschiedet wird und die nivellierte Mittelstandsgesellschaft, deren Keimzelle Otto Normalvergaser mit Familienanhang war, sich erneut aufspaltet: sozial in Reiche, prekär und privilegiert Beschäftigte, Hartz IV-Empfänger und Arme, räumlich in prosperierende Regionen und Armutszonen, die wiederum quer durch Ost und West verlaufen. Und sowohl die Wohlstandsinseln als auch die Armutszonen ideologisieren sich bereitwillig als kulturelle Gemeinschaften und werden von lokalen oder regionalen Rackets nach ebensolchen Gesichtspunkten verwaltet und vermarktet. Dieses Diffundieren der Souveränität[38] ist Ausdruck dafür, daß der bundesdeutsche Staat nicht mehr unmittelbar als kollektiver Sozialfürsorger auftritt, sondern diese Aufgaben großzügig an gesellschaftliche Vorfeldorganisationen delegiert, in denen das Subjekt zu ›eigenverantwortlicher‹ moralischer Selbst- und Fremdkontrolle abgerichtet wird. Islamische *communities* etwa, die in der öffentlichen Debatte immer wieder lobend erwähnt werden, weil in ihren Reihen

38 Dieses Ausfransen der Souveränität hat seinen Fluchtpunkt in den Reformen des Geldwesens, wofür die rasch sich verbreitenden, das ›unpersönliche‹ Geld durch Nachbarschaftshilfe substituierenden Tauschringe ebenso stehen wie lokale oder regionale Währungen. Über einen neuen Vorstoß in dieser Richtung in Südhessen berichtet die *FAZ* vom 10.6.2011: »Initiator des Projekts ist das Darmstädter Institut für Praxis der Philosophie, das der frühere TU-Professor für Philosophie Gernot Böhme gegründet hat… Neben neun Privatpersonen machen neun Selbständige und Firmen mit. Dazu zählen ein Architekt, eine Krankengymnastin, ein Fahrradladen, der Eine-Welt-Laden in Darmstadt und der Heiping-Verkaufsladen… Zur Grundidee der Verfechter von Lokalwährungen gehört es, Geld wieder auf seine zentrale Funktion als Zahlungsmittel zurückzuführen, damit der Spekulation entgegenzuwirken und gleichzeitig die regionale Wirtschaft zu fördern. Man solle beim Einkaufen ›ein gutes Gefühl‹ haben. Dieser ethische und soziale Standpunkt spielt natürlich bei den Mitgliedern des Instituts für Praxis der Philosophie eine wichtige Rolle… Der überregionale Dachverband Regiogeld verzeichnet inzwischen 60 Beispiele in Deutschland.«

kein Drogen- und Alkoholmißbrauch stattfinde, sind also keine ›archaischen‹ oder vormodernen Relikte, die irgendwann verschwinden werden, sondern ein von der Moderne selbst konstituierter beziehungsweise in Regie genommener Archaismus aus dritter Hand, womit sich auch die Aussage Adornos bewahrheitet, daß die ›irrationalen Enklaven‹ der angeblich so rationalen kapitalistischen Vergesellschaftung von ihr selbst gesetzt sind.[39]

Das demokratisierte völkische Generalracket, das sich selbst dem krisenhaften Zerfall der bürgerlichen Gesellschaft verdankt, zerfällt damit in jene Bestandteile, aus denen es einst, am Übergang zum 20. Jahrhundert, hervorgegangen ist: in die nachbürgerlichen Subjekte, die sich von den bürgerlichen nur dadurch unterscheiden, daß ihnen der spontane Glauben an die ›Naturwüchsigkeit‹ ihrer selbst und der von ihnen in Gang gehaltenen Gesellschaft grundsätzlich abhanden gekommen ist und die deswegen um so zwanghafter auf eben dieser ›Natur‹ insistieren.[40] Gerade weil sie nicht mehr geglaubt wird, muß die ›Naturwüchsigkeit‹ vom Subjekt um so zwanghafter behauptet werden: daher das Veranstaltete und Überdrehte aller neueren Volksbewegungen, daher die Substanzlosigkeit, der dauernde Secondhand-Charakter aller diesbezüglichen Ideologien, die deshalb nicht mehr so sehr ein Spontanprodukt des Bewußtseins darstellen, sondern, wie alle neueren kollektivistischen Ideologien (Nationalismus, Kulturalismus etc.), einen zuinnerst *ungeglaubten Glauben*. In der ›Dämmerung‹ der kapitalistisch konstituierten Subjekte scheint die Unhaltbarkeit der gesellschaftlichen Verhältnisse und ihrer Einrichtungen ebenso wie deren regressive Bewältigung auf – auf der Flucht vor den traditionellen Formen der Vergesellschaftung wie Familie, Klasse, Nation schließen sich die atomisierten Einzelnen in weltanschaulich aufgedonnerten Vereinen, Bünden, Sekten, Cliquen zusammen. Daß diese losen, temporären

39 Theodor W. Adorno: *Gesellschaft*. In: Ders.: *GS*, Bd. 8. Frankfurt am Main 1997, S. 14

40 Vgl. Frank Böckelmann: *Gebrauchswert*. In: Ders.: *Begriffeversenken. Belastungsproben und Liquidationen in drei Jahrzehnten*. Bodenheim 1997, S. 130

Koalitionen keiner politökonomischen Notwendigkeit mehr gehorchen, daß sie mit anderen Worten Produkte der Willkür und insofern überflüssig sind, ist unmittelbar zugleich Vorschein einer möglichen Freiheit wie deren Aktualisierung in Form des Wahns,[41] der darin besteht, banale Dinge des Alltags wie zum Beispiel Eßgewohnheiten, Sport, Musikgeschmack zum Angelpunkt einer universellen Welterlösung und damit einer Frage von Leben und Tod zu erklären, die einerseits jedem Einzelnen die bedingungslose Bereitschaft zum Opfer abverlangt und andererseits eine an Bandenkämpfe gemahnende Konkurrenz der Cliquen untereinander begründet, wer dem Universalfeind ›Jude«, über den sich alle längst einig sind, am entschiedensten bekämpft. Wenn, wie Hans-Jürgen Krahl sagt, die Zusammenbruchskrise des Kapitals, wie sie 1929 ff. stattfand, einen Rückfall in eine Art ursprüngliche Akkumulation, das heißt in den Naturzustand des Kapitals bedeutet,[42] dann geht ihr die Regression in die *ursprüngliche politische Akkumulation*, das

41 Desintegration des Individuums und Cliquenbildung sind synonyme Begriffe und deshalb ist das Cliquenwesen das universelle Verhängnis des nachbürgerlichen Kapitalismus, dem keiner entkommt, erst recht nicht diejenigen, die ihm opponieren. Es gibt den radikalen Kritikern die Bedingungen ihres Agierens und damit zugleich das Maß der Kritik vor: zur Clique assoziiert dem Cliquenwesen nicht zu erliegen, sondern ihm standzuhalten: »Der Stil der Theorie wird simpler... Er gleicht den Rackets mit der Kraft des Hasses sich an und wird dadurch zu ihrem Gegensatz. Seine Logik wird so summarisch wie ihre Gerechtigkeit, so plump wie ihre Lügen, so gewissenlos wie ihre Agenten – und in diesem Gegensatz zur Barbarei spezifisch, exakt und skrupelvoll.« (Max Horkheimer: *Briefwechsel 1941–1948. Gesammelte Schriften*, Bd. 17. Frankfurt am Main 1996, S. 315). Konkret: auch antideutsche Materialisten sind, formell betrachtet, eine Clique, denn deren Bestand hängt lediglich vom Bedürfnis und der Entscheidung der einzelnen Individuen ab, nicht von irgendeiner übergeordneten ökonomischen Notwendigkeit. Deren Fehlen ist die Bedingung des Wahns, aber eben auch der Freiheit und deshalb sind Bereitschaft und Fähigkeit zur Selbstreflexion um so dringlicher.

42 Vgl. Krahl: *Konstitution und Klassenkampf*, S. 184

heißt in den Naturzustand der Gesellschaft und des Staates voran. Im Zerfall der bürgerlichen Gesellschaft in weltanschauliche Cliquen, die als Gegensouveräne einen Verdrängungswettbewerb darum ausfechten, wer sich am Ende an die Stelle des überkommenen Souveräns setzen darf, scheint deshalb damals so gut wie heute das Urbild des deutschen Bürgers auf: der antiautoritär-konformistische Rebell, der enthemmte Subjektivist in Gestalt des Protestanten und Reformators, der mit seinem Hang zur Rechthaberei und zur Bevormundung anderer sich in zahllose, untereinander verfeindete Sekten zersplittert, Rackets, die ihren Mitgliedern Schutz im Tausch gegen Unterwerfung bieten und deren gutmenschlicher Idealismus die probate Legitimation für eiskalte Asozialität darstellt. Greift der Zerfallsprozeß dann wie in Deutschland vor 1933 auf den Staatsapparat über, dergestalt, daß dieser sich in jene informellen, auf eigene Rechnung agierenden Verbände zersetzt, die dem legitimierten Apparat historisch vorangehen und stets die formelle Aktion des Staates begleiten und stützen, dann steht dem Bündnis von Mob und Elite prinzipiell nichts mehr im Wege. Die Nazis waren in dieser Perspektive nichts anderes als eine solche Sekte, die durch den Zusammenbruch der Ökonomie und die Paralyse des Staatsapparats die Gelegenheit bekam, als Gegensouverän in Bewegungsform die Gesellschaft, all ihre Institutionen und die einzelnen Individuen nach ihrem Bilde zu modeln, das heißt sie nach der Liquidation der überkommenen Vermittlungen neu zu konstituieren – als Generalracket, in dem sich der Zerfallsprozeß, dem es seine Entstehung verdankt, als Polykratie der einzelnen Cliquen und Ressorts fortsetzt beziehungsweise, anders gefaßt, als Selbstmordsekte, die ihren Mitgliedern das einstweilige Überleben garantiert, sofern sie sich durch die bedingungslose Bereitschaft zum Selbstopfer und zur Opferung der designierten Anti-Subjekte als würdig erweisen. Weil es nicht auf Abstammung, sondern auf vorauseilende Dienstbarkeit ankommt, waren schon die Nazis, wie ein Blick auf die SS zeigt, keineswegs zimperlich darin, auch Nicht-Deutsche fürs große Vernichtungsunternehmen zu rekrutieren.

Ging diese Entwicklung noch mit einer Hypertrophierung des Staatsapparats einher, so erweitert sich heute mit der Delegation der Sozialfürsorge an parastaatliche Rackets jeglicher Provenienz der Staat gerade dadurch, daß er schrumpft und sich auf seine Kernaufgaben zurückzieht, um »bürgernahe, betroffenenorientierte Unterabteilungen«[43], in denen die offiziell gültigen, qua staatlichem Gewaltmonopol garantierten politökonomischen Vermittlungen zum Teil bereits außer Kraft gesetzt sind. Souveränität heißt bekanntlich nicht die Aktualität, sondern die Möglichkeit des Zugriffs auf die Gesellschaft; wurde im postnazistischen Staat früherer Zeiten kategorisch verfügt, daß es ›keine rechtsfreien Räume‹ geben dürfe, so ist diese Bestimmung heute wesentlich gelockert: Nun darf es gesellschaftliche Bereiche geben, die mit ganz anderen als herkömmlichen Rechtsnormen gefüllt werden dürfen. Mittlerweile koexistiert ein staatlich gesetztes abstrakt-allgemeines formelles Recht gewissermaßen mit seiner eigenen Zukunft, mit dem, wozu es seiner negativen Dialektik aus hin tendiert: zur vollendeten Subsumtion des Einzelnen unter rein instrumentelle Normen, unter eine informelle Gerichtsbarkeit, wie sie aktuell zum Beispiel in der nicht nur hierzulande praktizierten Sharia kodifiziert und Realität ist.[44] Die parzellierte, diffundierende, gewissermaßen ›föderalistische‹ Souveränität steht dadurch in Widerspruch zu sich selbst, ihrem Begriff der Unteilbarkeit; der Verdrängungswettbewerb darum, wer am Ende als Souverän (oder Gegensouverän) sich behaupten kann, ist darin zwar

43 Agnoli: *Die Transformation der Demokratie*, S. 156

44 Scharia bedeutet, die Welt grundsätzlich als erweiterte Familie aufzufassen und damit alle auch strafrechtlich relevanten Konflikte als ›Familienangelegenheit‹ zu behandeln, in die sich gefälligst niemand ›von außen‹ einzumischen habe. Schlichtung, Strafverzicht gegen finanzielle Wiedergutmachung und Selbstjustiz sind die Grundpfeiler solch informeller Gerichtsbarkeit – und einer ihrer Protagonisten die islamischen sogenannten ›Friedensrichter‹, selbsternannte ›Schlichter‹, die außergerichtliche ›gütliche Einigungen‹ zwischen Opfern und Tätern vermitteln, was zur Folge hat, daß fortan alle am Konflikt Beteiligten an das ungeschriebene Gesetz der Familienehre gebunden sind und vor dem ordentlichen Gericht ihre Aussage entweder verweigern, widerrufen oder verändern. Und offenbar verhält es sich so, daß nicht wenige Vertreter der bundesdeutschen Strafjustiz diese Paralleljustiz als kostengünstige, arbeitersparende und dem kulturellen Hintergrund der *community* angemessene Alternative zum herkömmlichen Strafverfahren ansehen.

logisch angelegt, aber es kann auch gut sein, daß das derzeitige Arrangement einer Art postnazistischen Quasi-Polykratie sich irgendwie einpendelt, was alleine schon die Etablierung einer demokratisch-multikulturellen Barbarei bedeuten würde. Für die Kritik heißt dies, daß man nicht wieder in den alten Antifa-Fehler verfallen soll, auf irgendeinen finalen Crash und anschließender Errichtung eines Gegensouveräns zu schielen, sondern das zu kritisieren, was der traurige Fall ist. Und das wiederum bedeutet: die Fatalität des Zusammenhangs aufzuzeigen, aber sich nicht selbstgerecht auf eine Äquidistanz zurückzuziehen, sondern gerade im Bewußtsein der Scheinhaftigkeit aller ökonomischen und rechtlichen Vermittlungen im postnazistischen Zustand dieselben zu verteidigen, denn: »Unser Leben haben wir der Differenz zwischen dem ökonomischen Gerüst, dem späten Industrialismus, und der politischen Fassade zu verdanken. Der theoretischen Kritik ist der Unterschied geringfügig: allerorten läßt sich der Scheincharakter etwa der angeblichen öffentlichen Meinung, der Primat der Ökonomie in den eigentlichen Entscheidungen dartun… Die Welt ist das System des Grauens… Ihr Wesen ist das Unwesen; ihr Schein aber, die Lüge, kraft deren sie fortbesteht, der Platzhalter der Wahrheit.«[45] Und man muß noch einen Schritt weiter gehen: Es ist *anti*-deutsche Aufgabe, eine partielle Verteidigung des ›Deutschen‹ dort vorzunehmen, wo – erinnern wir uns an den Ausspruch eines der Mörder von Hatun Sürücü, der 2005 in Berlin von ihren Brüdern auf Grund ihres »unislamischen« Lebenswandels in den Kopf geschossen wurde: »Sie hat gelebt wie eine Deutsche« – ›deutsch‹ offensichtlich gerade nicht das beinhaltet, was nach wie vor Gegenstand der Kritik zu sein hat, sondern ein Name für die rapide verblassende Erinnerung an die Möglichkeit ist, nach eigener Façon selig zu werden unter den bestehenden Verhältnissen, ohne von parastaatlichen Vorfeldorganisationen kassiert zu werden, in denen die Zukunft schon mal eingeübt wird.

45 Theodor W. Adorno: *Minima Moralia. Reflexionen aus dem beschädigten Leben*. In: Ders.: *GS*, Bd. 4. Frankfurt am Main 1997, S. 127 f.

V.

Die Transformation der demokratisierten Volksgemeinschaft in den Karneval der Kulturen bedeutet, daß jene freiwillige Entindividuierung, die der postnazistische Staat organisiert und die seinen ›harten Kern‹ ausmacht, zu sich selbst kommt beziehungsweise – was nur ein anderer Ausdruck für denselben Vorgang ist – daß der Begriff der Kulturindustrie heutzutage erst praktisch wahr wird, wo eine jegliche mit Regelmäßigkeit stattfindende Lebensäußerung unmittelbar zur Kultur erklärt wird und daher ein jedes Individuum in seiner alltäglichen und zufälligen Existenz als Exemplar eines Allgemeinen sich begreift und von anderen so begriffen wird. Zur Vergegenwärtigung: historisch ist die Kulturindustrie zugleich Ausdruck wie entscheidendes Moment der Durchkapitalisierung der Konsumtions- und Reproduktionssphäre im Zuge der entstehenden Massenproduktion beziehungsweise, anders gesagt, Moment und Ausdruck der »erweiterten Subsumtion«[46] der abhängigen Klassen unters Kapital, die ihr Äquivalent in deren politischer Einbeziehung durchs allgemeine Wahlrecht und in der Integration der proletarischen Massenorganisationen ins System der Macht findet. Die Herausbildung der Kulturindustrie und des Volksstaates fällt historisch nicht nur zusammen, sondern ist der Sache nach homolog – denn wie der Volksstaat die bestimmte Differenz von Politik und Ökonomie abschafft, indem er die Gesellschaft und ihre Subjekte verstaatet und dadurch selbst vergesellschaftet, das heißt in die gesellschaftlichen Bewegungsgesetze hineingezogen wird, so beseitigt die Kulturindustrie die gesellschaftlich notwendige Spaltung der Kultur sowohl durch die Depravierung der Kunstwerke als auch durch die Vergeistigung des Amusements. Und wie der Volksstaat sich zum selbstlosen Anwalt der Subsistenzbedürfnisse der subalternen Klassen aufschwingt, so die Kulturindustrie zur uneigennützigen Dienerin ihrer kulturellen Bedürfnisse: Die generöse Volksbeglückung, die beide propagieren, die Menschenfreundlichkeit, die beide Agenturen sich auf ihre Fahnen

46 Wilfried van der Will/Rob Burns: *Arbeiterkulturbewegung in der Weimarer Republik*. Frankfurt am Main/Wien/Berlin 1982, S. 12 ff.

heften, die symbolische Erhöhung der Individuen ist der respektable Vorwand, um sie desto gründlicher zu Vollstreckern ihrer eigenen Unterwerfung zu befördern. Und wie der Volksstaat zu diesem Zweck die Ressentiments und Feindprojektionen seiner Schutzbefohlenen zu bedienen hat, so hat die Kulturindustrie die von ihr Erfaßten und Betreuten bei Laune zu halten, indem sie ihren Vorurteilen und Stereotypen zu Willen ist: in der Konstitution der Anti-Subjekte, an denen sich die Abgerichteten aufrichten dürfen, arbeiten der zum Volksgemeinschaftsstaat forttreibende Volksstaat und die Kulturindustrie Hand in Hand. Deshalb beharrten die kritischen Theoretiker immer zurecht darauf, »daß moderner Antisemitismus und Kulturindustrie letztlich in denselben gesellschaftlichen Zusammenhang gehören, auch wenn sie zeitweise unterschiedliche politische Funktionen haben. Was sie gemeinsam haben, ist die Verhinderung genuiner Erfahrung, wie sie sich für uns in der Begegnung mit Kunst paradigmatisch ausdrückte. Von besonderer Bedeutung ist dabei die unvermeidliche Lähmung der produktiven Einbildungskraft, die schließlich zu einer Verwandlung erkenntniserweiternder Bewußtseinsfunktionen in bloße Marktpsychologie führt.«[47]

47 Leo Löwenthal: *Rede anläßlich der Verleihung des Theodor W. Adorno-Preises am 1. Oktober 1989*. In: Ders.: *Untergang der Dämonologien. Studien über Judentum, Antisemitismus und faschistischen Geist*. Leipzig 1990, S. 5 f. Diesen Zusammenhang explizierte Heinz-Klaus Metzger einmal folgendermaßen: »Das Dominium der Bewußtseins- und Unbewußtseinsindustrie und die ›Elemente des Antisemitismus‹ signifizieren, ja *sind* letztlich einunddasselbe: nämlich die universale Herrschaft der Identität des Identischen… In dieser Perspektive gilt es, das Gedudel und Gestampfe, das aus den überall installierten Tonträgern und Distributoren quillt, sowie die Folterkeller, Konzentrations- und Vernichtungslager als das gleichsam heitere und blutige Antlitz der janushaften Phänomenologie der *unterhaltenen* Welt zu begreifen, deren beide Aspekte bei packenden Fernsehbildern von Kriegsschauplätzen zum Abendessen ohnedies zusammenfallen.« Heinz-Klaus Metzger: *Mit den Ohren denken*. In: Michael Löbig/Hermann Schweppenhäuser (Hg.): *Hamburger Adorno-Symposion*. Lüneburg 1984, S. 79 ff.

Die Kulturindustrie beseitigt die produktive Spannung zwischen Kunstobjekt und Rezipient durch die demokratische Zurichtung der Kunstwerke fürs unmittelbare Bedürfnis sowie durch die Produktion von Kulturwaren nach gleichermaßen standardisierten wie auf spezifische Wirkung berechneten Schemata: statt verallgemeinert zu werden, wird die Kunst demokratisiert, das heißt dem Volksvorurteil unterworfen und auf diese Weise dem Bestehenden gleichgemacht. In ihren Erzeugnissen triumphiert der Warencharakter über die Sache, indem die bestimmten Differenzen, durch die sich die ästhetische Synthesis von der sozialen unterscheidet und die das Kunstwerk zur gesellschaftlichen Antithese zur Gesellschaft macht, liquidiert wird: die ästhetische Vermittlung, in der die Details eines Kunstwerks zur Form zusammentreten, wird durch kalkulierte, der Sache äußerliche Verfahren substituiert.

Auf der anderen Seite organisiert die Kulturindustrie eine Existentialisierung des Daseins, indem sie gerade die alltäglichen Dinge, Phänomene, Vorgänge und Verrichtungen mit Bedeutung und Sinn befrachtet, alle Lebensbereiche mit den Insignien von Kunst und Kultur aufwertet.[48] Sie ist mit anderen Worten das entscheidende Medium der Substantialisierung des Tauschwerts und des subjektiven Bedürfnisses, mit der Konsequenz, daß das, was an den Produkten vor allem anderen nachgefragt wird, deren symbolischer Wert, die Tatsache des Dazugehörens, das Versprechen von Unmittelbarkeit und Gemeinschaft ist.[49] Mit dieser Substantialisierung des Tauschwerts wird der alte

48 Die Verschönerung und Aufwertung schlecht angesehener Stadtviertel gehört in diesen Zusammenhang; am Beispiel von Hamburg-St. Pauli läßt sich besonders gut studieren, wie sehr auch die angeblich so permissive spätkapitalistische Vergesellschaftung in der Frage des Sexuellen nicht mit sich spaßen läßt, läßt doch die Umkrempelung dieses Stadtteils die ihre Dienste feilbietenden Huren teilweise schon wie ihre eigenen Kulturdenkmäler erscheinen, als welche sie dem gehobenen Geschmack der kulturindustriellen Gefolgschaft akzeptabel werden.

49 »Was man den Gebrauchswert in der Rezeption der Kulturgüter nennen könnte, wird durch den Tauschwert ersetzt, anstelle des Genusses tritt

Fetischcharakter der Ware verabsolutiert und gerät als verabsolutierter an den Punkt, von wo er zur Vernichtung der dinglichen Existenz seines materiellen Trägers und der politökonomischen Vermittlungen, deren Elementarform die Ware ist, weitertreibt. Der Nationalsozialismus ist auch darin die ›negative Aufhebung des Kapitals‹, als er den Bankrott der Ökonomie auch als Zerstörung der Ware bewußt vollstreckt: in frei flutenden Gemeinschaftserlebnissen, die im Krieg ihren Fluchtpunkt haben, im objektlosen, ebenso asketischen wie enthemmten Selbstgenuß der Masse, die in blindwütiger Vernichtung der auserkorenen Anti-Subjekte um sich schlägt, um die ›an sich‹ längst vollzogene Selbstzerstörung einstweilen hintanzuhalten.

Die Wiederbesinnung auf die kulturellen Ewigkeitswerte und die erneute Bezugnahme auf einen angeblich verbindlichen ästhetischen Formenkanon, wie sie im restaurierten westdeutschen Kulturbetrieb nach 1945 propagiert wurden, waren ein Unternehmen, das sich von vornherein selbst desavouierte, weil es beziehungslos zur Sache einer rein dekretorischen Willkür entsprang, nämlich dem affirmativen Bedürfnis danach, daß wenigstens in der Kultur die Welt doch heil sein möge. Ähnlich wie im Politischen die Bannung des Faschismus dessen soziale Resultate erst recht kontinuiert, so setzt sich in der rein willkürlich gesetzten Autonomie der ›wiederauferstanden Kultur‹ erst recht deren durch die Nazis ins Extrem getriebene Funktionalisierung durch: sie fungiert, wie Adorno am Beispiel der Oper einmal meinte, »als Füllsel in den Sprenglöchern des Geistes«[50]. Die Autonomie der Kunst ist aber heutzutage nur noch durch ihre konsequente, bis zur

Dabeisein und Bescheidwissen, Prestigegewinn anstelle der Kennerschaft... Der Gebrauchswert der Kunst, ihr Sein, gilt [den Subjekten] als Fetisch, und der Fetisch, ihre gesellschaftliche Schätzung, die sie als Rang der Kunstwerke verkennen, wird zu ihrem einzigen Gebrauchswert, der einzigen Qualität, die sie genießen. So zerfällt der Warencharakter der Kunst, indem er sich vollends realisiert.« (Horkheimer/Adorno: *Dialektik der Aufklärung*, S. 181 f.)

50 Theodor W. Adorno: *Einleitung in die Musiksoziologie*. In: Ders.: *GS*, Bd. 16. Frankfurt am Main 1968, S. 268

Infragestellung ihrer selbst reichende *Selbstreflexion* möglich, wie authentische moderne Kunst sie in Bild, Wort und Klang umzusetzen vermag. Wie scheinhaft, verlogen und engstirnig der restaurierte Kulturbetrieb in Deutschland war, läßt sich zuverlässig an der bis heute nicht vergangenen Abwehr und den nach wie vor gepflegten Gehässigkeiten gegenüber authentischer moderner Kunst ablesen, mit der sich die Arrivierten zeitweilig widerwillig schmückten, um nicht als Ansammlung von ›Ewiggestrigen‹ dazustehen. Aber wie immer auch die Abwehr jeglicher ›politischen‹ Kunst die Verhinderung grundsätzlicher Selbstreflexion legitimieren sollte; und wie scheinhaft und entleert die ästhetischen und kulturkritischen Kriterien auch immer waren – immerhin beanspruchten sie, solche zu sein, immerhin lieferten sie der theoretischen und ästhetischen Kritik einen Angriffspunkt und hielten sie das noch Schlimmere wenigstens eine Weile lang auf, jenes Schlimmere, für das dann einerseits die 68er-Linken mit ihrem antiautoritären Protest gegen die ›verstaubte‹, ›elitäre‹ Hochkultur und andererseits jene Kunstrichtungen einstanden, die wahlweise die Abschaffung der Kunst als selbständiger Sphäre, gar ihre Integration ins Leben, in jedem Fall aber die Beseitigung der ästhetischen Form als Vermittlung von Detail und Ganzem propagieren.[51] Die Resultate sind heute allerorten zu besichtigen, zu lesen und zu hören: War etwa in der Musik der Begriff des Kunst-›Werks‹ eine auch in seiner bestimmten Negation aufgehobene und insofern anerkannte Kategorie, so gilt heute im Zeitalter der unentrinnbaren öffentlichen Klanginstallationen ›Opus‹-Musik zum Teil bereits als Schimpfwort; war ›politische Musik‹ in der alten BRD zurecht verpönt, so ist politisch engagierte Kunst,

51 Kunst, die zählt, ist nur im Widerstand gegen die herrschende Kultur möglich und was sie dafür benötigt, ist die Fähigkeit zu ungegängelter Erfahrung und ein darauf bezogenes intaktes Urteilsvermögen. Es wäre also dringend eine Allianz erforderlich zwischen materialistischer Kritik und radikaler Kunst, die sich endlich nicht mehr in infantilem Diskursgelaber über Popsongs ergeht oder Diskurse über Kunst ohne lebendige Erfahrung der Kunstwerke veranstaltet und Adornos Schriften zur Kunst nur wahrnimmt, weil sich daraus einige gesellschaftstheoretische Aperçus abstauben lassen.

die sich freiwillig in den Dienst eines Kollektiven stellt, bei Publikum und Veranstaltern gleichermaßen *en vogue*. Einher mit solcher Zerstörung des ästhetischen Gebrauchswerts geht der Zusammenbruch des ästhetischen, damit aber auch des alltäglichen Urteilsvermögens: Von der Kunst bleibt nichts übrig als ihr abstrakter Nimbus, der schließlich auf alles Vorfindliche übertragen wird, mit dem Effekt, daß heutzutage jedes ordinäre Massenbesäufnis, jede beliebige Zusammenrottung, jedes dilettantische Gestümpere, jedes öffentlich zur Schau gestellte schlechte Benehmen ehrfürchtig angestaunt wird, sofern es sich selbst als Ausdruck von ›Kultur‹ etikettiert. Diese ist nichts weiter als ein ›Ticket‹: ein bar jeder lebendigen Beziehung zur Kunst vorgebrachter Dünkel, eine gegen alle Erfahrung abgedichtete, vom Subjekt willkürlich ergriffene Reklamation von Kollektiveigenschaften, die im wahrsten Sinne des von Horkheimer und Adorno geprägten Wortes als Entrebillet für die pluralisierte, diversifizierte Gemeinschaft der gegen ihre Feinde verschworenen Demokraten gilt.

Zu beobachten ist im neuen Deutschland eine zunehmende Entprivatisierung des Kulturkonsums, die längst wieder die Form einer allgemeinen Mobilmachung angenommen hat, welche nach dem bekannten postfaschistischen Grundmuster den Faschismus dadurch beerbt, daß sie sich als dessen Gegenteil darstellt und mit den allerunverdächtigsten Absichten legitimiert wird: als antirassistische Tat, als Öffnung fremden Kulturen gegenüber, als Einübung der Landsleute in Lockerheit, Unbefangenheit und Spontaneität. Kulturkonsum gleicht sich auf diese Weise den sportlichen Großveranstaltungen an, die nach einer Beobachtung von Adorno das Paradigma der kulturindustriellen Darbietungen überhaupt darstellen: »Schon der Sport ist kein Spiel, sondern ein Ritual. Unterworfene feiern die eigene Unterwerfung. Sie parodieren Freiheit durch die Freiwilligkeit des Dienstes, den das Individuum dem eigenen Körper noch einmal abzwingt. In der Freiheit über diesen bestätigt es sich dadurch, daß es das Unrecht, das ihm selber vom gesellschaftlichen Zwange widerfuhr, an den Sklaven Körper weitergibt. Die Leidenschaft für den Sport, in der die Herren der Massenkultur die eigentliche Massenbasis ihrer Diktatur wittern, gründet darin... Massenkultur aber möchte ihre Konsumenten nicht in Sportsleute sondern in johlende Tribünenbesucher verwandeln.«[52]

Eine neuerliche Existentialisierung des Daseins ist im Gange und sie zielt ihrer immanenten Logik nach auf die Vernichtung der dinglichen Präsenz der Kunst als Ware zugunsten eines frei und objektlos beziehungsweise das Objekt nur noch als beliebige und periphere Veranlassung gebrauchenden ›kreativen‹ Flutens, in der der Konsum von Kultur, an sich die Spiegelung des Subjekts an einem ihm fremden Objekt, transformiert wird in den blinden und unerhellten, asketischen Genuß der entkernten Subjekte ihrer selbst, dessen zutiefst frustrierende Wirkung sie dann an anderen ausagieren. Organisiert wird so die Regression der Kunst auf den Kult, die der Transformation der Bevölkerung in den Stamm ihren adäquaten Ausdruck verleiht.

Daß im neuen Deutschland die öffentliche Inszenierung kultureller Gemeinschaftserlebnisse, in denen das Kollektiv als solches in Erscheinung tritt, ganz im Gegensatz zu früheren Zeiten, zum Standard geworden und überdies zum Leitbild des Kulturkonsums avanciert ist, hat schlicht damit zu tun, daß die formelle Ökonomisierung und Privatisierung des Gemeinschaftserlebnisses und damit das ganze System scheinhafter Vermittlungen, das das postnazistische Gemeinwesen auszeichnet, in die Krise geraten ist. Dieses hatte das deutsch-völkische Phantasma einer ›gemeinnützigen Kapitalakkumulation‹ scheinbar endlich erfolgreich realisiert, indem sie das Kapital zu einer Agentur der Volksfürsorge umwandelte und so eine Konsumgesellschaft des ganzen Volks ins Leben rief, deren politisches Komplement die Gemeinschaft der wehrhaften Demokraten war: Die Feier kollektiver Verbrüderung, die der Faschismus noch getrennt vom Alltagsleben der Subjekte, permanent in es eingreifend, inszenierte, war im Postfaschismus in die dauerpräsente Totalität von Waren und Dienstleistungen gebannt, als deren kulturindustriell-reklameförmig zur Schau gestellter Bestandteil. Die Kollektivierung der Gesellschaft erschien so als ihr eigenes Gegenteil, als deren massenmedial gestützte Anonymisierung, als Zerstreuung der Subjekte, während unmittelbare öffentliche Demonstrationen von Einheit eher die Ausnahme waren. In der endlosen Krise des Postnazismus tritt nun wieder auseinander,

52 Horkheimer/Adorno: *Dialektik der Aufklärung*, S. 328 f.

was vorher eher schlecht als recht vermittelt war und sucht nach einer neuerlichen Einheit, die mit der neuerlichen Liquidation der Vermittlung und derer, die für sie haftbar gemacht werden, bezahlt würde. Das »identitäre Bedürfnis«[53], das von der Totalität der Waren und damit in vermittelter Form nicht mehr zu befriedigen ist, reißt sich von der Warenwelt, der es sich verdankt, los und verselbständigt sich in Gestalt von Kampagnen und Bewegungen, um sich dann wieder auf die Ökonomie zu projizieren. Die prototypische Figur des deutschen ›Wutbürgers‹ ist der sich geprellt, übervorteilt, betrogen wähnende, vom Staat enttäuschte und darüber rabiat gewordene völkische Konsument, der sich im Handstreich zum ›mündigen Bürger‹ erklärt, der mit anderen Worten seine Konsumentenfunktion unmittelbar und wahnhaft politisiert, wenn er sich mit seinesgleichen in Kampagnen gegen Großkonzerne und ›Multis‹ zusammenrottet und komplementär dazu eine ›gerechte‹ Ökonomie herbeizuführen glaubt, wenn er etwa beim lokalen Bauern Bio-Nahrungsmittel kauft. Eine Re-Substantialisierung des Tauschwerts findet hier statt, dergestalt, daß der Tauschverkehr, die Akte des Kaufens und Verkaufens sowie deren Gegenstand, die Ware, mit moralischen und kulturalistischen Bestimmungen aufgeladen werden. An der Tauschhandlung und am Produkt interessieren weder sein Gebrauchs- noch sein Status-, sondern sein moralischer, weltverbessernder Wert – also ob das Produkt etwa einen Beitrag zur Rettung der Umwelt, des Friedens, der Gerechtigkeit in der Welt leistet. Gut möglich, daß diesem Protest die wahnhafte Energie genommen ist, da das Kapital dieses Bedürfnis längst in sein Kalkül einbezogen hat, wie sich an der flächendeckenden Ausstattung der Supermärkte mit Bio-Produkten ablesen läßt. Andererseits ist nicht zu unterschätzen, daß diese Moralisierung der Ökonomie eine geistige Zurüstung für Autarkie darstellt; ihre logische Perspektive ist die Etablierung eines Gegensouveräns, der die Wertverwertung nicht mehr nur kompensatorisch stützt, sondern das Gesetz des Werts aus eigener Machtvollkommenheit und nach politisch-moralischen Kriterien, das heißt in zwanghafter Willkür, exekutiert. Der zum Protestanten mutierte Konsument klagt,

53 Nachtmann: *Rasse und Individuum*, S. 54f.

anders gefaßt, immer vehementer die ›absolute Ware‹ ein, die in der Vernichtung der Warenform und der Feier des zur Opferung und zum Selbstopfer entschlossenen Kollektivs ihre Bestimmung findet. Aber auch wenn man seinen methodischen Pessimismus zügelt, ist es so, daß diese gesellschaftliche Moralisierung den existierenden Scheußlichkeiten schon gegenwärtig noch weitere hinzufügt – etwa die von allerlei widerlichen Lobreden begleitete institutionelle Förderung des sogenannten *Islamic Banking*, wie die folgende Meldung unterstreicht, der man auch entnehmen kann, wie die Stimmung im deutschen Südwesten ist und die ersten Schritte in die politische Ökonomie der Barbarei konkret aussehen: »Reinhard Löffler ist eigentlich kein untypisches Mitglied der CDU im Stuttgarter Landtag: Ein Jurist, der gerne Spätburgunder trinkt und die katholische Kirche als einen ›Ankerpunkt‹ in seinem Leben beschreibt... Die ›ethische Verwahrlosung‹ der Bankenlandschaft erfordere neue Lösungen, findet Löffler. Er und vier weitere CDU-Abgeordnete fordern das baden-württembergische Finanzministerium auf zu prüfen, ob das Land nicht eine Staatsanleihe auflegen kann, die den Regeln der Sharia entspricht, also rein, ›halal‹, ist und vor allem das Zinsverbot respektiert. Löffler will so einer Anlageform in Deutschland zum Durchbruch verhelfen, die weltweit Wachstumsraten von 15 Prozent erzielt... Das Land Sachsen-Anhalt legte eine islamkonforme Staatsanleihe auf. Und erst kürzlich organisierte die Bankenaufsicht Bafin eine Konferenz zum Islamic banking, um Investoren zu zeigen, daß aus Sicht der Regulatoren keine Hindernisse bestehen... Die erste Lizenz ist bereits erteilt, im Januar eröffnet die erste islamische Bank in Mannheim, weitere sollen folgen. Bei den Banken wacht ein Sharia-Board von Korangelehrten über die Einhaltung der Regeln. Es gilt Zinsverbot... Islamische Banken sollten nichts erwerben, was in der Realität nicht existiert. Glücksspiel ist verboten: Die Banken sind deshalb an vielen spekulationsgetriebenen Märkten nicht aktiv. Geschäfte, bei denen unsicher ist, ob überhaupt Erträge zurückfließen, sind ebenso verboten wie eine Beteiligung an Unternehmen, die Alkohol oder Schweinefleisch verkaufen. Die Finanzkrise, so meinen Finanzexperten, wäre nicht entstanden, wenn mehr Banken die Grundsätze der Sharia beachtet hätten. ›Wenn man es richtig anwendet, hilft Islamic Banking, Exzesse zu verhindern‹, sagt Michael Gassner, beim Zentralrat der Muslime in Deutschland zuständig für Islamic Banking. Er vergleicht dies mit anderen Formen des sozialen und ethischen Investments, etwa dem ökologischen Green Banking.«[54]

Von solchen Vorgängen fällt ein Licht auf die öffentlich inszenierten Verbrüderungsfeiern zwischen ›Deutschstämmigen‹ und ›Ausländern‹ und ihre politisch korrekte, antirassistische Begleitmusik: Sie sind eine Verbrüderung gegen den neuen alten Feind, die plural-demokratische Selbstkonstitution als Rasse gegen die Gegenrasse. Einen »multikulturellen Mob, der einen politisch korrekten Antisemitismus aus Minderheitenschutz vertritt, gegen den keiner mehr etwas einzuwenden hat«,[55] sah ich im Jahr 2003 sich abzeichnen – heute ist er bereits Realität, wie jenes von Thomas Maul als »Versöhnung von Pogrom und Party« charakterisierte Stadtteilfest in Hannover von 2010 zeigt,[56] wo eine Tanzgruppe der jüdischen Gemeinde von arabischen Jugendlichen mit Steinen beworfen wurde, während hiesige Sozialarbeiter zur Mäßigung aufriefen. Das ist die Essenz des neuen deutschen Konsenses, aller Diversifizierung der Lebensstile und der kulturindustriellen Events: Deutschland auf die Höhe der Zeit zu bringen und auf der Höhe der Zeit zu sein, heißt hierzulande immer noch, auf modernen Wegen wieder zu seinen Ursprüngen zurückzufinden.

54 *Süddeutsche Zeitung*, 19.12.2009. Die ebenfalls ›ethische‹, ›soziale‹ und ›ökologische‹ Kriterien bemühenden Tauschringe und Regionalwährungs-Initiativen sind ein verwandtes Modell einer politischen Ökonomie der Barbarei. Siehe dazu Fußnote 38.

55 Clemens Nachtmann: *Drittes Reich, Dritte Welt, Dritter Weg. Über Rassismus und Antirassismus*. In: *Bahamas*, Nr. 43, 2003/04, S. 60. Adorno hat den deutschen Multikulturalismus anhand des US-amerikanischen bereits vorausgeahnt, als er meinte, »mit der sturen Begeisterung für Neger verträgt sich die Entrüstung über jüdische Unmanieren.« *Minima Moralia*, S. 131

56 Thomas Maul: *Steine auf Juden. Zu den Konsequenzen des linken Islamophobie-Diskurses*. In: *Bahamas*, Nr. 60, 2010, S. 15 ff.

VI.

Ob das neue Deutschland damit auch seiner Zeit voraus ist, ob die selbstdestruktiven Tendenzen der nachbürgerlichen Gesellschaft sich erneut in Deutschland konzentrieren und dieses Land wieder zum Vorreiter der Barbarei prädestinieren, ist allerdings fraglich. Denn zum einen hat sich das, was einmal exklusiv deutsche Ideologie war, die Auffassung von Deutschland als ›Kulturnation‹, der es im Gegensatz zu anderen kapitalistischen Ländern überhaupt nicht um äußerliche Dinge wie materiellen Reichtum oder Herrschaft, sondern um die höheren innerlichen, immateriellen Werte von Kultur, Gesittung gehe, europaweit verallgemeinert. In der heute vorherrschenden Europa-Ideologie feiert die deutsche Ideologie, die sich schon immer zu fein war, von politischem Kalkül auch nur zu reden, um es als unbenanntes um so unangefochtener in der Praxis verfolgen zu können, ihre Wiederauferstehung in einer von Politikern, Presse und Volksmeinung jeweils unterschiedlicher Fraktionen gleichermaßen geteilten Ideologie des Supra-Nationalen, nämlich der als ›Lehre aus der Geschichte‹ legitimierten Auffassung, der souveräne, nach außen und innen Grenzen setzende und seine Interessen im äußersten Fall mit Gewalt verfolgende Nationalstaat sei als Institution längst obsolet und müsse durch eine auf dem Völkerrecht basierende internationale Ordnung auch ausdrücklich abgelöst werden.

Und es ist im Moment gerade nicht Deutschland, sondern es sind andere europäische Länder, die keinerlei Hemmungen zeigen, die in dieser Ideologie vorgezeichneten Konsequenzen auch praktisch zu vollstrecken – und dabei verschlägt es wenig, ob man die jeweiligen Regierungen, die Volks- oder die veröffentlichte Meinung oder die jeweils eingeborene Linke betrachtet. Es war nicht in Deutschland, sondern im angeblich so toleranten und freizügigen Schweden, genauer gesagt, in der Stadt Malmö, wo 30 jüdische Familien wegzogen, weil ihnen arabische Jugendliche das Leben zur Hölle machten, während der sozialdemokratische Bürgermeister dazu erst betreten schwieg, dann der Jüdischen Gemeinde riet, zur Deeskalation dadurch beizutragen, daß sie sich von der israelischen Politik in Gaza distanziert, um schließlich ein ›Dialogforum‹ einzurichten, und überhaupt sind skandinavische Regierungen immer ganz vorne dran, wenn es geht, antisemitische Rackets hoffähig zu machen. In Spanien, nicht in Deutschland, fand anläßlich des Gaza-Feldzugs 2009 die wohl widerwärtigste antiisraelische Demonstration statt, zu der die sozialistische Regierungspartei, die beiden größten Gewerkschaften sowie die Vereinigte Linke aufriefen und auf der die Teilnehmer sich offen mit Hamas und Hisbollah verbrüderten. In Griechenland, nicht hierzulande, agiert die militante Linke ganz unbefangen als verwahrloster, mordender Mob, der 2010 eine Bankfiliale, in der sich 20 Menschen aufhielten, in Brand steckte, so daß drei Bankangestellte verbrannten.[57] Und unter britischen Intellektuellen gilt es bekanntlich als besonders chic, zum Boykott nicht nur des akademischen Austauschs mit Israel aufzurufen: eine Reihe von Musikern, darunter vier Mitglieder des *London Symphony Orchestra*, lancierte Ende August 2011 eine Petition gegen den Auftritt des *Israel Philharmonic Orchestra* bei den *London Proms*. Das trotzdem stattfindende Konzert wurde von propalästinensischen Aktivisten durch Sprechchöre und das Absingen von Beethovens ›Freuden‹-Hymne gestört; für die vier Orchestermusiker, die zumindest vom Dienst suspendiert wurden, verfaßte wiederum eine ansehnliche Reihe von britischen Intellektuellen eine Solidaritätserklärung, in der das Recht auf freie Meinungsäußerung verteidigt wurde.[58] Was die Angesprochenen vor allem eint, ist ihr enorm gutes Gewissen, ihre Überzeugung, letzten Endes aus einem antirassistischen und antifaschistischen Ethos heraus zu handeln, die richtigen ›Lehren aus der Vergangenheit‹ gezogen zu haben und deshalb für ihr Agieren niemandem Rechenschaft schuldig zu sein. Was das enorm gute Gewissen ermöglicht, ist also die mittlerweile national wie international

57 *Der Standard*, 13./14.3.2010; *Die Welt*, 3.9.2010; *Der Standard*, 12.1.2009; *Der Standard*, 5.5.2010

58 Zu ihrer ewigen Schande seien hier zwei Namen ausdrücklich erwähnt: der Aufruf zur Ausladung des *Israel Philharmonic Orchestra* wurde unter anderem von dem Pianisten Ian Pace, die Solidaritätserklärung mit den Musikern vom LSO unter anderem vom Komponisten Richard Barrett unterzeichnet.

durchgesetzte Rede von der ›Singularität‹ des Nazi-Regimes und des nazifaschistischen Massenmords. Zur Erinnerung: die Deutschen haben im Zuge ihrer großen Vergangenheitsbewältigungsoffensive in den 1980ern diese Rede deswegen so bereitwillig sich angeeignet, weil sich aus ihr, anders als aus der kleinlaut-verdrucksten Verdrängung, politisches Kapital schlagen und moralischer Mehrwert abschöpfen läßt. Auschwitz und die Erinnerung daran zur deutschen Staatsraison zu erklären, wie Angela Merkel es in ihrer vielbeachteten Rede von 2008 tat,[59] heißt, die Massenvernichtung als nationalen Titel zu reklamieren und daraus eine Eingriffsermächtigung abzuleiten, dergestalt, daß der deutsche Souverän, wenn er das ›besondere Verhältnis von Deutschen und Juden‹ visiert, die Vorgänge im Nahen Osten und namentlich in Israel zum möglichen Objekt seines Zugriffs erklärt. Während aber diese ›Lehre aus der Geschichte‹ für die Deutschen bedeutet, gerade im Umgang mit Israel sich Zurückhaltung aufzuerlegen, legitimiert es mittlerweile für andere europäische Staaten das Gegenteil: komplette Bedenkenlosigkeit, was das innen- und außenpolitische Fraternisieren mit aktuellen und virtuellen Massenmördern zum Zwecke der Delegitimierung und Schwächung Israels betrifft. Das europäische Ausland hat sich damit stillschweigend und sinngemäß die weinerliche Klage ihrer liebsten Schützlinge, der Berufspalästinenser als *pars pro toto* machthungriger Dritt-Welt-Führer zu eigen gemacht, wie ungerecht es doch sei, daß man sie im Nahen Osten für etwas büßen lasse, was doch in Europa, von den Deutschen, verbrochen worden sei. Aber selbst wenn das keine dreckige Lüge wäre; selbst wenn es damals in Europa, in Nordafrika, im Nahen Osten keinerlei tatkräftig unter Beweis gestellte Sympathie für die Nazis gegeben hätte, deren Verbrechen also tatsächlich ›singuläre‹, das heißt regional eingrenzbare Phänomene gewesen wären, würde unabdingbar gelten: daß Auschwitz »zwar *in* Deutschland sich ereignete, *danach* aber eine allgemeine Angelegenheit ist«.[60] Die Massenvernichtung der Juden ist als singuläres Ereignis unmittelbar zugleich von *universeller* Tragweite und kann deshalb

59 Vgl. www.bundesregierung.de/Content/DE/Archiv16/Rede/2008/03/2008-03-18-rede-merkel-vor-der-knesset.html, 18.3.2008

nur einen neuen *kategorischen* Imperativ zur Folge haben – »Denken und Handeln so einzurichten, daß Auschwitz nicht sich wiederhole, nichts Ähnliches geschehe«[61] –, während heute die Verniedlichung von Auschwitz zu einer lokalen deutschen Besonderheit, die Partikularisierung der Massenvernichtung, ein probates Mittel für andere Mächte ist, deren mögliche Fortsetzung ebenso partikular zu okkupieren, um sie fortan in Eigenregie zu betreiben und zu diesem Zweck mit dem kategorischen Imperativ zu lügen: »Mit Auschwitz könnte man heute einen Präventivkrieg gegen Israel zwecks Verhinderung eines Genozids an den Palästinensern begründen.«[62] Ebenso wie der Begriff des Faschismus also eine internationale Bewegung meint, so zielt auch derjenige des Postfaschismus auf eine internationale Konstellation, in der sich im Verhältnis Deutschlands zu anderen europäischen Staaten der innerdeutsche Erbfolgestreit von Establishment und Linken über die effektivste Art, den Faschismus weiterzubewirtschaften, in einer entscheidenden Hinsicht reproduziert: auch international sind es derzeit gerade die historisch Unbelasteten, die traditionell als liberal, progressiv und offen geltenden Staaten, die die Kontinuität des Verbrechens durch Diskontinuität verbürgen.

Im Augenblick herrscht also europaweit eine internationale Arbeitsteilung, aus der alle Beteiligten einen moralischen Mehrwert beziehen: die Spanier, die Schweden und andere vergleichbare, indem sie ihre Enthemmtheit gegenüber Israel als besondere Glaubwürdigkeit verkaufen, die Deutschen, indem sie, statt sich selber die Finger allzu schmutzig zu machen, die anderen sich ausagieren lassen und dafür mit mäßigendem Einfluß punkten möchten. Daß dieses dégoûtante Treiben zu einer Angleichung der je nationalen Besonderungen und ihrer schließlichen Auflösung in einem allgemeinen europäischen

60 Bodo Schulze: *Das gute Gewissen der Anti-Antisemiten*. In: *Kritik & Krise*, Nr. 4/5, 1991, S. 24

61 Theodor W. Adorno: *Negative Dialektik*. In: Ders.: *GS*, Bd. 6. Frankfurt am Main 1997, S. 358

62 Wolfgang Pohrt: *FAQ*. Berlin 2004, S. 10

Konsens führt, ist aber unwahrscheinlich. Viel naheliegender ist hingegen, daß das projektive Adaptieren ›anderer Kulturen‹, auf das die Deutschen so versessen sind, in eine neue Runde gehen wird und sie sich vom Unbefangenen, Lockeren, Spontanen anderer Völker weiterhin und erneut beflügeln lassen – was ihnen um so leichter fallen wird, als diese Charakterisierungen nichts Harmloses oder womöglich Sympathisches mehr bezeichnen, sondern die anderen europäischen Länder sich anschicken, dem zu entsprechen, was die Deutschen seit jeher auf sie projiziert haben und wonach es sie in Wahrheit selber drängt. Wie es dann klingen könnte, wenn die Deutschen erst mit sich ringen, um sich dann ins scheinbar Unabwendbare zu fügen, darauf gab der ehemalige Redakteur der bis 1985 erscheinenden Zeitschrift *Autonomie* und heutige Chefredakteur von Springers *Welt*, Thomas Schmid, 2011 in einem Artikel mit dem Titel *Keine Angst vor den Muslimbrüdern* schon mal einen Vorgeschmack: »In Ägypten zählt die Muslimbruderschaft heute vielleicht eine Million Mitglieder... Bei den Wahlen von 2005 gewannen die Muslimbrüder, die als Partei nicht auftreten, aber unabhängige Kandidaten ins Rennen schicken durften, 88 Sitze. Sie drängten im Parlament auf Reformen. Nach den grob gefälschten Wahlen vor drei Monaten hatten sie keinen einzigen Sitz mehr. Die Muslimbrüder, gerade in den Unterschichten aufgrund ihrer karitativen Tätigkeit weithin populär, haben sich auf die Grundsätze von Gewaltfreiheit, Demokratie und Pluralismus verpflichtet. Es mag an ihrem Rand Extremisten geben wie auch in der Mitte von Mubaraks Regierungspartei, die im Übrigen noch immer der Sozialistischen Internationale angehört. Vermutlich hat die Muslimbruderschaft in der jüngsten Zeit an Bedeutung eingebüßt, doch ist sie wohl weiterhin stärkste Kraft der Opposition. Wer sie von einer Übergangsregierung ausschließen will, nimmt ihre Radikalisierung in Kauf. Bislang waren die verkrusteten politischen Strukturen der Autokratien der beste Nährboden für den Islamismus. Der Aufbruch im arabischen Raum wird nun auch die Islamisten in die politische Öffentlichkeit zwingen. Streitbare Demokraten brauchen die Auseinandersetzung nicht zu scheuen.«[63]

Aber wie es auch immer ausgehen mag: für die antideutsche Kritik heißt all dies schlußendlich, daß sie mit den letzten Resten der affirmativen Theorie vom ›deutschen Sonderweg‹, die noch in ihr kursieren, aufräumen muß, denn als radikaler Einspruch fungiert sie gerade nicht im stereotypen Betonen der ›Besonderheit‹ Deutschlands, sondern indem sie systematisch die Möglichkeit zu sabotieren sucht, daß Antisemiten und die Gesellschaft, die sie hervorbringt und ermuntert, sich gegenseitig entlasten und beide das Allgemeine und Besondere von Auschwitz als Legitimation für vordergründige politische Zwecke instrumentalisieren.[64] Im übrigen ist die Angst, antideutsche Kritik könne sich bereits durch den Gang der Verhältnisse von selbst erledigen – eine Angst, die in Wahrheit eine nur zu verständliche Hoffnung ausdrückt – ähnlich gut begründet wie die alte revisionistische Hoffnung auf ein automatisches Hineinwachsen in den Sozialismus: nämlich gar nicht. Gegenstandslos würde antideutsche Kritik erst, wäre ›das Deutsche‹ in jedweder Gestalt – die freiwillige Selbstopferung, die »zum Sozialcharakter verfestigte Übersetzung des objektiven Zwangscharakters von Kapital und Staat in das Bewußtsein des Einzelnen«[65] – durch die gelungene Abschaffung beider objektiv verunmöglicht. Bis dahin bleibt die antideutsche Zuspitzung des kritischen Materialismus aktuell.

63 *Berliner Zeitung*, 2.2.2011. In einem Leitartikel, der am selben Tag in der *Welt* erschien, geht Schmid sogar noch weiter, wenn er demokratieselig verfügt: »Welchen Weg auch immer Ägypten geht, der in die Westminster-Demokratie wird es nicht sein. Natürlich werden islamisch motivierte politische Kräfte an Bedeutung gewinnen, das drückt nur die realen Kräfteverhältnisse in einem Land aus.« Der Ex-Autonome, der sich am arabischen Volksaufstand berauscht, läßt dabei auch diskret durchblicken, wen und was er den authentischen Kräfteverhältnissen im Zweifelsfall – natürlich schweren Herzens – opfern würde, wenn er Tariq Ramadans Äußerung, es »brauche der Westen Diktaturen wie die Mubaraks, um Israel am Leben zu erhalten«, ganz selbstanklägerisch so kommentiert: »Das Argument ist zwar perfide… Doch er trifft durchaus einen Punkt… Das Fehlen von Freiheit um der Sicherheit willen war uns egal.«

64 Vgl. Scheit: *Suicide Attack*, S. 14

65 Clemens Nachtmann in diesem Band, S. 155f.

Gerhard Scheit

Gemeinschaftsneid des Einzeltäters, Bußfertigkeit im Kollektiv

Primäre und sekundäre Form des postnazistischen Bewußtseins

Im Grunde hat sich in den Nachfolgestaaten des Dritten Reichs nach 9/11 nichts geändert: Es gibt Antisemiten, die politisch rechts stehen und Antisemiten, die politisch links stehen. Diese entpuppen sich folgerichtig als Parteigänger der Djihadisten, mit denen sie in unterschiedlicher Intensität fraternisieren – am intensivsten dort, wo es gegen Israel geht; jene sehen in den Djihadisten zugleich eine übermächtige Konkurrenz, die sie erst recht zum Wahnsinn treibt, so daß sie sogar die Weltverschwörung des Judentums zeitweilig hintanstellen. Es mag dabei auf den ersten Blick und an sich seltsam erscheinen, den Methoden dieses Wahnsinns nachzuforschen und darzulegen, was eigentlich die *Freiheitliche Partei Österreichs* oder den Massenmörder von Norwegen motiviert, doch erweist sich solcherart Motivationsforschung als unabdingbar, um gerade die linken Antisemiten dort zu stellen, wo sie die gefährlichsten sind. Auch das ist nichts Neues. 1969 schrieb Jean Améry: »Sagt's alles nur in allem: Unter Zionismus versteht die Linke ungefähr das, was man so vor rund dreißig Jahren in Deutschland das ›Weltjudentum‹ genannt hat.«[1]

Neonazis als Rechtspopulisten

Die Bezeichnung der Neonazis als Populisten, welche doch vornehmlich dazu dient, sie zu verharmlosen, enthält mittlerweile ein Wahrheits-

1 Jean Améry: *Die Linke und der Zionismus*. In: Ders.: *Werke*, Bd. 7: *Aufsätze zur Politik und Zeitgeschichte*. Stuttgart 2005, S. 141 f.

moment: Allem Anschein nach sucht sich etwa die FPÖ seit einiger Zeit wirklich zur rechtspopulistischen Partei zu mausern, soweit sie, nur um Stimmen zu gewinnen, bereit ist, den Kernbestand ihrer Politik der Taktik zu opfern. Neuerdings tritt sie nicht nur als Interessensvertretung bestimmter, lange Zeit von ihr geächteter »Minderheiten« auf und rühmt sich etwa, die einzige Partei Österreichs zu sein, »die von einem Schwulen geleitet wurde«, gemeint ist Jörg Haider.[2] In Inseraten für die Wiener Wahlen vom Oktober 2010 berief man sich auf jene, die einmal das schlimmste Feindbild abgaben, auf die »angesehenen Persönlichkeiten« Henryk M. Broder (»der Islam ist mit den Werten einer modernen Welt nicht kompatibel«) und Alice Schwarzer (»die Islamisten, die müssen wir als das begreifen, was sie sind – als unsere Feinde«). Selbst der Haß auf Israel wurde zurückgestaut, um die SPÖ in die Bredouille zu bringen, deren Unterstützung der Feinde Israels mit der Verurteilung der israelischen Militäraktion gegen die sogenannte Gaza-Hilfsflotte nie gesehene Ausmaße angenommen hat, und die Grünen bloßzustellen, die im September 2010 auf einer Website für türkische Immigranten Werbung machten, wo sonst Botschaften zu finden sind wie: »Wir Türken sind keine Juden, vor uns braucht ihr keine Angst zu haben«.[3] Plötzlich gerierten sich die Vertreter einer Partei, die Haider stolz und mit einem gewissen Recht als PLO von Österreich präsentiert hat, als die eigentlichen Freunde Israels.[4] Aber inwieweit kann eine solche Wende in der Propaganda verfangen, da doch die Mehrheit des Wählerpotentials, insbesondere das der FPÖ,

2 FPÖ-Gemeinderat: »Einzige Partei, die von einem Schwulen geleitet wurde«. *Der Standard*, 16.9.2010

3 Die Website www.yabanci.at existiert mittlerweile nicht mehr.

4 »Ganz im Gegensatz zu Häupl, der weiter auf den Anti-Israel-Demonstranten und SPÖ-Gemeinderat Al-Rawi setzt und offenbar Kundgebungen, wo die Israelis als Kindermörder bezeichnet und der Judenstern mit dem Hakenkreuz verglichen wird, gut heißt, wird Strache als Bürgermeister einer solchen radikal-islamischen Hetze einen Riegel vorschieben.« FPÖ-Aussendung: http://www.strache.at/2011/index.php?id=60&newsid=2308&p=29&s=0, 24.8.2010

davon überzeugt ist, daß Israel Schuld trägt an Krieg und Terrorismus im Nahen Osten und weltweit?

Wenn jene, die ihrem Haß weiterhin freien Lauf lassen, sobald es gegen die Immigranten geht, nun aber zumindest zeitweiligen Verrat an ihren ältesten antisemitischen Idealen üben und die Verbindungen zur israelfeindlichen islamischen Welt, die Haider noch kontinuierlich pflegte, so sehr vernachlässigen, dann zeigt sich wohl nicht zuletzt, wie schwach sie trotz weiterer Wahlerfolge geworden sind, wie sehr sie sich auf lokale Themen zurückziehen müssen beziehungsweise gezwungen sind, die Themen unter dem Gesichtspunkt rein regionaler Bedeutung zu behandeln, um wieder stark zu wirken. Sie stehen für ein Europa der Regionen, die sie am liebsten Vaterländer nennen, und suchen dafür das Bündnis mit rechtsextremen und rechtspopulistischen Parteien anderer Nationen; sie verdammen die politische Einigung Europas, weil sie selbst jede überregionale Ambition aufgegeben haben. Auf dem Ticket, das hier angeboten wird, ändern sich demgemäß die Prioritäten: Israel und die USA verlieren als Projektionsfläche unmittelbar an Bedeutung, dafür treten die »Ausländerfrage« und der Brüsseler »Moloch« um so mehr hervor. Wenn man das Ruder nicht herumreiße, werde die EU bald das Schicksal des real existierenden Sozialismus ereilen, sagt Heinz-Christian Strache: »Die Menschen werden es sich nicht mehr länger gefallen lassen, für einen zentralistischen Moloch ausgeplündert zu werden«;[5] Griechenland müsse man aus dem Euro-Raum »entfernen«[6]. Nicht viel anders, aber entschiedener als die anderen Parteien, repräsentieren Haiders Nachfolger damit die sich zuspitzende Krise, indem sie dafür auch noch werben, was ohnehin der Wille fast aller Bürger Europas zu sein scheint: daß es keinen europäischen Souverän geben soll. Eben in dieser halben Einigung Europas durch die bloße Währung, im Ausbleiben des einigenden Souveräns, lebt etwas vom Nationalsozialismus fort. Denn im Europa des Dritten Reichs war die Totalität des Vernichtungsprozesses, der den europäischen Juden galt, an die Stelle staatlicher Einheit gesetzt worden, es war gerade der

5 Rede im österreichischen Nationalrat, 21.9.2011

6 *Kleine Zeitung*, 29.4.2011

Zerfall dieser Einheit, der sich als Führerstaat und Volksgemeinschaft ausgab.[7] In jeder neuen Finanzkrise wird darum die Union von der Geschichte eingeholt, und die Wahrheit über den Postnazismus, den die FPÖ wohl am reinsten verkörpert, lautet in dieser Hinsicht: Ein eigener europäischer Souverän, ein von den Bürgern anerkanntes, einheitliches Gewaltmonopol, wäre überhaupt nur denkbar, wenn Europa sich selbst von Hitlerdeutschland befreit hätte.

Während nun jedoch im Wahn des postnazistischen Bewußtseins die EU-Zentrale Brüssel Ersatz-Funktionen für die Weltverschwörung des Judentums einnimmt, fungiert ein hoch verschuldeter Staat wie Griechenland als eine Art Verkörperung der Immigranten. Doch solche Feindbilder bleiben notwendig zu abstrakt – wie die Rede vom Geld, das man »im eigenen Land« brauche, und nicht nach Athen transferieren will. So taucht notwendig hinter dem Stellvertreter der eigentliche Moloch wieder auf und Brüssel wird als bloße Filiale der ›verjudeten‹ Wallstreet betrachtet: »Service-Behörde des globalisierten Finanzkapitals«.[8] Was man aber als die bessere Konkretisierung der Immigranten ins Auge fassen möchte, als die fremde Kultur eines anderen ›Großraums‹, entpuppt sich um so mehr als gnadenlos gewordenes Konkurrenzverhältnis – als ob der Gleichklang die Gleichheit verrät: »Daham statt Islam«, wie es im Nationalratswahlkampf 2006 auf den Plakaten der FPÖ hieß.

Da hatte Jörg Haider noch andere Ziele. Er suchte durchaus die engste Kooperation mit den Konkurrenten, als wäre er noch auf dem Weg zu einer hegemonialen Macht über die österreichischen Grenzen hinaus. Auch wenn er sich letztlich auf Kärnten beschränken mußte, stand er weltpolitisch dem mehr oder weniger offen bewunderten Hitler doch viel näher. Da die enormen Schulden, die er bei der von

7 Vgl. die bekannten Studien von Franz Neumann: *Behemoth. Struktur und Praxis des Nationalsozialismus 1933 bis 1944*. Frankfurt am Main 2004 (1942) und Hannah Arendt: *Elemente und Ursprünge totaler Herrschaft*. München 2005 (1955); sowie dazu Gerhard Scheit: *Der Wahn vom Weltsouverän. Zur Kritik des Völkerrechts*. Freiburg 2009.

8 *Junge Freiheit*, 16.6.2011

seinem Racket in Beschlag genommenen Bank machte, um die volksgemeinschaftliche Wärme in seinem Bundesland anzudrehen, beim besten Willen nicht mehr gedeckt werden konnten dadurch, daß nun die Kärntner etwa in Slowenien einmarschierten, hatte sich der Führer als Landeshauptmann beizeiten nach anderen Geldquellen umzusehen, insbesondere bei solchen ideologisch befreundeten Mächten, die noch imstande waren, woanders einzumarschieren. Nachdem er schon bei Muhammad Gaddafi vorstellig geworden war, knüpfte er bald auch Kontakte zu Saddam Hussein.

Den alkoholisierten Heldentod im rasenden Führerbunker sterbend, mußte er nicht mehr den Zusammenbruch des Kärntner Reichs erleben, aber mit dem smarten »Jörgl« sind auch postmoderne Geschicklichkeit in Auftreten und Eloquenz dahin, der die ganze Szene beflügelte und die Medien auf Trapp hielt. Der Charakter der Partei als Bewegung, die eine politische Form nach der anderen generierte und eben darin an die Nationalsozialisten erinnerte, ist wie abgestorben. Seine Nachfolger treten demgegenüber mit dem Slogan »Abendland in Christenhand« als veritable Austrofaschisten und polternde Provinzpolitiker auf, besonders volkstümlich gerade dadurch, daß sie sich den Habitus des heimischen Halbwelt-Milieus aneignen: Strache firmiert als echter Wiener Strizzi, der einerseits für die Jungen in Ottakring den Gangsta-Rapper macht; andererseits israelische Siedler besucht, weil er das Westjordanland als analoges Gangland betrachtet – in seiner Diktion heißt das: Heimat, wobei die innere Nähe zu den Banden der Hamas und Hisbollah dann doch nicht ganz unterdrückt wird: »Palästinenser und Israelis hätten ein Menschenrecht auf Heimat. ›Beide Seiten müssen zu einer friedlichen Koexistenz finden.‹ Er sei auch nach Beirut und Damaskus eingeladen worden und wolle dort sein Engagement fortsetzen, sagte Strache. Er könne nicht ausschließen, Vertreter der Hisbollah oder Hamas zu treffen, aber er werde die ›freiheitlichen Ideale aufrechterhalten‹.«[9] Im Herbst 2011 stellte sich Straches Partei dann auf die Seite der Sozialdemokraten und der Grünen und votierte für den einseitig ausgerufenen Palästinenserstaat.

9 *Der Standard*, 21.12.2010

Die neue Außenpolitik der FPÖ ist nur der Widerschein der neuen Bescheidenheit im Inneren: Man ist im Grunde zufrieden, wenn man bloß im eigenen Banden-Revier, das man aggressiv verteidigt, seiner Kundschaft und seiner Schutzbefohlenen sicher sein kann und also jene 20 bis 30 Prozent Österreicher bedient, die nicht leben können, ohne täglich ein paar Phrasen gegen ›die Ausländer‹, Brüssel und den Islam zu hören und zu sagen. Im übrigen aber besteht für dieses quantitativ relativ konstante Klientel wie für die Mehrheit der Bevölkerung Politik vor allem darin, die Katastrophen, die überall außerhalb der österreichischen Grenzen warten, nicht hereinzulassen. Wenn der Wiener Gemeinderat im Juni 2010 einstimmig, das heißt: auch mit den Stimmen der FPÖ, das Eingreifen des israelischen Militärs gegen die kriegstreiberische Friedensflottille verurteilte, so rangierte die Bedeutung dieser Entscheidung fürs Wahlvolk wohl noch unter der für den Kampfhunde-Führerschein in Wien. Das haben offenbar die neuen Männer der FPÖ registriert und sich demgemäß umgestellt.

Zu recht fühlen sich die wenigen Aufrechten ein wenig im Stich gelassen, die weiterhin das allein Wesentliche im Auge haben und Solidarität mit allen üben, wenn sie nur dem gemeinsamen Feind, der die Grenzen niederreißt und den freien Verkehr von Kapital und Arbeitskräften organisiert und garantiert, die Stirn bieten und die Verfolgung der Juden in Angriff nehmen. »Europas Rechtsparteien wird der Pragmatismus zum Verhängnis«, warnte die unter österreichischen Neonazis sehr geschätzte Homepage der *Alpen-Donau-Info*. Ihre größte Sorge: »Wird die FPÖ-Führung dabei sein«, wenn diese Parteien sich der »Israel-Connection« anschließen? Dahinter können nur die Juden stecken: Wenn der Betreiber der Website *Die Jüdische* etwas gegen den Alpendonaudreck unternimmt, ist für dessen Urheber sofort klar, warum: »Offensichtlich stößt es den Juden besonders schwer auf, daß wir uns nicht an dem hirnlosen Religionskampf – im Interesse der Zionisten – gegen den Islam beteiligen wollen.«

Es ist ein kleiner Kreis geworden, wo man noch in Großräumen denkt und die Solidarität mit Djihadisten hochleben läßt, weil sie Israel, »die Spinne im globalen Netz« (*Alpen-Donau-Info*), zerstören und die Juden vernichten wollen. Im weiteren Kreis der Lokalpolitiker scheint diese aktive Solidarität weitgehend verkümmert. Hier muß man mit einem Wahlvolk kalkulieren, dessen Antisemitismus zwar wie überall in letzter Instanz auf Israel zentriert ist. Doch erweist sich das Interesse für Weltpolitik insgesamt als erstaunlich gering, und das zeugt realiter davon, wie wenig gravierend die so heftig beschworenen Finanzmarktkrisen weiterhin erlebt werden. Die kollektive »Tötungsbereitschaft« bleibt bis auf weiteres »im Wartestand«[10] – um so mehr bedarf sie einer Ergänzung speziell von links.

Arbeit oder Djihad

Die Rede von Islamophobie ist raffinierter als manch antideutsche Schulweisheit sich träumen läßt. So wie sie einerseits dazu da ist, die Juden als die Antisemiten von heute zu denunzieren, vertraut sie andererseits darauf, daß der Haß auf Muslime sich vom Haß auf sonstige Immigranten und Minderheiten wesentlich unterscheide. Nun aber einfach das Gegenteil zu behaupten und zu sagen, die Muslime würden hierzulande nicht anders betrachtet als andere Zuwanderer auch, und es sei also bloß der bekannte Rassismus oder die vielzitierte Fremdenfeindlichkeit, was ihnen entgegenschlägt, blendet zwangsläufig aus, daß Muslime von den falschen Feinden des Islam durchaus als politische Einheit wahrgenommen werden. Die Frage müßte darum lauten, in welcher Weise, von welchen Voraussetzungen aus, sie als politische Einheit wahrgenommen werden.

Was als Fremdenfeindlichkeit oder Rassismus firmiert, ist immer einem ganz bestimmten Bewußtsein geschuldet, und in einer Gesellschaft, die unmittelbar aus dem Massenmord an den Juden hervorging, konstituiert es sich nicht unabhängig davon, ist vielmehr selber ein Moment in der Bejahung der Resultate nationalsozialistischer Vernichtung. Diesen Zusammenhang, der als Postnazismus nach wie vor auf den Begriff zu bringen wäre, vollständig unkenntlich zu machen, werden

10 Initiative Sozialistisches Forum: *Furchtbare Antisemiten, ehrbare Antizionisten. Über Israel und die linksdeutsche Ideologie*. Freiburg 2000, S. 7

– von *Hart aber fair* bis *Konkret*, *Deutschlandradio* bis Freie Radios, *Club 2* bis *Phase 2* – die heillosen Diskussionen darüber geführt, was denn die einzelnen Vorurteile seien, deren die demokratischen BürgerInnen oder antirassistischen Genoss_innen sich zu entledigen haben. Der Schlußstrich, wie er nun endlich doch gezogen werden soll, kann politisch korrekt nur aus Definitionen bestehen, und deshalb bemüht man sich allerorten, Rassismus, Antisemitismus, antimuslimischen Rassismus, antisemitischen Islam etc. genauestens voneinander abzugrenzen wie umgekehrt deren gemeinsame Schnittmenge zu ermitteln – um nur in keinem Fall vom Ganzen zu sprechen.

Hier bewährt sich der Mechanismus der postnazistischen Öffentlichkeit, die voneinander isoliert, was im Innersten einander bedingt. Es kann gar nicht genug diskutiert und dokumentiert werden, aber alles zu seiner Sendezeit und in seinem Format: entweder Definition und Postulat der moralischen Maßstäbe von heute – oder Entrüstung und Faszination angesichts der Verbrechen von damals; entweder Frank Plasberg (»Özil hui, Ali pfui – welche Zuwanderer brauchen wir?«) und Kay Sokolowsky (»Feindbild Moslem«) oder Guido Knopp (»Die SS – Eine Warnung der Geschichte«) und Jens Hoffmann (»Wie die Nazis die Spuren ihrer Massenmorde in Osteuropa beseitigten«). In Deutschlands Interesse aber liegt mehr denn je auseinanderzuhalten, was immer schon zusammengewachsen war – damit nur eines nicht kenntlich wird: daß die Bejahung der Resultate nationalsozialistischer Vernichtung gleichsam das Transzendentalsubjekt ist, das jeden Gedanken muß begleiten können.

Die Segmentierung des Bewußtseins, die solchermaßen kultiviert wird, drängt am Ende nur um so besinnungsloser dazu, alles mit allem zu identifizieren, und so steht nichts mehr im Weg, Islamophobie als den Antisemitismus von heute auszugeben beziehungsweise den Antisemitismus als die Islamophobie von einst. Wer diese Logik des medialen Irrsinns verinnerlicht hat, dem erscheint es *a fortiori* logisch, daß diejenigen, die sich zum Antisemitismus von einst bekennen, heute als Feinde des Islam auftreten. Dabei sind sie es bloß, insofern sie den Stolz auf das einmal Geleistete zulassen, sich offen zu den Resultaten nationalsozialistischer Vernichtung bekennen und also jenem Transzendentalsubjekt spontan und leidenschaftlich Ausdruck geben, das überall sonst verdrängt wird. Dadurch bedeutet der Djihad für sie notwendig eine einzige große narzißtische Kränkung, die keine andere der von Ihnen verachteten und bedrohten Gruppen bereithält. Sie verteidigen also das ›schaffende Kapital‹ nicht nur vor dem Ansturm derer, die zu Menschen mindestens zweiter Klasse, zu vertierten Wesen erklärt werden, weil man sie als gleichgestellte Konkurrenten nur allzusehr fürchtet. Sie verteidigen es zugleich vor der wachsenden Macht einer Religion, die als Gemeinschaft gleichermaßen beargwöhnt wie beneidet wird, weil sie ganz ohne eigenes ›schaffendes Kapital‹ weltweit triumphieren kann – und der man dennoch beim besten Willen nicht zu unterstellen vermag, daß sie ein Instrument des ›raffenden Kapitals‹, der Weltverschwörung des Judentums, sei. Ja, diese Religion erscheint als Substrat dessen, was man sonst als Rassist in Gestalt von Rassen verkörpert sehen will: Konkurrenz von Menschen mit Arbeitskraft vermeintlich geringerer Produktivität. Aber mit ihrem Fanatismus würden die Muslime nicht nur darüber hinwegtäuschen, daß sie zur produktiven Arbeit nicht fähig seien, sondern könnten weltweit die Unproduktiven aufwiegeln. Das war schon die Furcht, die auch originäre Nationalsozialisten erfassen konnte: Wenn Alfred Rosenberg einerseits bereits das »jüdische Zentrum in Jerusalem« als Vollendung der »Gegenrasse« perhorreszierte, hat er andererseits im »fanatischen Geiste Mohammeds«, der die »Rassen« gegen Deutschland und Europa aufhetze, den großen Rivalen gewittert, der immer nur insofern zu tolerieren sei, als er im Kampf gegen die Gegenrasse helfen könnte.[11] Wie weit das Bündnis im Namen der Vernichtung jener Gegenrasse also gehen sollte, war im Dritten Reich vielfach umstritten; unumstritten hingegen, daß die Vernichtung nur durch die Kraft der industriellen Produktion vorangebracht werden könne. Die Arbeit nahm charakteristischerweise eine »ideelle Bedeutung« für den »völkischen Staat« an,[12] das heißt: ihre permanente Beschwörung ist

11 »Vor diesem einst vielleicht geeinigten Haß der farbigen Rassen und Bastarde, geführt vom fanatischen Geiste Mohammeds, haben die weißen Rassen mehr denn je alle Ursache auf der Hut zu sein.« Alfred Rosenberg: *Der Mythos des 20. Jahrhunderts*. München 1942, S. 665

im Nationalsozialismus und im Postnazismus unabdingbar und wird als Dienst an der Gemeinschaft, als alltägliche Form des Opfers verstanden, die auf die Vernichtung einstimmen oder sie hinterher legitimieren soll. Im Islam hingegen war und ist sie kein Thema – und soweit reicht der Instinkt des postnazistischen Subjekts gerade noch, daß es etwas davon wittert: Die Gemeinschaft der *umma*, die den politischen Neid weckt, beruht auf Opfer ohne Arbeit, und die Formen, in denen hier die Vernichtung vorbereitet wird, setzen die Industrialisierung der eigenen Produktion nicht voraus, greifen vielmehr in der Praxis des Djihad zurück auf bereits vorhandenes technologisches Potential und konzentrieren sich in der Ideologie auf die bloße Voraussetzung aller Produktion: die individuelle Reproduktion in der Familie und damit die Rolle der Frau als Zwangsarbeiterin dieser Reproduktion.

So richtig es ist, daß in Zeiten des durchgesetzten Weltmarkts überall das Subjekt, das als Überflüssiges systematisch produziert wird, »sich einer als natürlich imaginierten, unaufkündbaren Zugehörigkeit zum Kollektiv, zur Gemeinschaft der Unabkömmlichen versichern« möchte und darum »nach unhintergehbarer Identität« sucht, »deren Anerkennung den Individuen ihren ›Platz an der Sonne‹ – d. h. an der Werkbank – garantieren soll«[13] – die unhintergehbare Identität, die durch den Islam angeboten wird, ist nicht irgendeine. Sie beinhaltet eine Reaktion auf die Durchsetzung des Weltmarkts, die auch von allen vorangegangenen sich unterscheidet: Denn sie entspricht der Permanenz der Krise, wie sie nach den beiden eruptiven »Weltkriegskrisen« (Heinz Langerhans) sich eingestellt hat. Wenn Max Horkheimer einmal angesichts des Nationalsozialismus schrieb, der Staatskapitalismus beseitige den Markt und hypostasiere die Krise »für die Dauer des ewigen Deutschlands«[14], so kann heute über den Rentierkapitalismus gesagt werden, er finanziert weltweit den per-

12 Adolf Hitler: *Mein Kampf*. München 1942, S. 482 ff.

13 Alex Gruber: *Vernichtung als Bazar der Kulturen. Zur Aktualität des Antirassismus*. In: *Prodomo*, Nr. 14, 2010, S. 23

14 Max Horkheimer: *Autoritärer Staat*. In: Ders.: *Gesammelte Schriften*, Bd. 5. Frankfurt am Main 1987, S. 294

manenten Rückzug vom Arbeitsmarkt, und es ist dieser konsequent auf Märtyrertum ausgerichtete Rückzug, der die Krise für die Dauer des ewigen *dar al-Islam* hypostasiert (wobei im *dar al-harb* Europas diese Funktion, die vom Netz islamischer Wohlfahrt-Rackets ausgeübt wird, durch die Leistungen des Sozialstaats, soweit noch vorhanden, ergänzt zu werden vermag).

Das Subjekt des Djihad versichert sich nicht einer Gemeinschaft der Unabkömmlichen, sondern der im emphatischen Sinn Abkömmlichen: derer, die mit Haut und Haaren akzeptiert haben, daß die Werkbank nicht der Platz an der Sonne ist, weil dieser Platz allein das Paradies sein kann, wo man sich namentlich am schnellsten als Märtyrer einfindet. Jenes im westlichen Feuilleton meist amüsiert belächelte Paradies ist aber ein bloßes Deckbild für Vernichtung und Selbstvernichtung – wie das Heideggersche Sein im ewigen Deutschland. Nur daß in der Volksgemeinschaft die Bereitschaft zum Selbstopfer nicht vom Himmel fiel, sondern mit Fleiß, Disziplin und Produktivität erarbeitet wurde. Es genügte nicht, einen Sprengstoffgürtel sich umzuschnallen oder Nukleartechnologie zu importieren, es mußten vielmehr die industriellen Kapazitäten zur Aufrüstung für den Vernichtungskrieg selbst hervorgebracht werden; und statt den Koran zu zitieren, ließ ein Philosophieprofessor in Marburg es sich sauer werden und schrieb hunderte Seiten über *Sein und Zeit*, damit 50 Jahre später wiederum einer in Starnberg sich daran machte, die politischen Verbrechen in einer nicht enden wollenden *Theorie des kommunikativen Handelns* zum Verschwinden zu bringen.

Solche Differenz, die mittels Kritik der politischen Ökonomie wie psychoanalytischer Reflexion näher zu bestimmen wäre, ermöglicht es dem postnazistischen Bewußtsein, das nur wittert und wähnt, als vermeintlicher Kritiker des Islam sich zu vermummen und den Schein zu erzeugen, es argumentiere im Sinn der Aufklärung und der Zivilisation gegen Barbarei und Rückschrittlichkeit. Darum beschimpft diese zur Demokratie gezwungene Volksgemeinschaft die Gemeinschaft der *umma*, mit der sie manches teilt aber den Großraum nicht teilen möchte, und beruft sich etwa auf die »Würde der Frau« gegen den Tschador. Sie kalkuliert den Wert der Ware Arbeitskraft überall ein – für die vergangene Vernichtung wie für die gegenwärtige Produktion; sie fetischisiert die Arbeit an sich in diesem doppelten Sinn, und deshalb nimmt sie am Islam all das als Feindliches wahr, was ihrem Arbeitsethos widerspricht.

Ist davon unterschieden etwas wie ein westliches Bewußtsein bestimmbar, dann kann es nur darin bestehen, daß im Arbeitsethos eben jener Abgrund fehlt, der die Volksgemeinschaft ausmacht. In diesem Bewußtsein gibt es nur die Bejahung der Resultate der Produktion und, ist es politisch konsequent, den Stolz darauf, daß es gelang, den Krieg gegen den nationalsozialistischen Vernichtungskrieg zu gewinnen. (Affinität zu einem solchen Begriff westlicher Politik mag etwa auch Geert Wilders bewogen haben, die Einladung zu einem gesamteuropäischen Treffen der rechtspopulistischen Parteien, das von der FPÖ in Wien ausgerichtet wurde, nicht anzunehmen,[15] und die ›Jerusalemer Erklärung‹ von FPÖ, Vlaams Belang, Schwedendemokraten und deutscher ›Bürgerrechtspartei‹ nicht zu unterschreiben.[16]) Die Ablehnung des Islam kann auch hier rassistische Züge tragen, aber da das Arbeitsethos konsequent dem Primat der Produktion folgt, fehlt der intime Haß, der von der Kränkung herrührt, wie es sie nur angesichts eines gemeinsamen Ziels gibt. Während die *Daham-statt-*

15 Um mögliche Partner nicht zu verschrecken, wurde zwar diesmal der französische *Front National*, mit dem die FPÖ Kontakte pflegt, nicht eingeladen. »Dafür kommen: der Vlaams Belang, die Schwedendemokraten, die dänische Volkspartei, die italienische Lega Nord, die slowakischen SNS. Von dieser kommt Parteichef Jan Slota, wegen Anti-Ungarn- und Anti-Roma-Agitation umstritten, höchstpersönlich... Geert Wilders, der niederländische Rechtspopulist, der mit seiner *Partij voor de Vrijheid* die neue Regierung in Den Haag stützt, ist übrigens nicht mit von den transeuropäischen Rechten-Partie. Der Einzelgänger verweigert sich.« (*Die Presse*, 22.10.2010)

16 http://www.diefreiheit.org/politische-programme/jerusalemer-erklarung/, 7.12.2010. Wie Thomas von der Osten-Sacken festhält, wird darin Israel allein deshalb unterstützt, weil es gegen die ›islamische Bedrohung‹ kämpfe. »Kein Wort, weshalb es dieses Land gibt und kein Wort über die antisemitische Motivation hinter dieser Bedrohung.« http://www.wadinet.de/blog/?p=3265, 13.12.2010

Islam-Propagandisten in ihrem Innersten, in ihrem Verhältnis zur Vergangenheit, akzeptiert haben, daß man die Arbeit, wenn es nottut, dem Primat der Vernichtung unterordnen muß, und sich eben deshalb dem Djihad so schändlich unterlegen fühlen, der gerade dieses Primat für alle sichtbar verkörpert.

Wie es aber in Deutschland um die Bestrebungen steht, sich am Westen auszurichten und die Aufklärung gegen den Islam zu wenden, vermag die Karriere des Thilo Sarrazin zu zeigen. Seine allseits »umstrittenen« Aussagen, wonach die Muslime der Produktivität des Landes Abbruch tun und Deutschland überhaupt »abschaffen« würden, wollten eigentlich suggerieren, es gebe jenen Doppelsinn des Arbeitsethos im postnazistischen Deutschland nicht mehr, und deshalb könnte der Rassismus wieder seine alte ›Unschuld‹ gewinnen. Thilo Sarrazin erscheint als Wiedergänger Friedrich Nietzsches. Mit dessen Unschuldsmiene prätendiert er, eine Elite der Produktiven heranzuzüchten und spricht in deren Namen von Aufklärung und Verwestlichung. Demgemäß favorisiert man eine Art verfassungspatriotischen Rassismus, der durch die heftigen Debatten, die er auslöst, als tragfähiges Scharnier zwischen linken und rechten Deutschen, zwischen den Antirassisten der multikulturellen Völkergemeinschaft und den Rassisten der deutschen Volksgemeinschaft funktioniert, und allen erspart, über beider Gemeinsamkeit zu sprechen. So harmlos Sarrazins Aussage über das »jüdische Gen«, so signifikant, daß er die Vernichtung des Judentums nur erwähnt, um einen »gewaltigen geistigen Aderlass« zu beklagen, der eben dem Aufbau einer leistungsorientierten Elite geschadet habe. Hier bietet auch Alice Schwarzer, die mittlerweile als »der bessere Sarrazin« beworben wird, keinen Ausweg, wenigstens für den, der noch ihren Gedankenaustausch mit Leni Riefenstahl in Erinnerung hat. Daß für so viele das Gedenken an den nationalsozialistischen Massenmord Vorwand ist, nichts gegen die Vorbereitung eines djihadistischen zu unternehmen, kann wiederum nicht Vorwand sein, über jene Abkunft hinwegzugehen, wenn die bedrohliche Zukunft ins Auge gefaßt wird. Es gibt aber, definiert man sich als liberal, den eigenartigen Zwang, von der Vernichtung zu schweigen, sobald die Arbeit hochgehalten wird. Und die allgegenwärtige Rede von den ›Werten‹, die zu verteidigen seien, ist unmittelbar Ausdruck davon, daß über die Voraussetzungen der Vernichtung Stillschweigen zu bewahren ist, damit die Arbeit in Deutschland nicht ihren guten Ruf verliert.[17] Denn auf sie setzt man im Kampf gegen den Islam. Wenn in Amerika von *pursuit of happiness* gesprochen wird, heißt es in Deutschland immer nur: Arbeit macht frei. Anders als die Arbeit an sich, egal unter welchen Bedingungen, zu preisen, läßt sich offenbar hier, selbst beim besten liberalen Willen, auch Vermittlung und Vertragsverhältnis nicht ausdrücken.

Der Haß der Volksgemeinschaft auf die Muslime ist also einerseits rassistisch ganz wie der Haß auf die Schwarzen, Asiaten usw. und als solcher kann er für jeden einzelnen, der einem enthemmten Mitglied dieser Gemeinschaft begegnet, äußerst gefährlich werden. Das sogenannte ›Zwickauer Trio‹, das auf diese Weise jahrelang Morde verübte und das nunmehr *ex post* als Beleg für den hohen Organisationsgrad und eine immer dichtere Vernetzung der rechtsextremen Szene präsentiert wird, zeigt dabei in Wirklichkeit, daß die althergebrachten Formationen der Neonazis vor allem Täter hervorbringen, die sich, je konsequenter sie handeln, desto mehr vereinzeln und für die jene Verbände dann nur noch als Rückhalt im weitesten Sinn Bedeutung haben. Das Ende des ›Trios‹ ist symptomatisch: Es kann nach den Polizeiberichten davon ausgegangen werden, daß der eine Täter auf der Flucht den anderen erschossen und danach sich selbst mit Kopfschuß getötet hat. Als Führerbunker diente in diesem Fall ein angemietetes Wohnmobil.

Andererseits ist der Haß, soweit er sich speziell gegen die Muslime richtet, unmittelbar politisch motiviert als Neid auf eine neuerdings Furore machende Gemeinschaft, die allen offenen wie heimlichen

17 So ist auch in der ›Jerusalemer Erklärung‹ viel von den »Werten« die Rede, sogar vom »Wertekanon der westlichen Zivilisation« und den »jüdisch-christlichen kulturellen Werten« – aber die Menschenrechte, um die es hier geht, sind an keiner einzigen Stelle aufs Individuum, sondern nur auf Volk und Völker bezogen, also ganz im Sinne von Hitlers »Menschenrecht bricht Staatsrecht«: Die Erklärung schließt denn auch mit den Worten: »Das Recht auf Heimat ist ein Menschenrecht, welches für alle Völker zu wahren und umzusetzen ist.«

Schwärmern einstigen Volksgemeinschaftsgefühls kränkend die eigene Schwäche wie Überholtheit spüren läßt, und als solcher ist er im Unterschied zum Antisemitismus, der Neid in einem ganz anderem Sinn beinhaltet, in sich begrenzt: er assoziiert die beneidete politische Einheit in keinem Fall mit der Macht des international agierenden Kapitals, des Weltmarkts. Noch in den schlimmsten Wahnphantasien verkörpern die Muslime nicht die abstrakte Seite des Kapitals, sondern werden als Feinde der Juden durchaus wahrgenommen.

Mit diesem Gemeinschaftsneid kehrt das postnazistische Bewußtsein zur Großraumtheorie zurück, die nun nicht mehr wie in der nationalsozialistischen Ideologie und Praxis umschlägt in Aspiration auf Weltherrschaft – und darin mag sich etwas von der Verflechtung der Nationen zeigen, vom Grad, in dem der Weltmarkt die Nationalökonomien durchdrungen hat, solange jedenfalls keine Krise wie die in der ersten Hälfte des 20. Jahrhunderts diese Zusammenhänge wieder zerreißt. Eine gewisse Verbürgerlichung und Integration in westliche Vergesellschaftungsformen wird hingenommen, die direkten Nachfahren des Volks ohne Raum, das den Westen wie den Osten erobern wollte, begnügen sich mit einer eigentümlich ungreifbaren Doppelexistenz, die darin besteht, immer zugleich innerhalb und außerhalb des Westens zu sein: Gegen die Islamisierung Europas bekennen sie sich einmal zum Westen, ein andermal zum ›Abendland‹. Die ausschließliche Berufung auf den Westen würde ebenso Amerika zum Brennpunkt des Politischen machen, als auch allzu deutlich in Erinnerung rufen, daß es eine Westfront fürs nationalsozialistische Reich gab; die Bezeichnung Abendland hingegen diente seit der deutschen Romantik dazu, die Bedeutung der Amerikanischen Revolution zu leugnen, und sie erreichte in der letzten Phase des Nationalsozialismus, die auf die Einigung Europas im Zeichen der Judenvernichtung ausgerichtet war, ihre größte Beliebtheit. Ein solches ›Abendland in Christenhand‹, oder besser: ein solcher von gekränktem Stolz getriebener Haß, der auf einen eben solchen der Muslime reagiert, ist aber geopolitisch der denkbar beste Partner der Djihadisten, die ideologisch ganz unabhängig von der ökonomischen Verflechtung und den Weltmarktbeziehungen operieren können, solange sie etwa in der Erdölrente eine verläßliche Geldquelle besitzen. So sehr die wütende Reaktion der Gekränkten ihnen nützlich ist, sich selber als die von Christen und Rassisten Verfolgten und Gedemütigten, als die Juden von heute, hinzustellen, so sehr kommt der Djihad den Bedürfnissen einer postnazistischen Volksgemeinschaft entgegen, die nur noch von ihrer Vergangenheit leben will und die anderen Großräume politisch aufgeben mußte.

Der rechte Einzeltäter

Alle Zeichen der Öffentlichkeit deuten darauf hin, daß Anders Breivik als Verkörperung des Begriffs Islamophobie in die Geschichte eingehen soll. Nach seinem Attentat im Juli 2011 sahen sich nicht wenige liberale Kommentatoren dazu veranlaßt, Politiker und Publizisten, die Kritik des Islam betreffend, zur Besonnenheit, zum Innehalten und zur »ideellen Selbsthygiene« zu ermahnen. Wer den Islam kritisiere, wegen dessen Nähe zum Terrorismus, habe sich nun seinerseits vom Terrorismus zu distanzieren, so Richard Herzinger in der *Welt*. Das sei hier nicht anders als bei den übrigen politischen Milieus heutiger Demokratie zu fordern: Nur wenn er »in dem jeweils ›eigenen‹ Milieu, in dem er Rückhalt sucht, systematisch isoliert und geächtet wird, kann er erfolgreich ausgetrocknet werden. In diesem Sinne bedeutete es kein irgendwie geartetes Schuldeingeständnis und wäre kein Ausdruck schlechten Gewissens, wenn ›Rechtspopulisten‹ und andere Verfechter der These, wir seien akut von ›Islamisierung‹ und ›Multikulturalismus‹ bedroht, den Schock von Oslo zum Anlass nähmen, sich deutlicher als bisher von apokalyptischen Untergangsfantasien und haßerfüllter Endzeit-Paranoia loszusagen.«[18] Das heißt, Herzinger beruft sich auf die »Grundwerte unserer demokratischen Zivilisation insgesamt«. Elementare Säulen dieser Werte seien »die Tugenden der Mäßigung und Selbstdisziplinierung, die gegen die Überschreitung der Grenzen zu Terminologie und Tonfall des Hasses sensibilisieren. Nicht jeden Affekt, und entstammt er auch noch so tiefer Überzeugung, die ganze Wahrheit erkannt zu haben, ungefiltert und ohne Rücksicht auf die

18 Richard Herzinger: *Geht euren Phrasen nach*. In: *Die Welt*, 27.7.2011

Folgen in die Welt zu schreien, bedeutet keine Einschränkung der Meinungsfreiheit, sondern im Gegenteil ihre aktive Pflege« Soweit diese Diätetik nur abstrakt den Grad, die Intensität, die Gefühle des Handelns betrifft, nicht aber deren Inhalte, klingt sie ein wenig wie die Spießermoral ›Alles mit Maß und Ziel‹ und könnte auch als Aufruf zum Appeasement mißverstanden werden. Tatsächlich beruht doch die offizielle Politik gegenüber dem Islam in Europa *grosso modo* darauf, daß man verdrängt, was von haßerfüllten Endzeit-Paranoikern visiert wird, die im Namen Allahs und unter dem Schutz bestimmter Vorstellungen von Multikulturalismus predigen: die reale Möglichkeit eines apokalyptischen Zerfalls des Westens. Die Reaktion der westlichen Öffentlichkeit auf das Attentat in Norwegen dürfte auf eine Bestärkung dieser Politik hinauslaufen.

Dabei scheint das Manifest von Breivik, was seine vorgebliche Zwecksetzung betrifft, keineswegs von messianischen Untergangsphantasien erfüllt oder von totalitären Vorstellungen von Demokratie, wie auch Caroline Click unter Bezugnahmen auf Jacob Talmons historische Untersuchungen zu erkennen meint.[19] Das Ziel, das sich der Attentäter hier unter dem Titel *2083: A European Declaration of Independence* ausmalt, entspricht ungefähr dem, was Liberale wollen: ein Zustand, den etwa Südkorea oder Japan erreicht haben, oder eine Ordnung, wie sie Europa im 19. Jahrhundert kennzeichnete. Auch gegenüber dem Islam hat er eher eine Art Gleichgewicht des Schrekkens im Sinn, würde ein Kalifat im Nahen Osten akzeptieren und mit den Djihadisten eng zusammenarbeiten, wenn sie bereit sind, die Muslime aus den westlichen Ländern zurückzuholen. Es sind allerdings die Mittel des Massenmörders und Psychopathen, die, ins Politische gewendet, tatsächlich etwas anderes zu erkennen geben. Und dementsprechend sieht auch die Zusammenarbeit mit den Muslimen aus: »Machen wir uns nichts vor«, heißt es in dem Manifest, in »unserem Kampf gegen das Establishment ist die Europäische Islamische Ummah unsere wirkungsvollste Waffe. Unser Ziel wird darin bestehen, die-

19 Vgl. ihren Artikel für die *Jerusalem Post*: http://www.carolineglick.com/e/2011/07/breivik-and-totalitarian-democ.php, 29.7.2011

se Kraft zu manipulieren, indem wir dazu beitragen, einzelne Muslime zu radikalisieren, ... damit sie den Weg des Djihad verfrüht einschlagen.« Als Folge neuer djihadistischer Attentate würde die Situation endlich »eskalieren«: Es würden »mehr und mehr Menschen sowohl den kulturkonservativen Bewegungen wie auch den Djihadgruppen zuströmen.« Es ist also die »Zukunft der konservativen Bewegungen«, wie Breivik sie versteht, »mit der Entwicklung der djihadistischen Bewegungen und/oder dem islamischen Einfluß in den westlichen Gesellschaften direkt verbunden. Es handelt sich um eine symbiotische Wechselbeziehung.« Symbiotisch ist diese Beziehung, weil sie die Eskalation mit dem Zweck betreibt, daß zuletzt ein abendländischer und ein islamischer Großraum sich in wechselseitiger Anerkennung ihrer Einflußsphären gegenüberstehen.

Die Erörterungen über Taktik und Strategie in dem Manifest machen also deutlich, wie sehr den Attentäter von Norwegen gerade die nichtstaatliche Gewalt fasziniert, so daß der »konservative« Zweck nur vorgeschützt erscheint, sie endlich einzusetzen, das heißt jenes Gewaltmonopol des Staats zurückzunehmen, auf dem doch beruht, was Breivik verteidigen will. Demgemäß stammen seine wichtigsten direkten Vorbilder aus der Zeit vor der Etablierung des Souveräns: die Ritterorden. Die irren Gewaltphantasien registrieren darin nicht zuletzt etwas von der Misere der Europäischen Union, die einen Schwebezustand zwischen einem Verband souveräner Staaten und einem Souverän vereinigter Staaten, die Paradoxie einer gemeinsamen Währung ohne gemeinsamen Staat, als ein eigenes europäisches Modell von Herrschaft anstrebt – ein Modell, das aber in jeder neuen Krise sich doch nur als potenzierte Ohnmacht des Politischen herausstellt. Das heißt: ein von ganz anderen Quellen herrührendes Verlangen, möglichst viele Menschen zu töten, spürt instinktiv dieses politische Vakuum und kostümiert sich dementsprechend.

Endzeit- und Untergangsvisionen finden sich desto mehr in den Szenarien der Kommentatoren, die nach Breiviks Tat eine Welle antiislamischen Gegenterrorismus prognostizieren und von gewaltbereiten Gruppen rechtsnationalistisch motivierter Fanatiker ausgehen, die nun ein großes Vorbild gefunden hätten. Mit Schlagwörtern wie Paranoia und Apokalypse wird aber nur verdeckt, was Breiviks Wahnsinn mit

Methode eigentlich ausmacht: Tat und Manifest sind die eines Einzeltäters im eminenten Sinn. Sie besitzen keinerlei organisatorischen Zusammenhang mit irgendeiner Gruppe oder einer politischen Bewegung, vermögen auch keinen solchen herzustellen. Der einzige Zusammenhang, in dem das Manifest steht, ist das Internet, und weil das kein Zusammenhang ist, der als solcher, ohne Partei oder Glaubensgemeinschaft, Aufmerksamkeit schaffen kann, folgte dem Manifest die Tat, um die Massenmedien zu gewinnen. Die Berichterstattung, die daraufhin einsetzte, scheint von der Intention beherrscht, alle Proportionen zwischen diesem vereinzelten Anschlag und der Kette djihadistischer Attentate der letzten Jahrzehnte zu beseitigen, als wären diese damit aufgewogen. Es fragt sich, wie groß das Bedürfnis der Öffentlichkeit nach einer solchen Tat gewesen sein muß. Dieses Bedürfnis selber ist das eigentlich Gespenstische einer Untergangsphantasie, die sich ihrer nicht bewußt werden möchte.

Ist es auch die Methode eines Einzeltäters, so besitzt sie dennoch den Wahn des Kollektivs – aber das Kollektiv selber ist ihr unerreichbar. Darauf stößt auch Richard Herzinger, wenn er schreibt, es sei nicht mehr von der Hand zu weisen, daß »fanatische Randgruppen unter dem Vorwand der Angst vor der (Selbst-)Auslöschung des ›christlichen Abendlandes‹ ihren islamistischen Antipoden – deren paranoiden Wahn sie in Wahrheit teilen – angleichen und ihre Methoden übernehmen könnten«.[20] Die Ungeheuerlichkeit der Tat, ihr Äußerstes an Grausamkeit und zugleich Abstrusität, hat hier ihren Ursprung: Denn jene Angleichung an den djihadistischen Antipoden ist nicht möglich, oder besser gesagt, sie kann nur in Gestalt eines irren Einzeltäters überhaupt vollzogen werden, eines Führers ohne Masse, dessen Phantasien in ihrer Kombination so abstrus und ›idiotisch‹, das heißt: vereinzelt und verborgen sind, daß er sie mit anderen, gar mit einer ganzen Gruppe von Fanatikern, nicht mehr teilen kann. So mußte er einen ganzen Koran selber schreiben, den kaum einer gelesen hätte ohne seine Tat; so war er genötigt, sich zu ergeben, statt wie ein opferbereiter Djihadist oder

20 http://www.welt.de/debatte/article13503993/Die-Dimensionen-des-Terrors-sind-unfassbar.html, 23.7.2011

ein suizidaler Amokläufer sich selbst zu töten, um nur ja noch einmal Gelegenheit zu bekommen, seine Motive öffentlich darzulegen und das am besten in einer seiner Phantasieuniformen.

Das Auffälligste an Breiviks Mimikry ist jedoch, daß er den Haß auf die Juden nur fragmentarisch nachvollzieht. Sein gesamtes Manifest folgt geradezu dem Prinzip, alles von den Antisemiten zu übernehmen, nur nicht den Antisemitismus selbst dabei in den Mittelpunkt zu rücken. Das macht es möglich, daß er sich positiv auf Henryk Broder und Imre Kertész beruft (freilich nur, soweit sie nicht über die Shoah, sondern von europäischen Werten sprechen) und die Juden, die Israel unterstützen, als seine Brüder bezeichnet; und statt negativ vom Judentum, das die abendländischen Werte zersetze, spricht er lieber von der Frankfurter Schule, die genau damit begonnen habe. Von Hitler, den er eigentlich ablehnt wie die gesamte Ordnung, die sich nach dem Ersten Weltkrieg etabliert hat,[21] zitiert er zustimmend die hohe Meinung über Karl Martell, der das Abendland rettete.

Wo es gegen den Islam geht, versteht er Hitler ebenso wie die Juden als Bündnispartner. So ergreift er offen für Israel Partei. Er gehört nicht zu den Holocaust-Leugnern, aber es ist ihm allererst um Relativierung zu tun: »The ›holocaust religion‹ has grown into a destructive anti-European monster, which prevents nationalistic doctrines from emerging. And without nationalistic doctrines, Europe will wither and die, which we are seeing today. It's quite ironic that even Israel would appear to have become a victim of it. Needless to say, while I am a strong supporter of Israel and of all patriotic Jews I acknowledge that the anti-European holocaust religion must be deconstructed, and instead replaced with an anti-Islamic version. After all we are talking about a disproportion of 6 million killed Jews vs. 300 million massacred Jews/Christians/Hindus/Buddhists/Zoroastrians/

21 Das Szenario, das er von Europa entwirft, gleicht andererseits nicht zufällig in vieler Hinsicht dem von Carl Schmitt, nachdem er seinen Antisemitismus unterdrücken mußte – nur daß Schmitt im Kalten Krieg lebte und seinen antiamerikanischen Haß weiterhin kultivierte, während bei Breivik die USA gleichsam nur ein wenig entmachtet werden sollen durch ein endlich wieder stark gewordenes Europa.

Animists. As of now, the ›holocaust religion‹ is one of the major factors that are making Europe vulnerable and susceptible for Islamic conquest through demographical warfare.«

Israel wird also nicht seinem Wesen nach als Zufluchtsstätte der Juden vor dem Antisemitismus betrachtet, sondern als Bollwerk gegen den Islam, die Grundlage des Staats wird ignoriert und ebenso der Hauptgrund dafür, den Islam zu bekämpfen, insofern der Djihad nämlich den Boden bereitet für die Wiederholung von Auschwitz. Die Stellen, wo das Manifest sich gezwungen sieht, den Status Israels als Reaktion auf den europäischen »Anti-Judaismus« irgendwie anzuerkennen, sind darum etwa nach dem Muster formuliert: Nur unter der Voraussetzung, man akzeptiert, daß der Islam zurückgedrängt werden muß, kann auch dieser Status akzeptiert werden. Darin entspricht Breiviks Manifest durchaus den Leitlinien der neuen Außenpolitik der *Freiheitlichen Partei Österreichs*. Und ebenso zeigt sich darin, daß Breivik selbst ein Antisemit ist, was en passant – und nicht anders als bei den FPÖ-Politikern – auch ganz offen hervortritt: so wenn er mit Zahlenangaben erörtert, ob es in Europa »ein Judenproblem« gäbe, womit er die Shoah post festum bejaht: Es gebe keines »in Westeuropa (außer in Großbritannien und Frankreich), weil wir nur eine Million in Westeuropa haben, wohingegen 800 000 davon in Großbritannien und Frankreich leben. Auf der anderen Seite haben die Vereinigten Staaten von Amerika mit sechs Millionen Juden (das sind 600 Prozent mehr als in Europa) wirklich ein beträchtliches Judenproblem.« Und wenn er hier anfügt: »Macht nicht den gleichen Fehler wie die NSDAP«, dann bezieht sich das auf Europa, während für die USA Hitlers Methode nicht ausgeschlossen wird und zwar gegenüber denjenigen Juden, die sich, statt nach Israel zu gehen, assimilieren wollen.

Die Imitation des djihadistischen Antipoden, die Breivik vollführt, geschieht vom Standpunkt Israels aus, der nicht nur willkürlich bezogen, sondern dessen eigenste Grundlage gerade mißachtet wird, weil Breivik selber als Antisemit zu dieser Grundlage gehört. So ist er in der Logik seines Wahns gezwungen, den Haß auf die Juden, der unleugbar da ist, herabzustufen. Der Neid ist augenblicklich so groß, daß der gemeinsame Feind fürs erste beiseite gerückt wird. Aber eben dadurch fehlt ihm wiederum der Zusammenhalt der fanatischen

Gruppe, der anzugleichen seine Propaganda der Tat doch unternimmt. Die politische Synthese ist nicht möglich, insofern erst dieser Haß die vielen vereinzelten Fanatiker zur politischen Kraft vereinigt. Und es ist gerade der Neid auf die Gemeinschaft der Muslime, die im Attentäter von Oslo den Haß erzeugt und ihn zur Mimikry beflügelt. Der Antisemit, der für Israel Partei ergreift, bleibt notwenig ganz allein. Also phantasiert er die Gemeinschaft herbei und entwickelt dabei die infantilsten Vorstellungen. Djihadist des Westens, der nur als Geisteskranker Wirklichkeit wird, hascht er nach den unterschiedlichsten Kostümen; er partizipiert am postmodernen Karneval der Identitäten: Tempelritter-Animationen, Putin-Doppelgänger mit Orden, Marxistenkiller im Taucheranzug. Aber beliebig ist das alles nicht: Breivik hat bis zur letzten Konsequenz vorgeführt, was es heißt, wenn ein Antisemit für Israel Partei ergreift. Er verwandelt sich genau in das Monster, das die Antizionisten in Israel verkörpert sehen wollen.

Die Jugendlichen der sozialdemokratischen Jugend, die er tötete, übten sich auf ihrer Ferieninsel in antizionistischer Solidarität mit den Palästinensern und der Free Gaza-Flotte, und als der Massenmörder sie jagte, glaubten manche von ihnen laut Berichten von *ABC News*, der israelischen Tageszeitung *Jedijot Achronot* und des Nachrichtenportals *Hagalil* noch, es handle sich um eine zur politischen Belehrung inszenierte Vorführung israelischen ›Staatsterrors‹, und waren darum um so leichtere Opfer.[22]

In ihrer Ungeheuerlichkeit übertrifft Breiviks Tat bei weitem alle seine Vorgänger, etwa den »Una-Bomber« Ted Kaczynski, von dem er auch einiges in sein Manifest übernommen hat, oder den Briefbombenattentäter aus der Steiermark Franz Fuchs, der sich als »Bajuwarische Befreiungsarmee« artgemäß verkleidet hatte. Diese Steigerung hängt fraglos mit dem neuen Bezugspunkt zusammen, den Breivik mit dem Islam gewann. Der Una-Bomber nahm noch die technologische Elite ins Visier; die Bajuwarische Befreiungsarmee

22 http://www.hagalil.com/archiv/2011/07/24/norwegen/, 24.7.2011; http://www.abc.net.au/news/2011-07-23/norway-hit-by-twin-attacks/2807138, 23.7.2011

übte sich in einem Partisanenkampf und haßte niemanden so sehr wie die Minderheiten, von denen manche im Partisanenkampf gegen den Nationalsozialismus hervorgetreten waren. Aber gemeinsam ist allen diesen Attentätern, daß hier das Politische sich aus einem bestimmten Grund nur noch unmittelbar aus ihrer Psychopathologie erschließen läßt: Der Grund besteht darin, daß ihnen etwas fehlt, was sie zur Gemeinschaft befähigt. Daraus resultiert eine Gefährlichkeit, die sich mit politischen Mitteln im Grunde nicht bekämpfen läßt, sondern nur mit Psychiatrie und Polizei.

Andererseits bleibt die Frage, ob sie gerade darin nicht auch etwas Politisches verkörpern; ob Breivik eben als klinischer Fall betrachtet den Kräften, die genau mit jenem Schlagwort Rechtspopulismus abgedeckt werden sollen, nicht doch wieder sehr nahe rückt. Aber auch da wäre zu präzisieren: Sein Manifest beruft sich in ähnlicher Weise auf Geert Wilders wie auf eine »Wiener Schule«, worunter wohl die FPÖ gemeint sein dürfte. Die Frage, die für Breiviks Sympathien ganz unmaßgeblich erscheint, ist auch hier die entscheidende: Welchen Stellenwert besitzt jeweils der Antisemitismus in diesen Gruppierungen. Offen antisemitisch zu sein, ist in Europa mehr oder weniger tabu. Den Haß auf die Juden aber hinter dem Haß der Djihadisten auf das Abendland zum Verschwinden zu bringen, die »Holocaust-Religion« zu dekonstruieren, weil es Deutschland und dem Nationalismus in Europa schade, wie Breiviks Manifest unternimmt, das ist exakt die Verfassung des postnazistischen Subjekts, wenn es sich heute politisch artikuliert, um die Vergangenheit und Grundlage der eigenen Gesellschaft nicht in Frage stellen zu müssen. Breivik ist der terroristische Quisling dieses postnazistischen Subjekts. »Laßt uns nicht die Fehler der NSDAP wiederholen«: Das ist der Kern von Breiviks Methode – und zum Ungeheuerlichsten gehört, wieviel an Vorwand sie dem linken Antisemitismus liefern wird.

Das linke Kollektiv

Die Versuche, den Kampf der NSDAP zu wiederholen, ohne deren Fehler zu machen, drohen demnach von ganz besonderen Monstern:

geltungssüchtige Amokläufer und vereinsamte Briefbombenbastler. Es ist ein Gewaltpotential, das in der Welt nach Hitler nun mehr und mehr aus dem politischen Raum ins Private abzuwandern scheint: hier warten sie auf ihren Tag, die Schläfer des postnazistischen Spießertums. Im Politischen bleiben davon leere Hüllen wie die FPÖ nach Haider, die sich dauerhaft durch Taktieren und Korruption als politische Kraft aufrecht halten können, bestens geeignet aber als Popanz.

Die Linke reagiert auf diese Situation, indem sie die Diagnose, daß es Mörder mit politischen Motiven gibt, die genuine Einzeltäter sind und – gemäß der politischen Situation – auch bleiben müssen, reflexhaft in Zweifel zieht, als läge darin eine Verharmlosung des Neofaschismus. Sie benötigt offenbar existentiell die Phantasmagorie einer dahinter stehenden, politisch organisierten Bewegung, die ihrem von Anfang an falschen Faschismusbegriff entspricht, so wie sie andererseits wie im Schlaf ein anderes Feindbild ins Visier nimmt: Daß man sich nach dem Attentat von Norwegen so einmütig auf Henryk Broder konzentrierte, der in unerhörten Diffamierungen als Förderer und Stichwortgeber von Massenmördern bezeichnet wurde, zeigt deutlich, wie sehr in diesem Bewußtsein, wenn es unter Druck gerät, doch alles auf die Weltverschwörung des Judentums hinausläuft.

Wenn sich aber angesichts der aktuellen Bedrohung Israels die Gefährlichkeit einer politischen Kraft, ob sie nun als rechts oder links gelten mag, am verläßlichsten daraus ergibt, wie weit in ihr der Haß auf den Staat der Juden gediehen ist, dann sind die in billige Populisten und grausamste Einzeltäter verwandelten Neonazis *politisch*, genauer: *weltpolitisch* vor allem darin von Belang, daß sie den Linken und Linksliberalen das denkbar beste Alibi liefern, sich gegen Israel und für den Islam zu engagieren. So mündet das primäre postnazistische Bewußtsein in ein sekundäres, in dem die ursprünglichen Motive gewandelt wiederkehren, und die Frage, was deutsch ist, lautet nunmehr: Warum benötigen die Linken und Linksliberalen überhaupt einen Vorwand? Warum schließen sie sich nicht unmittelbar den Djihadisten an und erklären die Sharia zum realen Sozialismus? Sie können es nicht, insofern sie derselben Gesellschaft entstammen wie jene, die ihnen als Alibi dienen, und ihr Arbeitsbegriff schwört sie auf diese Herkunft ein; weil sie mit demselben Transzendentalsubjekt, der Bejahung der

Resultate nationalsozialistischer Vernichtung, denken müssen, aber das zugehörige Gefühl, den Stolz über das große Geleistete, der immer auch den auf das größte Verbrechen einschließt, nicht zulassen dürfen – was bedeutet, ihn nur als Sündenstolz durchgehen zu lassen. Wer aber in diesem Bedürfnis, sich von den Rechten abzugrenzen, ein letztes ehrenhaftes Motiv auf der Seite der Linken erblickt, wird auch dem Deutschen, wie Adorno ihn bestimmt hat als einen Menschen, »der keine Lüge aussprechen kann, ohne sie selbst zu glauben«,[23] die Anerkennung nicht versagen dürfen.

An der Kollaboration mit dem Islam läßt sich ablesen, auf welche Weise man die von den Siegermächten geschaffene Nachkriegsordnung innerviert hat: Djihad und Sharia, Verschleierung der Frau und Terror der Tugendwächter werden nicht als Kränkung narzißtischer Art, sondern als Bestätigung von Straf- und Leidensbedürfnis erfahren, als verdiente Strafe dafür, daß man den durch Ausbeutung und Vernichtung geschaffenen Reichtum mitgenießt – die aber, solange man nicht unter der Herrschaft der Sharia lebt, den Vorteil besitzt, daß man selber davon nicht unmittelbar betroffen ist. Der Islam ermöglicht den linken Abkömmlingen christlicher Sühnebereitschaft eine frappante Entfesselung ihrer Strafphantasien am anderen Objekt.

Es ist merkwürdig, daß Jean-Paul Sartre noch in einem seiner schlechtesten Texte, im Vorwort zu Frantz Fanons *Die Verdammten dieser Erde*, mehr Licht auf diese Haltung werfen kann, als die Analyse sämtlicher linken Manifeste, die doch immer noch Humanismus heucheln, wo keiner mehr ist, sondern nur noch Haß. Vielleicht liegt es daran, weil dieser Philosoph einmal wie kaum ein anderer begriffen hatte, was Widerstand gegen den Nationalsozialismus bedeutet: Wissend, daß der Antisemitismus kein »jüdisches Problem« ist, sondern »*unser* Problem«, hat Sartre die Totalität des Vernichtungswahns 1945 beim Wort genommen und statt irgendeine Büßerhaltung einzunehmen seine *Überlegungen zur Judenfrage* mit der Forderung beschlossen, eine »mi-

23 Theodor W. Adorno: *Minima Moralia. Gesammelte Schriften*, Bd. 4. Frankfurt am Main 1997, S. 124

24 Jean-Paul Sartre: *Überlegungen zur Judenfrage*. Reinbek 1994, S. 90

litante Liga gegen den Antisemitismus zu gründen«.[24] So lautete seine konkrete Fassung des kategorischen Imperativs nach Auschwitz: Als die Lager kaum erst befreit waren, macht er sich anscheinend keinerlei Illusionen mehr über das Fortwesen des Nationalsozialismus und des Drangs, die Vernichtung wiederaufzunehmen.

Solcherart Einsichten zu revidieren, war nicht leicht. Zunächst, so Sartre in seinem Fanon-Vorwort, »müssen wir ein unerwartetes Schauspiel über uns ergehen lassen: das Strip-tease unseres Humanismus. Da steht er also ganz nackt da, kein schöner Anblick. Er war nur eine verlogene Ideologie, die ausgeklügelte Rechtfertigung der Plünderung.«[25] Es bleibt bei einem Schauspiel, weil dieser Begriff von Plünderung nur etwas wie eine leere Gewißheit vermittelt. Kritik hingegen würde im Unterschied zu Sartres Humanismus-Striptease heißen, die Entstehung von Individualität ebenso auf die fortdauernden, bloß erneuerten und modifizierten Verhältnisse der Gewalt, Erniedrigung und Ausplünderung zurückzuführen als der effektvollen Deutung zu widerstehen, daß Individualität damit auch schon in diesen Entstehungsbedingungen aufgehe. Kritik besteht darauf, daß Geltung und Genese auseinander fallen: »Daß das Individuum, wie der geschichtliche Verlauf und die psychologische Genese es lehren, ein Entsprungenes ist; daß das Individuum nicht jene Invarianz für sich behaupten kann, deren Schein es in Epochen einer individualistischen Gesellschaft annahm, mag das historische Verdikt über das Individuum begründen. Aber dies Urteil ist kein absolutes. Das Entsprungene kann, nach Nietzsches Einsicht, gegenüber seinem Ursprung das Höhere sein. Kritik am Individuum meint nicht dessen Abschaffung.«[26]

Um das Versprechen, das im Entsprungenen liegt, zu leugnen, ist es jedoch erforderlich, den Humanismus auf die »rassistische« Herkunft festzulegen, und das ist der Inhalt von Sartres Hinwendung zu Fanons

25 Jean-Paul Sartre: *Vorwort*. In: Frantz Fanon: *Die Verdammten dieser Erde*. Frankfurt am Main 1981, S. 22.

26 Theodor W. Adorno: *Postscriptum* [zu: *Zum Verhältnis von Soziologie und Psychologie*]. In: Ders.: *Gesammelte Schriften*, Bd. 8. Frankfurt am Main 1997, S. 91

Haßpredigt: Der Humanismus sei rassistisch, weil der Europäer (die USA figurieren als »übereuropäisches Monstrum«) nur dadurch sich zum Menschen habe machen können, daß er »Sklaven und Monstren hervorbrachte«.[27] Kampf gegen diesen Rassismus heißt: alles zurückzunehmen, wodurch Europäer als Menschen erscheinen, dieses »verfälschte Leben« zu beenden und eine »ursprüngliche Einheit« zu erringen, und eben dazu muß gemordet werden und geopfert – es klingt wie der Schrei nach dem Islam: »Der neue Mensch beginnt sein Menschenleben mit dem Ende, er hält sich für einen potentiellen Toten. Er wird getötet werden. Das heißt nicht nur, daß er das Risiko auf sich nimmt, sondern daß er sich dessen gewiß ist.«[28] Einen Europäer erschlagen heiße »zwei Fliegen auf einmal treffen, nämlich gleichzeitig einen Unterdrücker und einen Unterdrückten aus der Welt schaffen. Was übrigbleibt, ist ein toter Mensch und ein freier Mensch«.[29] Was übrigbleibt, ist jedoch kein Mensch, sondern ein Volk, ein totes Volk und ein freies Volk. »Schritt für Schritt den Weg gehen, der zum Eingeborenenstatus führt«, und auf diesem Weg den Bürgerkrieg in den Metropolen zu eröffnen, erscheint da als einzige Alternative, den Sartre für die Europäer sieht.

Der Bußfertige ist also der Zivilisierte, der sich selbst verleugnet, weil er dunkel aber sicher weiß, daß seine Zivilisiertheit, sein Status als Mensch, mit Ausbeutung und Erniedrigung zu tun haben muß; und Büßen heißt, der intellektuellen Anstrengung sich entziehen, womit die leere Gewißheit durch einen Begriff von Ausbeutung und Erniedrigung zu ersetzen wäre, der die Intention, sie zu beenden, überhaupt erst glaubhaft machen könnte. Kein Zivilisierter kann vollständig verdrängen, daß er von Ausbeutung und Erniedrigung lebt, so wie kein Intellektueller davon unberührt bleiben kann, daß die Möglichkeit seiner Existenz auf einer Arbeitsteilung beruht, durch die andere erniedrigt werden. Die Frage ist, wie auf diese Schuldgefühle reagiert wird, und die Büßerhaltung der linken Antirassisten ist die

27 Sartre: *Vorwort*, S. 23

28 Ebd., S. 21

29 Ebd., S. 19 f.

von keinem Gedanken getrübte Reaktion, die am nächsten liegt und am infamsten ist.

Während die narzißtisch Gekränkten einfach nur gekrankt sind und darum gegen den Islam als ihren erfolgreicheren Konkurrenten hetzen, erleben sich jene, deren Strafphantasien befriedigt werden wollen, immer zugleich auch als die Strafenden; identifizieren sich unmittelbar mit der strafenden Instanz. Weil jedoch seit dem Untergang der RAF die in Sartres Fanon-Hymne visierten Möglichkeiten versperrt sind und der Bußfertige jetzt auch am Ende des langen Marsches durch die Institutionen angelangt ist, phantasiert er sich vornehmlich in die Rolle des Weltsouveräns, der, über den Ländern regierend, die reichen Ausbeuter-Nationen in die Schranken weist und, wenn es sein muß, die islamische Erweckungsbewegung auf sie losläßt. Notwendig rückt damit Israel in den Mittelpunkt der Feindbildprojektion: In der Stunde »der großen bußfertigen Auflösung des Nationalstaats« verstießen ja nun gerade die Juden »mit flagranter Unverfrorenheit gegen die Religion der Humanität, zu der sich Europa bekehrt« habe, zitiert Alain Finkielkraut mit feiner Ironie das Bewußtsein der Antirassisten: »Von ihrer souveränen Macht berauscht, durchdrungen von ihrem nationalstaatlichen Sein« glichen sie den Antisemiten von einst und würden seelenruhig deren Nachfolge antreten.[30] So trifft sie der ganze Haß der »bußfertigen Richter«, die unfähig seien, den Rassismus und den Sozialdarwinismus anders zu verdammen, »als daß sie den heiligen Paulus aktualisieren und wiederverwerten, das heißt, indem sie den Nachkommen Abrahams erneut den Vorwurf machen, sich krampfhaft an ihren dynastischen Vorrechten festzuklammern und an den Blutsbanden festzuhalten, während man ihnen die Vereinigung der Herzen vorschlägt«.[31]

30 Alain Finkielkraut: *Im Namen des Anderen. Reflexionen über den kommenden Antisemitismus*. In: Doron Rabinovici/Ulrich Speck/Natan Sznaider (Hg.): *Neuer Antisemitismus? Eine globale Debatte*. Frankfurt am Main 2004, S. 126f.

31 Ebd., S. 132. Allerdings hat Finkielkraut mittlerweile zusammen mit Henry-Bernard Lévy einen *European jewish call for reason* formuliert

Darum ist heute, was die internationale Politik betrifft, der Büßer politisch viel gefährlicher als der Gekränkte, das sekundäre postnazistische Bewußtsein weit wirkungsvoller als das primäre – wobei die Klimax der Krise die vollständigeVerschmelzungbeiderFormen in Aussichtstellt. Angetrieben gleichermaßen von dem Wunsch, die Gewaltverhältnisse zu verdrängen, wie von dem, für die Ausbeutung zu büßen, betreibt vorerst das linke Bewußtsein ebenso eifrig den Abbau von Souveränität im Namen des falsch verstandenen und darum hypostasierten Völkerrechts, wie es alle Strafen vorbehaltlos hinnimmt, die der Islam sich ausdenkt, vor allem wenn sie am Leib der anderen exekutiert werden. Als verhältnismäßig im Sinne der Völkergemeinschaft gilt ihm, daß der Staat Israel vom Erdboden verschwindet, soweit es dessen Staatsräson ist und sein muß, diese Verdrängung, die nicht nur alles beim Alten läßt, sondern dabei dem Schlimmsten Vorschub leistet, nicht mitzumachen und anstelle des blindwütigen Büßens, das jeden Terror legitimiert, Verteidigungsbereitschaft zu demonstrieren.

(http://www.jcall.eu/?lang=de), der »über den traditionellen Meinungsverschiedenheiten stehen« und »sich die Zukunft Israels und seine Koexistenz mit einem souveränen und lebensfähigen palästinensischen Staat zum Ziel« setzen möchte. Der Auf- und Ausbau der Siedlungen im Westjordanland und in Ost-Jerusalem wird als Ursache für die »Delegitimierung Israels als Staat« angesehen und Israel als ein Individuum betrachtet, das sich »schämen« müsse. Es scheint also soweit gekommen, daß Finkielkraut an sich selber die »schreckliche Hypothese« bewahrheitet und den in seinem Essay über den neuen Antisemitismus ironisch verwendeten *pluralis majestatis* wörtlich nimmt: Er stellt sich auf die Seite der »bußfertigen Richter«.

II
Transformation des Postnazismus

Stephan Grigat

Transformation der postnazistischen Demokratie und Postfaschismus als Begriff der Kritik

Einleitung zu Transformation des Postnazismus *aus dem Jahr 2003*

Während in der Protestbewegung gegen die blau-braun-schwarze Bundesregierung in Österreich oder auch in der Staatsantifa der Bundesrepublik Deutschland samt ihres aufständisch-anständigen Anhangs manche Haider und seine deutschen Kopieversuche als Antidemokraten bekämpfen und mitunter auch den Rassismus und Antisemitismus thematisieren, aber beharrlich über Staat und Kapital schweigen, wissen andere zwar einiges über Kapital und Staat zu sagen, schweigen dafür aber um so beharrlicher über die deutsche und österreichische Volksgemeinschaft. In den Beiträgen des vorliegenden Bandes wird – wenn auch mit sehr unterschiedlichen Gewichtungen – beides thematisiert: Kapital und Staat als die Voraussetzungen jeder Ausgrenzung, Diskriminierung und Verfolgung, sowie die Spezifik der österreichischen und deutschen Tätergemeinschaft, ohne deren Berücksichtigung die Kritik an Staat und Kapital zur Geschichtsentsorgung und Volksapologie im kommunistischen Gewand gerät.

Die Begriffe ›Postfaschismus‹, ›Postnazismus‹ und ›demokratischer Faschismus‹ stehen bei der Kritik der österreichischen und deutschen Zustände nicht gerade auf der Tagesordnung. Dennoch handelt es sich dabei nicht um völlig neue Begriffe. Es stellt sich die Frage, wie solche Kategorien bisher verwendet wurden und in welchem Kontext sie entstanden sind. In der BRD (in Österreich fanden solche Diskussionen kaum statt) verstand man in der Nachkriegszeit unter Postfaschismus in erster Linie personelle Kontinuitäten, also die ungebrochene Karriere ehemaliger Nazis in der Demokratie, kaum jedoch strukturelles Fortwesen. Um das Jahr 1968 herum kam es zu einigen Diskussionen, in denen der Begriff des Postfaschismus etwas mehr an Konturen gewann. Man denke etwa nur an einen der wohl am meisten gelesenen Aufsätze Theodor W. Adornos, nämlich *Was bedeutet: Aufarbeitung der Vergangenheit*. Dort weist Adorno nachdrücklich darauf hin, daß er das Nachleben des Nationalsozialismus *in* der Demokratie als potentiell bedrohlicher erachte als das Nachleben faschistischer Tendenzen *gegen* die Demokratie. Er schreibt: »Der Nationalsozialismus lebt nach, und bis heute wissen wir nicht, ob bloß als Gespenst dessen, was so monströs war, daß es am eigenen Tode noch nicht starb, oder ob es gar nicht erst zum Tode kam; ob die Bereitschaft zum Unsäglichen fortwest in den Menschen wie in den Verhältnissen, die sie umklammern.«[1]

Zu den frühen, auch heute noch relevanten Auseinandersetzungen mit Postfaschismus und Postnazismus gehören einige Ausführungen des Adorno-Schülers Hans-Jürgen Krahl.[2] Ebenfalls in diesem Zusammenhang zu erwähnen ist Johannes Agnoli, der die Linke bereits in den 1960er Jahren mit seinen Überlegungen zum Verhältnis von Demokratie und Faschismus konfrontiert hat.[3] Große Teile der Linken in den deutschsprachigen Ländern haben sich jedoch in den 1970er und 1980er Jahren kaum für radikale Gesellschaftskritik, sei es in der Adornoschen, sei es in der Agnolischen Ausprägung interessiert, sondern sich lieber dem Naturromantizismus der Neuen Sozialen Bewegungen oder den autoritären Plattheiten des Marxismus-Leninismus gewidmet. Aber selbst bei Marxisten-Leninisten und bei gemäßigten Maoisten kam man nicht ganz um die Diskussion über das Nachwirken des Nationalsozialismus herum, was seinen Niederschlag vor allem in den Diskussionen über eine mögliche Faschisierung der bundesrepublikanischen Gesellschaft in den 1970er Jahren fand. Der Begriff der

1 Theodor W. Adorno: *Was bedeutet Aufarbeitung der Vergangenheit*. In: *Gesammelte Schriften*. Bd. 10.2, Frankfurt am Main 1997, S. 554

2 Vgl. Hans-Jürgen Krahl: *Zur Geschichtsphilosophie des autoritären Staates*. In: Ders.: *Konstitution und Klassenkampf. Zur historischen Dialektik von bürgerlicher Emanzipation und proletarischer Revolution*. Frankfurt am Main 1977, S. 21 ff.

3 Vgl. Johannes Agnoli: *Die Transformation der Demokratie und andere Schriften zur Kritik der Politik*. Freiburg 1990, S. 21 ff.

Faschisierung war und ist aber immer auch ein Gegenbegriff zu den Kategorien Postfaschismus und Postnazismus, da er zwangsläufig die Momente des Bruchs von 1945 überbetonen muß. Überlegungen zur Faschisierung, denen stets eine gewisse Distanz zur Kritischen Theorie Max Horkheimers und Theodor W. Adornos anzumerken war, fanden sich vor allem im und im Umkreis des vergleichsweise einflußreichen Kommunistischen Bundes, zeitweise auch im linksakademischen Bereich.[4]

Andere Texte, in denen Postfaschismus und Postnazismus jenseits der langwierigen Auseinandersetzungen über die Faschisierungsthese thematisiert wurden, haben zur Zeit ihres Erscheinens kaum zu Diskussionen geführt. Zu erinnern wäre diesbezüglich beispielsweise an Joachim Bruhns Ausführungen zur Kritik des demokratischen Antifaschismus und zur Sozialpsychologie des Postfaschismus,[5] die zwar den Ruf der Initiative Sozialistisches Forum in der infantilen Autonomenszene der 1980er Jahre als »Psychosekte mit viel Geld« befördern half, aber selbst in der theoretisch interessierten Linken kaum für Irritationen gesorgt hat.

Eine wichtige Auseinandersetzung über die postnazistische Demokratie fand nochmals Anfang der 1990er Jahre im Zusammenhang mit der auch von vielen Linken begrüßten deutschen Wiedervereinigung statt. Damals ging es mit Bezug auf die Faschisierungsdebatten der 1970er Jahre um die Frage, ob es im Zuge der Renationalisierung zu einer Faschisierung der Demokratie komme, oder aber ob diese sogenannte Faschisierung im Postfaschismus nicht schon längst vollzogen

4 Vgl. Michael Steffen: *Geschichten vom Trüffelschwein. Politik und Organisation des Kommunistischen Bundes 1971 bis 1991*. Berlin/Hamburg/Göttingen 2002; Klaus Weber: *Faschisierung*. In: Wolfgang Fritz Haug (Hg.): *Historisch-Kritisches Wörterbuch des Marxismus*, Bd. 4, Hamburg 1999, S. 142

5 Vgl. Joachim Bruhn: *»Nie wieder!« Zur Kritik des linken Antifaschismus im deutschen Nachfaschismus*. In: Initiative für ein sozialistisches Forum (Hg.): *30. Januar. Materialistisches Gedenken zum 50. Jahrestag der faschistischen Diktatur.* Freiburg 1983, S. 42 ff.

sei und man heute viel eher von einer Demokratisierung des Faschismus reden müßte.[6] Diese Debatte ist in den letzten Jahren weitgehend eingeschlafen. Gerade die Entwicklung in Österreich mit dem Siegeszug der Freiheitlichen Partei (FPÖ) bis zu den Nationalratswahlen 1999 und der postfaschistisch- wie postnazistisch-demokratischen Geschichte seit 1945 einerseits und der in der BRD zu beobachtenden Kampagnenpolitik, die durch die rot-grüne Regierung forciert wird und – flankiert durch Äußerungen von Figuren wie Stoiber oder Schill – auf einen selbstbestimmten Autoritarismus abzielt, erfordert es, die Diskussion über Faschisierung der Demokratie oder Demokratisierung des Faschismus nochmals aufzunehmen. Das Nach- und Fortleben des Nationalsozialismus tritt am Beginn des neuen Jahrtausends nicht mehr in der gleichen Weise in Erscheinung wie noch in den 1950er und 60er Jahren. Allein schon der partielle, in der BRD sehr viel deutlicher und konsequenter als in Österreich vollzogene Wandel vom Beschweigen oder Schönreden der NS-Vergangenheit hin zur offensiven Auseinandersetzung mit den ›eigenen‹ Verbrechen im Dienste und zum Wohle des gegenwärtigen Souveräns, macht es notwendig, die Transformation der postnazistischen Demokratie in den Blick zu rücken.

Der Begriff des ›demokratischen Faschismus‹, den der Schriftsteller Michael Scharang bereits in den 1980er Jahren noch weitgehend unbeeindruckt vom Aufstieg der FPÖ verwendete,[7] versucht das, was für das bürgerliche Bewußtsein das vollkommen Unvereinbare repräsentiert, zusammenzudenken. Gerade in Österreich hat der Begriff zudem den Vorteil, daß er das Augenmerk nicht nur auf die Nazi-Zeit, sondern auch auf den Austrofaschismus und dessen Aktualität lenkt. Zugleich beinhaltet er das Problem, daß der unabdingbare, mal explizi-

6 Vgl. Clemens Nachtmann: *Die postfaschistische Demokratie in der Krise*; Heiner Möller: *Demokratie und Faschisierung*. Beide in: *Dokumentation der Beiträge zum antinationalen und antideutschen Aktionswochenende am 6./7. Mai 1995*, S. 25 ff.

7 Michael Scharang: *Die Demolierung Österreichs oder der Weg in den demokratischen Faschismus*. In: *Konkret*, Nr. 10, 1986

te, mal implizite Hauptbezugspunkt der deutschen und österreichischen Politik, der Nationalsozialismus, zugunsten des Faschismusbegriffs verschwindet. Schon deswegen wurde für den Haupttitel der vorliegenden Publikation anstatt der bisher geläufigeren Bezeichnung Postfaschismus der Begriff des Postnazismus gewählt, der in mehreren Beiträgen, in denen auch der Frage nachgegangen wird, inwiefern mit der Rede vom ›demokratischen Faschismus‹ tatsächlich etwas Neues versucht wird zu fassen, oder ob der Faschismus und im Speziellen der Nationalsozialismus nicht schon immer eine reichlich demokratische Schlagseite hatten, genauer ausgeführt wird.

Daß allein die Verwendung von Begriffen wie Postfaschismus oder Postnazismus nicht zwangsläufig zu einer vernünftigen, also radikalen Kritik führt, haben bereits mehrere Autoren vorgeführt. Einige in der Linken glauben etwa, Postfaschismus als positiven Begriff setzen zu können. Christoph Spehr beispielsweise schreibt davon, daß die »Erfahrung des überwundenen Faschismus, der postfaschistische Konsens, ... einen unfertigen Emanzipationsprozeß« darstelle. Dementsprechend wird dann auch eine »Radikalisierung des postfaschistischen Konsenses« gefordert.[8] Das Positive des Postfaschismus wäre demnach also einfach, daß er immerhin kein Faschismus ist. Postfaschismus wird hier als gelungene Ablösung vom Faschismus verstanden, ähnlich wie bei der italienischen *Alleanza Nationale*, die lange um die Titulierung als ›postfaschistische Partei‹ gerungen hat.

In eine ähnliche Richtung zielt der Wiener *Krisis*-Redakteur Franz Schandl. Auch für ihn bezeichnet der Begriff des Postfaschismus lediglich den gelungenen Ablösungsprozeß vom Faschismus und vom traditionellen Rechtsextremismus. Deshalb charakterisiert er die Freiheitlichen in Österreich als »das erste gelungene postfaschistische Projekt der Rechten in Europa«[9] und verkennt damit in einem sowohl das Wesen der postnazistischen Demokratie als auch jene einflußrei-

8 Christoph Spehr: *Der postfaschistische Konsens und seine Radikalisierung*. In: *Alaska. Zeitschrift für Internationalismus*, Nr. 216, 1997, S. 16

9 Franz Schandl: *Politisches Marodieren. Phänomenologie und Charakter der Haider-Bewegung*. In: *Weg und Ziel*, Nr. 4, 1998, S. 19

chen Strömungen innerhalb der FPÖ, die sich relativ offen auf den Nationalsozialismus beziehen.

Als Begriffe der Kritik zielen Postfaschismus und Postnazismus gerade auf die modifizierte Fortsetzung faschistischer und nationalsozialistischer Ideen in der und durch die Demokratie und sind als positive Kategorien nicht denkbar. Sie beabsichtigen die Denunziation des aktuellen politischen Souveräns mittels des Hinweises, daß jeder Staat auf den Erfahrungen seines Vorgängers aufbaut: »Nichts von dem, was der Souverän je tat und antat, ging verloren... Undenkbar wäre die ›soziale Marktwirtschaft‹ ohne die nazistische Vernichtungsgemeinschaft ...; unmöglich die Sozialpartnerschaft von heute ohne die ›Betriebsgemeinschaft‹ des Faschismus; unvorstellbar schließlich die gegen Jugoslawien angewandte Taktik, das ›Recht auf nationale Selbstbestimmung‹ zur Zerschlagung des letzten Systemfeindes in Anschlag zu bringen, ohne die geschichtliche Erfahrung der Okkupation etwa des Sudetenlandes.«[10]

Daß selbst noch der Postfaschismusbegriff zur Identifikation mit der Nation taugt, hat beispielsweise die Grazer Philosophin Elisabeth List demonstriert. Sie spricht von der postfaschistischen Politik der FPÖ, nicht etwa von der postfaschistischen österreichischen Gesellschaft, und fordert alle Patrioten zum Kampf gegen diese postfaschistische FPÖ auf. »Niemand«, schreibt sie allen Ernstes, »der sein oder ihr Land liebt und bei Verstand ist«, könne die Politik dieser Partei gutheißen.[11] Die Beschäftigung mit Postfaschismus findet hier statt aus Sorge um die Nation. Eine Sorge, um die es den Autoren dieses Bandes mit Sicherheit nicht geht, die es aber auch anderen Demokratieidealisten wie beispielsweise dem Herausgeber der Wiener Wochenzeitung *Falter* angetan hat, für den Postfaschisten einfach »nichts anderes als Demokraten mit zweifelhaftem Verständnis des Rechtsstaates« sind, gegen die man etwas tun müsse, um »Schaden für das Land« abzuwenden.[12]

10 Initiative Sozialistisches Forum: *Flugschriften. Gegen Deutschland und andere Scheußlichkeiten*. Freiburg 2001, S. 67

11 Elisabeth List: *Was ist Postfaschismus?* http://www.kultur.at/van01/state.htm, April 2001

In der BRD ist der Begriff des Postfaschismus aus öffentlichen, nicht nur in der radikalen Linken wahrnehmbaren Debatten weitgehend verschwunden. In Österreich hat er kurzzeitig durch eine Intervention von außen eine merkwürdige Renaissance erlebt. Die Charakterisierung der FPÖ durch Milos Zeman im Rahmen der Streitereien über das AKW Temelin und die Sudetendeutschen als »postfaschistische Partei« löste in Österreich einen kollektiven Proteststurm aus. Der tschechische Premierminister wurde Anfang des Jahres 2002 sowohl vom Bundespräsidenten als auch von Alfred Gusenbauer, dem Vorsitzenden der Sozialdemokraten, scharf zurechtgewiesen. An diesen Reaktionen läßt sich auch das Problematische von Zemans Charakterisierung erkennen. So wie in der BRD die rot-grüne Koalition nach den Wahlen 2002 mit der Ernennung von Wolfgang Clement zum neuen ›Superminister‹ für Arbeit und Wirtschaft abermals unter Beweis gestellt hat, daß es für das Anknüpfen an der korporatistischen Tradition der institutionellen und administrativen Verwaltung von Arbeit und Kapital keiner Koalition aus Nachfolgeorganisationen faschistischer Bewegungen wie der Österreichischen Volkspartei und der FPÖ bedarf, verdeutlichen diese Reaktionen nochmals, daß das Problem in Österreich nicht nur eine postfaschistische oder postnazistische Partei ist, sondern es sind ebenso wie in der BRD die postfaschistischen gesellschaftlichen Strukturen und das postnazistische gesellschaftliche Bewußtsein, das keineswegs nur bei den Freiheitlichen, deutschen und österreichischen Neonazis, Edmund Stoiber oder Ronald Schill zu finden ist. Zur Erklärung dessen, warum das so ist, möchten die Aufsätze dieses Buches einen Beitrag leisten.

Selbstverständlich sind viele jener Entwicklungen, die in der vorliegenden Publikation beschrieben werden, auch in anderen Ländern als Deutschland und Österreich zu beobachten. Gerade die Wahlerfolge rechtsextremistischer und neo- oder altfaschistischer Parteien in den Niederlanden, der Schweiz, Norwegen, Dänemark, Belgien oder Frankreich lassen es merkwürdig anmuten, die Nachfolgegesellschaften des Nationalsozialismus gesondert zu behandeln. Der permanente Hinweis

12 Armin Thurnher: *Zwei Jahre sind genug*. In: *Falter*, Nr. 4, 2002, S. 8 ff.

gerade deutscher und österreichischer Autoren, an der Entwicklung in Österreich und der BRD sei doch gar nichts besonderes, die anderen Demokratien hätten schließlich auch ihre Rassisten und Antisemiten, blendet die unterschiedlichen historischen Ausgangslagen bewußt aus. Die Entwicklungen in zahlreichen, durchaus nicht nur europäischen Gesellschaften, verweisen zwar darauf, daß sich das deutsche Krisenlösungsmodell und die deutsche Ideologie zusehends als verallgemeinerungsfähig erweisen. Genau darauf zielt der relativierende Einwurf der Warner vor einem neuen ›europäischen Rechtspopulismus‹, wie der Siegeszug des faschistischen Ressentiments verharmlosend genannt wird, aber gerade nicht. Gegen die etablierte Rechtspopulismusforschung, die zur Verwohlfeilerung der Demokratie und zur Normalisierung der postnazistischen Gesellschaften angetreten ist, bleibt darauf zu beharren, daß ähnliche Entwicklungen schon auf Grund der unterschiedlichen historischen Bezüge nicht die gleiche Bedeutung haben. In Deutschland ist der Nationalsozialismus als massenhaft legitimierte Volksbewegung an die Macht gekommen und die deutsch-österreichische Volksgemeinschaft hat gerade im zur Tat schreitenden Antisemitismus zu sich gefunden. In den Niederlanden hingegen hat die Bevölkerung einen Generalstreik zum Schutz der holländischen Juden organisiert und in Dänemark fanden groß angelegte Fluchthilfeaktionen statt. Auch wenn die Aufhebung des Widerspruchs von Kapital und Arbeit in der Volksgemeinschaft und die Verlängerung eines wertverwertungsimmanenten antikapitalistischen Ressentiments zum Massenmord an Juden und Jüdinnen, an einem zugleich abstrakten und biologisch konkretisierten inneren wie äußeren Feind, allen bürgerlich-kapitalistischen Gesellschaften als Möglichkeit innewohnt – in Deutschland ist sie Realität geworden. Nationalismus bedeutet immer ideologische Affirmation von Kapitalproduktivität und Staatsloyalität. Der deutsche Nationalismus, dessen ideologischer Gehalt sich heute nicht nur unter der Fahne der Bundesrepublik breit macht, impliziert zudem aber Vernichtung von Menschen um der Vernichtung willen: die in Auschwitz und anderswo praktizierte Übersetzung der irrationalen, nahezu pathologischen Rationalität fetischisierter kapitalistischer Warenproduktion und staatlicher Herrschaft in ebenso industriell wie handwerklich betriebenen und bürokratisch geplanten Massenmord, der Ausdruck des nicht verwirklichbaren Wunsches ist, die abstrakte Seite des Kapitalverhältnisses abzuschaffen, um das Kapitalverhältnis als solches zu retten.

Bis auf den Beitrag *Österreichische Normalität. Postfaschismus, Postnazismus und der Aufstieg der Freiheitlichen Partei Österreichs unter Jörg Haider* handelt es sich bei den Aufsätzen um Referate, die auf dem Kongreß *Vom Postfaschismus zum demokratischen Faschismus* im April 2001 in Wien gehalten wurden. Der Kongreß wurde von der Basisgruppe Politikwissenschaft und jenem Teil des Kritischen Kreises organisiert, der sich seit Ende 2001 Café Critique nennt. Bei der Konzeption des Kongresses wie auch des Buches ging es nicht darum, dem üblichen pluralistischen Meinungsaustausch ein weiteres Podium zu bieten. Das Anliegen war nicht, eine möglichst große Vielfalt von Standpunkten zu versammeln oder diverse mehr oder weniger interessante ›Ansätze‹ zu präsentieren, sondern Personen zu Wort kommen zu lassen, die in ihrer Kritik mit Begriffen wie Postfaschismus oder Postnazismus explizit oder implizit operieren und eine bestimmte inhaltliche Ausrichtung dieser Kritik verfolgen. Dennoch entstammen die Autoren keineswegs einem einheitlichen Spektrum, was nicht zuletzt in den unterschiedlichen Akzentsetzungen der Beiträge zu merken ist.

Bei dem Beitrag von Ulrich Enderwitz handelt es sich um das Originalreferat des Kongresses. Die anderen Beiträge wurden mehrfach stark überarbeitet. Insbesondere nach dem djihadistischen Massaker vom 11. September, der sich daran anschließenden kollektiven Regression der Linken und des drohenden globalen Siegeszuges der deutschen Ideologie und des deutschen Krisenlösungsmodells, erschien es den Autoren notwendig, umfangreiche Ergänzungen vorzunehmen.

Ulrich Enderwitz

Der postfaschistische Sozialpakt

Der deutsche Staat in Gestalt des Ministeriums für Verbraucherschutz tötet, verbrennt und vernichtet Anfang des neuen Jahrtausends Hekatomben von Rindern, Schafen und Schweinen, um die Verbraucher zu schützen, sprich, ihnen das Vertrauen in die Unbedenklichkeit des Fleischverzehrs zurückzugeben und sie so bei der Stange des qua Fleischverzehr zelebrierten Massenkonsums zu halten. Tierische Ressourcen werden massenhaft verschwendet, um die Möglichkeit ihrer nützlichen Verwendung zu erhalten. Dabei bringt, recht besehen, diese gigantische, wahnsinnige Verschwendung nur zum Vorschein und auf den Begriff, was die als Konsum, als Verbrauch angeblich nützliche Verwendung in Wahrheit selber ist: ein ungeheures Opferritual zwecks Erhaltung des kapitalistischen Verwertungsmechanismus, auf den sich die gesellschaftliche Reproduktion reduziert hat und ohne den oder außerhalb dessen sie nicht mehr stattfinden kann. Nützliche Verwendung von gesellschaftlichen Ressourcen ist mit anderen Worten der Konsum nicht deshalb, weil er Menschen sättigt, Bedürfnisse befriedigt, sondern einzig und allein insofern, als er dazu dient, die durch die kapitalistische Produktion bereitgestellten Ressourcen aus der Welt zu schaffen und Platz zu machen für die Bereitstellung neuer Ressourcen, kurz, insofern er die finale Bedingung für die Fortsetzung der als Wertbildungsprozeß konzipierten und organisierten gesellschaftlichen Produktionsanstrengung bildet.

So gesehen, ist die Umbenennung des Ministeriums für Landwirtschaft in ein Ministerium für Verbraucherschutz im Jahr 2001 ein denkbar frecher, der grünen Karrieristin Renate Künast, die das Amt wahrnimmt, würdiger Etikettenschwindel – suggeriert wird eine Abwendung von den Produzenten und ihren Interessen und Hinwendung zu den sogenannten Menschen und ihren Bedürfnissen, während doch in Wahrheit die Konsumenten nur als ebenso unabdingbarer wie kritischer Bestandteil des als Verwertungsprozeß angelegten gesellschaftlichen Reproduktionsprozesses erkannt und eben deshalb als schutzwürdige Spezies beziehungsweise als von Seiten des Staats, des Schutzpatrons des Kapitals, zu kontrollierender und zu manipulierender ökonomischer Faktor anerkannt werden.

Konsument, Verbraucher ist also ein verräterisches, symptomatisches Wort: Nicht Menschen, die die Produkte der gesellschaftlichen Arbeit brauchen, nutzen, genießen, sondern Menschen, die sie kaufen, den Produzenten abnehmen, vom Markt wegschaffen, werden von der kapitalistischen Gesellschaft benötigt. Entgegen dem alltagssprachlichen Vorverständnis, auf das sie baut, aber im Einklang mit der heimlichen Wahrheit, die sich in der Vorsilbe ›Ver-‹ versteckt, rückt die Rede vom Ver-Braucher nicht den Akt des Gebrauchs und Genusses des Produkts, sondern den Akt des Kaufs und Verschwindenmachens der Ware aus der Zirkulation in den Mittelpunkt.

Der Akt des Kaufs ist der Akt der Wertrealisierung, jener Akt, durch den das Produkt sich in Geldwert in den Händen des Produzenten zurückverwandelt und damit als Stoff für neue Produktion, sprich, als Kapital, wieder zur Verfügung steht. Ins Zentrum aber rückt dieser als Kaufakt vollzogene Akt der Wertrealisierung, weil er zum Problem geworden ist. Und zum Problem ist er geworden, weil ein Zustand pleromatischer Fülle, eines Überangebots an Waren herrscht, der die Bedürfnisstruktur der Verbraucher, ihre Nachfrage, überfordert und den Absatz der Waren, ihren Verkauf, in Frage stellt.

In dieser Situation wird die geheime Wahrheit kapitalistischer Produktion offenbar und virulent: daß es bei ihr nicht um die Versorgung von Menschen, sondern um die Verwertung von Arbeit, nicht um die Befriedigung von Bedürfnissen, sondern um die Ermöglichung neuer wertbildender Produktionsprozesse geht. Solange die Bedürfnisse mitspielen, der Bedarf vorhanden, die Nachfrage eine Naturgegebenheit ist, kann sich die kapitalistische Produktion als Dienerin der Menschen gerieren und ihr ökonomisches Eigenleben, ihre von den Bedürfnissen unabhängige Gesetzlichkeit, hinter ihrer Versorgungsleistung verbergen. Nun aber, da die Bedürfnisse überfordert sind und der Absatz ins Stocken gerät, zeigt sich, daß die Bedürfnisbefriedigung und Versorgung der Menschen nicht etwa das hehre Telos, sondern nur eine lästige Kondition des eigengesetzlichen Verwertungsprozesses ist. Lästig ist diese Kondition, weil sie sich in dem Maße als eine das ganze kapitalistische System bedrohende Naturschranke erweist, wie dank der wachsenden Produktivität des Produktionsprozesses die von den Menschen an das System gerichteten Befriedigungs- und Versorgungsansprüche und die umgekehrt vom System an die Menschen gestellten Konsum- und Verbrauchsforderungen auseinanderdriften, wie es mit anderen Worten immer schwerer wird, die von den Menschen mitgebrachte biologisch-historische Gebrauchs- und Subsistenzperspektive mit der vom System ihnen angesonnenen ökonomisch-systematischen Verbraucher- und Käuferfunktion in Deckung zu bringen.

Werden die Menschen ihrer im Sinne des ökonomischen Systems allein relevanten Verbraucherfunktion nicht mehr gerecht und stockt also der Absatz, verwandelt sich das unverkaufte Produkt in eine riesige Hypothek, in eine Masse unerlösten, in die Naturalleiblichkeit gebannten Werts, gelähmten Kapitals, und resultiert in einer Verstopfung und Erstarrung der Zirkulation, die auch alle wertbildende Produktion, kurz das ganze Wirtschaftsleben zum Erliegen bringt. Dabei zeigt sich die Subsistenz als scheinbarer Zweck des Verwertungsprozesses an den Konsum als an dessen tatsächliches Mittel gefesselt: sie geht mit dem Konsum zugrunde. Das Interesse an der Wirklichkeit der Subsistenz ist das erpresserische Faustpfand, mittels dessen das kapitalistische System die Einsicht in die Notwendigkeit des Konsums erzwingt. Werden die Menschen ihrer ökonomischen Verbraucherfunktion, ihrer Pflicht, zu konsumieren, nicht gerecht, laufen sie Gefahr, allen Lebensunterhalt zu verlieren.

Dabei scheint die Wahrnehmung der Verbraucherfunktion ja von Haus aus gar nicht das Pflichtgefühl, sondern die Neigung anzusprechen, erscheint sie gar nicht als eine Zumutung, sondern im Gegenteil als eine Wohltat. Sie scheint der Subsistenz nicht zu widersprechen, sondern sie im Gegenteil unendlich zu befördern, unabsehbar zu entfalten, zu einem ungeheuren Korrespondenzsystem aus vielfältigen Bedürfnissen und ebenso vielgestaltigen Befriedigungsmitteln auszugestalten. Zur Gefahr für die Subsistenz wird die Verbraucherfunktion eben nur dann, wenn sie nicht mehr erfüllt wird. Deshalb ist das Interesse an der Erfüllung der Verbraucherfunktion, den Menschen, die in diesem System arbeiten und leben, ein durchaus echtes Anliegen. Hier liegt meines Erachtens der Nährboden und der Keim für jenes politische Schulterschlußphänomen, jene vollständige Identifikation der Subsistierenden mit dem aggressiven Wohltäter, als der das kapitalistische System auftritt, das ich als den Kern des modernen Faschismus betrachte, insofern der Begriff Faschismus nicht bereits auf ein bestimmtes, totalitäres politisches System gemünzt ist, sondern eine ebenso ubiquitäre wie unbestimmte politische Strategie meint. Nämlich die Strategie, den politischen Grundkonsens aus einem ökonomischen Interessenpunkt herzuleiten, der den Subsistierenden, die ja zugleich die Arbeitenden, Wertschaffenden (nicht zu verwechseln mit den Werkschaffenden) sind, und dem Kapital und seinen Agenten existentiell gemeinsam ist – dem Interessenpunkt, notfalls über alle subsistentiellen Erfordernisse hinaus eine hypertrophe Konsumkraft zu erhalten, die, wie einerseits *conditio sine qua non* auch noch der bescheidensten Subsistenz, so andererseits die für den Verwertungsprozeß ebenso unverzichtbare wie ihm gleichgültige Basis aller weiteren Wertbildung ist.

Träger und Verwalter dieses auf dem gemeinsamen ökonomischen Interesse basierenden politischen Konsenses und Vollstrecker der zu seiner Erhaltung nötigen Praxis ist der Staat, der Repräsentant des Gemeinwesens. Dabei ist dank des Umstandes jenes Schulterschlusses zwischen Arbeit und Kapital, dank des Umstandes also, daß die Wertschaffenden sich mittels ihrer Funktion als Konsumenten voll und ganz auf die kapitale Verwertungsperspektive eingeschworen finden, der Staat in einem Maße materieller Repräsentant des Gemeinwesens, sprich, in einem Maße durch die Gesamtheit der Nation getragen und legitimiert, wie er das noch nie zuvor in seiner neuzeitlichen Geschichte war. Wenn das Volk heute dem Staat und seinen Vertretern mit zynischer Indifferenz, um nicht zu sagen, mit höhnischer Verachtung begegnet, dann nicht etwa deshalb, weil es nicht hinter ihm stünde, sondern deshalb, weil es ihn so sehr als den Agenten jenes politischen Grundkonsenses weiß, daß es ihn unter normalen demokratischen Bedingungen, unter denen der Konsens nicht bedroht ist, als eigenständige Macht gar nicht mehr ernst nehmen kann und in ihm nur noch den mit der ständigen Beschwörung und Adjustierung des Konsenses befaßten gutbezahlten Geschäfts- und Schriftführer der konsentierenden Volksgemeinschaft zu sehen vermag.

Anders als heute ist in den Anfängen der Neuzeit, im 16. und 17. Jahrhundert, die Repräsentanz, die der Staat im Blick auf das Gemeinwesen wahrnimmt, noch höchst formeller Natur, fühlt sich mit anderen Worten der Staat dem Großteil der Bevölkerung, den arbeitenden Volksschichten, noch sehr wenig verbunden und verpflichtet. Verbunden fühlt er sich vielmehr der aus der ursprünglichen Akkumulation hervorgehenden neuen ökonomischen Macht Kapital, die auf der Basis einer Trennung von Produzenten und Produktionsmitteln und der dadurch ermöglichten Triade aus Lohnarbeit, manufaktureller Arbeitsteilung und technischer Revolutionierung der Produktionsmittel eine außerordentliche Entwicklung der gesellschaftlichen Produktivkräfte initiiert und eine ungeheure Vervielfältigung und Ausweitung der Güterproduktion ins Werk setzt. Dem politischen Bund mit dieser neuen Macht und dem finanziellen Gewinn, den sie mittels Steuern und sonstigen Abgaben aus deren ökonomischen Aktivitäten zieht, verdankt die traditionelle Königsherrschaft ihren qua Absolutismus errungenen Triumph über das feudale System und die ihr durch es gesteckten Schranken, verdankt sie mit anderen Worten ihre Etablierung als zentralistischer, ein gesellschaftliches Machtmonopol beanspruchender Staat. Und dieser ökonomischen Macht fühlt sich der neuzeitliche Staat deshalb auch primär verpflichtet; ihr leistet er bei ihrer Durchsetzung durch sozial-, handels- und finanzpolitische Maßnahmen Flankenschutz. Wenn er sich für die übrigen Gruppen der Gesellschaft interessiert oder gar engagiert, dann um bei der Überwindung von Engpässen und Sackgassen mitzuhelfen, in die ihre auf rücksichts- und schrankenloser Ausbeutung von Lohnarbeit basierende Produktivität die kapitale Macht im Laufe ihrer Entfaltung hineinsteuert. Wo die Mannigfaltigkeit und Masse der durch die neue Produktionsweise geschaffenen Güter das Fassungsvermögen der bis dahin ihren Absatz sichernden Konsumentenschichten übersteigt, da steht der Staat bereit, für die Rekrutierung neuer Konsumentengruppen zu sorgen. So gesehen, übernimmt er bereits früh jene Aufgabe eines Garanten von Konsumkraft, die ihm heute abermals und auf allerdings nur bedingt mit seinen früheren Garantieleistungen vergleichbare Weise zufällt.

Das erste Mal sorgt der Staat im 18. Jahrhundert für die erforderliche Konsumkraft, als die traditionellen feudalen und klerikalen Konsumentenschichten des manufakturell erzeugten Güterflusses nicht mehr Herr werden: Durch den Ausbau seiner selbst, seiner bürokratischen, militärischen, technokratischen und akademischen Apparate, sorgt der Staat für die Entstehung neuer, von ihm dotierter Konsumentenschichten, die als Bürgertum im Sinne eines sozialen Phänomens zu dem als funktionale Gruppe, als Bourgeoisie im engeren Sinne, das Kapital verwaltenden Bürgertum hinzutreten und die durch die rasante kapitalistische Entwicklung heraufbeschworenen Absatzprobleme erst einmal lösen. Das zweite Mal springt der Staat gegen Ende des 19. Jahrhunderts in die Bresche der wankenden Konsumfront, als die mittlerweile industriell eskalierte Güterproduktion auch die um das Bürgertum erweiterte Nutznießerschicht überfordert. Diesmal löst der Staat das Absatzproblem auf andere Weise und, wenn man so will, radikaler: Er beschränkt sich nicht mehr darauf, durch den Ausbau seiner selbst neue, bürgerliche Konsumentengruppen aus der Bevölkerung zu rekrutieren und mit dem geldlichen Äquivalent für den produzierten Mehrwert in Güterform zu versehen (diese Gruppen gibt es auch gar nicht mehr in einer Gesellschaft, in der bereits alle sei's als ausgebeutete Produzenten, sei's als nutznießende Konsumenten in den kapitalistischen Produktionsprozeß eingebunden sind), sondern er sorgt durch arbeits-, sozial- und steuerpolitische Maßnahmen für ein gewisses Maß an Umverteilung, sorgt mit anderen Worten dafür, daß die Produzenten des kapitalistischen Reichtums, die bislang die ebenso ohnmächtigen wie schutzlosen Opfer einer eskalierenden Ausbeutungspraxis waren, in den Besitz einer größeren Proportion des von ihnen geschaffenen Werts und damit in den Genuß eines größeren Teils der Früchte ihrer Arbeit gelangen. Diese staatlichen Umsteuerungsbemühungen und die vor ihrem Hintergrund möglich werdenden Arbeitskämpfe erweisen sich als Garanten eines zwar verlangsamten, dafür aber in seinem Fortgang gesicherten kapitalistischen Wachstumsprozesses und führen im Laufe des 20. Jahrhunderts zu einer allmählichen Verbesserung der ökonomischen und sozialen Lage der unteren Schichten im allgemeinen und der Arbeiterklasse im besonderen.

Entscheidend vorangetrieben wird dabei die Verbesserung der konsumtiven Situation der vom Verwertungsprozeß Ausgebeuteten paradoxerweise durch die Anstrengungen des Kapitals, die profitschmälernden Konsequenzen, die jener Umvorteilungsprozeß hat, durch eine qua Technisierung durchgesetzte fortlaufende Erhöhung der Produktivkraft zu konterkarieren. Diese ständige Erhöhung der Produktivität führt nämlich nicht oder jeweils nur vorübergehend zu einer Steigerung des produzierten Mehrwerts, sondern hat letztlich immer nur eine Steigerung der produzierten Gütermenge zur Folge. Das heißt, sie führt nicht zu einer Erhöhung des Werts der gesamten Produktmenge, sondern nur zu einer Verwohlfeilerung des einzelnen Produkts, die den arbeitenden Klassen, ohne daß sich ihr wertmäßiger Anteil am gesellschaftlichen Reichtum erhöhte, immer mehr Konsumgüter zugänglich werden läßt und eine kontinuierliche Steigerung ihres Lebensstandards ermöglicht und die also jene konsumgesellschaftliche Entwicklung speist, die in den Wohlstandsgesellschaften am Ende des 20. Jahrhunderts resultiert.

Wohlstandsgesellschaft bedeutet nicht etwa, daß alle im Überfluß leben, sondern nur, daß alle gesellschaftlichen Gruppen an der durch die kapitalistische Produktion geschaffenen Warensammlung konsumtiv teilhaben und zwar so, daß selbst die untersten Einkommensschichten ein im historischen Vergleich relativ hohes Bedürfnisbefriedigungsniveau erreichen, während die oberen Schichten ein allem historischen Vergleich spottendes Luxusleben führen. Und Wohlstandsgesellschaft bedeutet, daß wegen dieses insgesamt beispiellos hohen Lebensstandards jedes weitere Wirtschaftswachstum, das doch kategorischer Imperativ der kapitalistischen Produktionsweise ist, wachsende Wertrealisierungs-, sprich, Absatzprobleme mit sich bringt. Wohlstandsgesellschaft bedeutet, daß der Staat früher oder später gefordert ist, sich erneut als Impresario des Wirtschaftslebens und Generalagent im Dienste der Stärkung der allgemeinen Konsumkraft zu betätigen. Daß diese Situation erst später als früher und nämlich erst gegen Ende des 20. Jahrhunderts eintritt, verdankt das System dabei nur den europäischen Gleichgewichtsstörungen und dem aus ihnen resultierenden Ersten Weltkrieg sowie dem anschließenden, im engeren Sinne faschistischen Intermezzo und dem Zweiten Weltkrieg, den es heraufbeschwört.

Zur Erfüllung seiner Aufgabe einer Stärkung der Konsumkraft und Behebung der Absatzkrise kann der Staat allerdings nicht mehr auf die früheren Techniken rekurrieren. Innergesellschaftliche Gruppen, die noch nicht ins kapitalistische Reproduktionssystem als Produzenten und/oder Konsumenten integriert sind und die man für die Konsumentenrolle neu gewinnen könnte, gibt es nicht mehr, zumal ihre Ausstattung mit Geldmitteln angesichts des geringen realen Wertzuwachses, den die durch die Umverteilung verlangsamte Ausbeutungsrate der kapitalistischen Wirtschaft beschert, höchstens um den Preis inflationärer Entwicklungen möglich wäre. Und nennenswerte weitere Umverteilungen sind ebenfalls nicht mehr möglich, erstens, weil ja bei dem relativ hohen Lebensstandard auch der arbeitenden Schichten der konsumtive Effekt zweifelhaft wäre, zweitens, weil dadurch die Profitrate noch weiter verringert und der Produktionsanreiz entsprechend geschwächt und drittens und vor allem, weil der konsequierende Versuch des Kapitals, entweder durch weitere Steigerung der Produktivität oder durch Verteuerung der Waren das bestehende Profitniveau zu erhalten, im ersteren Fall die Absatzkrise nur immer verschärfte und in letzterem Fall die internationale Konkurrenzfähigkeit der nationalen Produktion beeinträchtigte.

Was der Staat zur Erhaltung der Konsumkraft, sprich, zur Sicherung der Wertrealisierung, nurmehr tun kann und auch tut, ist zweierlei: unter dem Motto ›Innovation und Bedarfsschöpfung‹ die vorhandene Bedürfnisbefriedigungspalette erweitern und neue Bedürfnisse wecken, neuen Konsum schaffen und/oder unter der Losung ›Wettbewerbsfähigkeit und Standortsicherung‹ für neue Konsumenten, neue Märkte außerhalb der eigenen Gesellschaft sorgen. Für beides ist die staatliche Initiative unabdingbar, für die Schaffung neuen Konsums, weil sie ungeheure Investitionen in Forschung, Planung, Entwicklung und Aufbau der neuen Branchen fordert, und für die Organisation neuer Konsumenten, weil sie steuer- und sozialpolitische Eingriffe verlangt, die nur der Staat vornehmen und den breiten Schichten abnötigen kann. Beide Methoden zur Stärkung der Konsumkraft kommen darin überein, daß sie um des Fortgangs der Verwertungsprozesse willen ein erreichtes Niveau gesellschaftsumfassender Versorgung und relativer Sättigung ignorieren und ›Wirtschaftswachstum‹ zu einem Fetisch machen müssen, dem selbst um den Preis der eklatanten und tendenziell vernichtenden Widersprüche, in die er hineintreibt, zu huldigen ist.

Der Widerspruch, in den die Strategie ›Innovation und Bedarfsschöpfung‹ führt, besteht darin, daß ihre Wertschöpfung Hand in Hand mit der galoppierenden Entwertung vorher geschöpfter Werte, das heißt, mit dem ständigen Veralten und Überflüssigwerden früherer Produktionen geht und daß die durch sie bedingte Eskalation der Produktionsprozesse und Hypertrophierung der erregten Bedürfnisse ungeheure ökologische und soziale Schäden anrichtet.

Noch offensichtlicher ist der Widerspruch, der die Strategie ›Wettbewerbsfähigkeit und Standortsicherung‹ heimsucht. Da sich die seit dem 19. Jahrhundert reichlich kultivierte Methode einer kolonialistischen und imperialistischen Erschließung neuer Märkte politisch und ökonomisch überholt hat und die Dritte Welt nur noch als billiger Rohstofflieferant von Interesse ist, bleibt bei der Suche nach neuen Konsumenten eigentlich nur übrig, mit den anderen hochindustriell warenproduzierenden Gesellschaften um die dort vorhandenen Märkte zu konkurrieren, sprich, billiger als die anderen Industriestaaten zu produzieren. Dazu ist eine Senkung der Produktionskosten mittels Rationalisierung und Verbilligung der Arbeitskraft, sprich, mittels Erzeugung von Arbeitslosigkeit und Abbau des Sozialstaats, nötig. So entsteht das Paradox, daß die Kaufkraft im eigenen Land geschwächt werden muß, um die Chancen des Absatzes der inländischen Produktion auf den anderen Märkten zu erhöhen. Daß Arbeitnehmer und Gewerkschaften dies als vernünftig mittragen, zeigt, wie sehr sie bereits hinter dem Wahnsinn eines zwecks Erhaltung der Subsistenz über alle historisch-natürlichen Grenzen hinausgetriebenen und aus rein kapitalsystematischen Gründen praktizierten Konsums stehen, wie sehr sie also im oben explizierten Sinne faschistisch organisiert sind.

Nationalsozialismus als Präludium

Wie paßt nun aber die nationalsozialistische Episode, der Faschismus im engeren, nicht sowohl ökonomisch-strukturellen, als vielmehr politisch-funktionellen Sinne, in dieses Bild? Was hat er mit der hier skizzierten Tendenz zum von allen Gruppen getragenen, weil als *conditio sine qua non* der Subsistenz erfahrenen Konsumzwang zu tun? Immerhin scheint der Nationalsozialismus seinen Aufstieg und die Durchsetzung seines totalitären Systems nicht dem konsumtiven Überfluß und Absatzproblemen, sondern der Arbeitslosigkeit und Lebensnot zu verdanken. Das stimmt, aber es ist nicht die ganze Wahrheit. Tatsächlich ist die Weltwirtschaftskrise Ende der 1920er Jahre als eine wesentliche Voraussetzung für die faschistische Machtergreifung Resultat einer Überproduktion und Absatzkrise. Nicht zwar einer absoluten wie der heutigen, bei der die stagnierende Nachfrage aus einer Mischung aus Übersättigung, fehlender Umverteilungsmöglichkeit und nicht vorhandener imperialistischer Perspektive resultiert, wohl aber einer relativen, weil die kapitalistische Produktion nach dem Ersten Weltkrieg so schnell und auf so hohem Produktivitätsniveau wieder anläuft, daß die Nachfrage mangels Kaufkraft (Inflation, Reparationen, restriktive Kreditpolitik) nicht entfernt Schritt halten kann. Es kommt zu einer jähen Verstopfung des Markts mit nicht absetzbaren Waren, einer Verhinderung der Wertrealisierung und einem Zusammenbruch der wirtschaftlichen Aktivitäten auf ganzer Linie. Es wird unter quasi künstlichen, quasi experimentellen Bedingungen vorgeführt, was passiert, wenn zwar (Gebrauchs-) Werte produziert werden, diese aber nicht als (Tausch-) Wert realisiert, als mehrwertiges Kapital wieder für weitere Produktionsprozesse verfügbar gemacht werden.

In anderer und doch ähnlicher Weise wie heute die Industriestaaten steht damals der faschistische Staat vor der Aufgabe, der stagnierenden, durch eine (relative) Absatzkrise zum Erliegen gekommenen Wirtschaft unter die Arme zu greifen, neue Konsumenten, neue Märkte für sie zu rekrutieren, neuen Bedarf, neuen Konsum für sie zu organisieren. Der Unterschied zu heute besteht darin, daß der nationalsozialistische Staat erstens die neuen Konsumenten im eigenen Land vorfindet, vorausgesetzt, es gelingt ihm, das durch die Wirtschaftskrise produzierte Arbeitslosenheer ohne Umverteilung mit Konsumkraft auszustatten. Und daß er zweitens den neuen Konsum nicht durch eine von ihm finanziell und organisatorisch unterstützte Erweiterung der vorhandenen Konsumgüterpalette auftun kann, sondern daß er ihn ganz auf eigene Faust, aus eigenem Bedarf schaffen muß. Das faschistische Rezept lautet mit anderen Worten Arbeitsdienst und Aufrüstung. Der Staat tritt gleichzeitig als Großkonsument und Großarbeitgeber auf. Diese besonderen Bedingungen und Lösungsstrategien der nationalsozialistischen Probe aufs Exempel eines ökonomisch-strukturellen Faschismus verurteilen das Experiment zu einem relativ raschen Scheitern. Als Großkonsument und Großarbeitgeber verschuldet sich der nationalsozialistische Staat hoffnungslos, kann er überhaupt nur durch Autarkie und Abschottung gegenüber dem Weltmarkt so verfahren, wie er das tut, und wird zwangsläufig, der Logik seiner Arbeitgabe und seines Konsums folgend, in den Krieg getrieben, weil der ihm die einzige Möglichkeit bietet, die Infrastruktur und Rüstung, die er auf Kreditbasis geschaffen und gekauft hat, als ›Produktionsmittel‹ für die ›Schöpfung‹ von Wert einzusetzen.

Dennoch bleibt der politisch-funktionale Faschismus, der Faschismus im engeren Sinn, ein Probelauf, eine Vorübung auf den ökonomisch-strukturellen, alltäglichen Faschismus unserer Zeit; und das beweist nicht zuletzt die Fortdauer dreier Strategien, die der Nationalsozialismus zur Durchsetzung seiner massiven Intervention, seines Avancements zum Generalunternehmer entwickelt. Die erste dieser Strategien ist die Vereinigung von Kapital und Arbeit unter einem Dach; Arbeitskämpfe müssen verhindert und vorweg geschlichtet, das Kapital muß in seiner Ausrichtung auf die Erfordernisse seines staatlich ver- und geordneten Überlebens sozialisiert werden. Die zweite Strategie besteht in der Schaffung einer Negativfolie, eines öffentlichen Feinds, der für die sich nicht integrierenden lassenden gesellschaftlichen Kräfte steht, für bürgerliche Kapitaleigner und proletarisch-gewerkschaftliche Gruppen, die sich nicht in den Dienst der staatlich organisierten Wertproduktion stellen; dieser öffentliche Feind sind damals dank der deutschen Tradition des wilhelminischen Staats die Juden, die zusätzlich zur bereits traditionellen Fratze des Liberalitätsjuden nun auch noch die Maske des bolschewistischen Juden übergestülpt bekommen. Und die dritte Strategie sind Großveranstaltungen (Parteitage, Aufmärsche, Aktionstage, Sportfeste) zur Feier der neuen gesellschaftlichen Eintracht und Einheit unter dem Dach des Volksstaates.

Wenn irgend etwas die Kontinuität der Entwicklung der bürgerlichen Gesellschaft nach dem Zweiten Weltkrieg deutlich macht, dann die Fortdauer dieses Repertoires von Strategien. Zwar ist dank des Potlatch des Zweiten Weltkriegs die Überproduktions- und Absatzproblematik erst einmal verschwunden, und insofern kann der Staat sich zurückhalten; es kann wieder bürgerliche Demokratie gespielt werden. Aber subjektiv aus Angst vor einer Wiederholung der früheren katastrophischen Verhältnisse, objektiv im unbewußten Wissen davon, wie rasch dank kapitalistischer Produktivität der Punkt der Überproduktion und permanenten Absatzkrise wieder erreicht sein wird, und prospektiv, weil man das faschistische Krisenbewältigungsinstrumentarium für den Fall eines Falles nicht missen will, hält man sich die faschistischen Strategien in abgeschwächter Form, sozusagen in Impfstoffdosierung zur Verfügung. Man befleißigt sich der sozialen Marktwirtschaft, eines staatlich vermittelten Sozialpakts zwischen Gewerkschaften und Arbeitgeberverbänden, einer konzertierten Aktion. Man pflegt die Tradition der sportlichen, kulturellen und sozialen Großveranstaltungen. Und man macht sich in dem Maße, wie am Horizont Krisenzeichen auftauchen, auf die Suche nach einem öffentlichen Feind, wobei das allerdings noch eher in Form privaten Ersuchens an den Staat, sich um einen öffentlichen Feind zu kümmern geschieht, als daß es vom Staat selber betrieben würde, der zwar marginal (Haider, Stoiber) mit solchen Forderungen sympathisiert, offiziell aber noch eher davor zurückscheut.

Clemens Nachtmann

Krisenbewältigung ohne Ende

Über die negative Aufhebung des Kapitals

Vorbemerkung zur Neuauflage

Gegen das Bedürfnis, einmal Objektiviertes nachträglich zu revidieren, hegt der Autor äußerstes Mißtrauen, einerlei, ob es sich dabei um Kunstwerke oder theoretische Abhandlungen handelt. Was so selbstkritisch und bedacht sich aufspielt, ist in Wahrheit oft nichts als kleinlich-neurotische Selbstzensur, die sich als ›Reife‹ rationalisiert und im schalen Triumph, es später besser gewußt zu haben, ihre Armseligkeit kompensiert.

Im vorliegenden Fall ist es hingegen so, daß ein für den Gang der Darstellung zentraler Passus den Autor schon kurz nach Veröffentlichung des Textes in der Zeitschrift *Bahamas* 2002 sowie in der Erstauflage von *Transformation des Postnazismus* 2003 nicht nur nicht zufrieden stellte, sondern richtiggehend ärgerte, weil er zu theoretischen Mißdeutungen geradezu herausfordert und damit auch den übrigen Text in ein schiefes Licht rücken kann. Um so schöner, daß sich nun die Gelegenheit bietet, in einer Neuauflage den fraglichen Abschnitt komplett neu zu fassen und damit den ganzen Text in einer Fassung vorzulegen, die mir schon damals vorschwebte.

Die Rede ist vom Exkurs *Über die Historizität des Fetischcharakters*, in dem die Argumentation sich konzentriert und der seinerseits den restlichen Text strukturiert. Noch unter dem Eindruck der Terroranschläge vom 11. September und der Reaktion der Linken darauf verfaßt, nahm der Text sich vor, das Verhältnis, in dem das nationalsozialistische Regime und sein zentrales Unternehmen, die Vernichtung der europäischen Juden, zur geschichtlichen Bewegung und Tendenz des Kapitalverhältnisses steht, ganz grundsätzlich zu rekonstruieren – und das geschah noch ganz auf der Linie, in der ich es schon in vergleichbaren Aufsätzen getan hatte, nämlich als Reflexion auf die historischen Voraussetzungen, die sich in den Kategorien der Kritik der politischen Ökonomie niedergeschlagen haben und die nicht oder nicht mehr selbstverständlich unterstellt werden können. Solche ›Historisierung‹ war polemisch intendiert und zielte auf jene routinierten Ableitungsmarxisten, die in ihrer kategorial gestählten Abgebrühtheit die Judenvernichtung entweder gleich ignorierten oder souverän als verschwindendes Moment in der Durchsetzungsgeschichte des Kapitals verschwinden ließen. Daß das nationalsozialistische Racket, einmal an die Macht gekommen, nicht nur die Gesellschaft, in der es sich breit macht, sondern auch die ganze Welt qualitativ verändert, das heißt einen geschichtlichen Umschlagspunkt markiert, war ihnen nicht evident und anstatt die eigenen Kategorien neu zu justieren, versuchten sie vielmehr wie jeder ordinäre Wissenschaftler sie auf die Vernichtung ›anzuwenden‹ und damit zu demonstrieren, wie leistungsfähig sie vermeintlich noch im Äußersten sind.

Mein Fehler, der nicht geringer wird, weil auch andere ihn begingen, war vielleicht nur, zu lange in einer Auseinandersetzung zu verharren, in der der Gegner zunehmend derart unter Niveau zu agieren begann, so daß nicht einmal das Gegenteil von dem stimmte, was dieser behauptet, mit dem Resultat, daß man auch selbst durch die Konfrontation nicht klüger wird, sondern die eigene Argumentation dabei Schaden nimmt. Das tat sie, wie die alte Textfassung demonstriert, dadurch, daß das intransigente Insistieren auf der Historizität der ökonomiekritischen Kategorien und das Abheben auf die irreversible Selbstaufhebung der bürgerlichen Gesellschaft und des Kapitals sich – wider besseres Wissen – zu einem Begriff der kapitalistischen Binnengeschichte hinreißen ließ, der in der Unterstellung von Kontinuität, konsequenter Entwicklung und distinkten Phasen vom Kapital und seiner unheilbaren, in maßloser Vernichtung terminierenden Krisenhaftigkeit Lügen gestraft wird. Denn das Kapital, das die Idee der Weltgeschichte auf die Tagesordnung setzt, indem es den einen Weltmarkt schafft, stiftet zum ersten Mal in der Geschichte durchgängige geschichtliche Bewegung, die es aber kraft seines Krisencharakters zugleich sabotiert: Selbsterhaltung durch periodische Selbstvernichtung ist seine Existenzform und die Möglichkeit seiner Selbstdestruktion weist es aus als Moment der

Vorgeschichte in all ihrer Zufälligkeit und Blindheit. Es gibt keinen Fortschritt unterm Kapital, der nicht auch wieder kassiert werden kann. Die zu Unrecht so übel beleumundete Vorstellung von Geschichte als einem linearen, in Stadien unterscheidbaren Fortschreiten wäre erst einer befreiten Menschheit angemessen, in der tatsächlich konsequente Höherentwicklung stattfindet – nur daß die Menschen die Klassifizierung der von ihnen gemachten Entwicklung nicht mehr interessieren dürfte, weil kein drohender Rückfall mehr durch begriffliche Rückversicherung gebannt werden müßte. Bis dahin müssen wir mit dem Widerspruch leben, daß der Liberalismus und das ihn repräsentierende bürgerliche Subjekt unwiederbringlich vorbei sind, ohne daß deshalb die kapitalistische Vergesellschaftung in ein wirklich neues Stadium eingetreten wäre, sondern permanent zerfällt – und ihr krisenhaftes Zerfallen entweder abwehrt oder aber sich im krisenhaften Zerfallen einrichtet und dadurch, wie in Auschwitz geschehen, ihre barbarischen Potentiale voll entfalten konnte und tatsächlich ein neues Stadium erreichte, das der kapitalentsprungenen Barbarei – daß aber dieser Zerfallsprozeß wiederum nicht ohne Hoffnung ist. Vom Bewußtsein ist dieser eklatante Widerspruch, ja Widersinn, nicht zu schlichten oder zu versöhnen, sondern ungeschmälert darzustellen, um ihn zu übersteigen.

Dem enthistorisierten Begriff des Kapitals ist ebenso wie der falschen Krisentheorie, die sich beide gegen historische Erfahrung abblenden, eben nicht mit einer Historisierung des Kapitals beizukommen, sondern damit, daß man das Kapital ungeschmälert als zur Katastrophe tendierenden Krisenzusammenhang ernstnimmt – wie es in der Erstfassung des Textes ja auch geschah, ohne daß daraus die vollen Konsequenzen gezogen wurden. Das wurde in der jetzt vorliegenden Fassung geändert: in ihr ist der in Rede stehende Abschnitt als Exkurs *Kapital, Zeit, Geschichte* komplett neu gefaßt, während der gesamte Aufbau des Textes, abgesehen von den üblichen Korrekturen von Schreibfehlern und den einen oder anderen Formulierungen, unverändert geblieben ist.

Die Kritik der politischen Ökonomie hat mit der Änderung der historischen Situation gewiß ihre eigenen Mängel offenbart, nicht zuletzt, weil sie selber allzusehr des streng wissenschaftlichen Gestus sich befleißigte, den die vom Geist verlassenen Philologen brauchen, um im Zeitalter der Naturwissenschaft noch durchzukommen, nicht aber Theorie, die Wissenschaft einschließt, ohne doch in ihr aufzugehen. Gar nicht aber gehört zu ihren Mängeln, was überlegen die Fachleute, die Erben der Liberalisten, Apologeten der sozialen Marktwirtschaft, jener Kritik entgegenhalten, die Krisentheorie sei überholt; anstatt zur Katastrophe zu treiben, wie die Kritik meist prophezeite, würden die Krisen schwächer, historisch bedeutungslos, beherrschbar. Weit gefehlt. Eben die Elemente der Konjunktur, durch die die Krise hintangehalten wird, die Kriegswirtschaft im Frieden, die Leistungen für die berühmten Unterentwickelten, in Wahrheit ein weiteres Moment der Kriegswirtschaft, vor allem aber die ›blühende‹ Freizeit, verschleiern nicht bloß die sich ausbreitende Krankheit der Gesellschaft in ihrer gegenwärtigen Form, sondern sind ihre Symptome. Wer immer geistige Organe hat, merkt es ihnen in jedem ihrer Teile an, sie sind ein Fieber, das den Charakter der Abwehr, nicht den der Heilung trägt; in ihrer Verbindung mit dem Ganzen sie zu erkennen und darzustellen, ist ihre Aufgabe heute.

Max Horkheimer: *Zur Krisentheorie* [1961/62][1]

Das Kreditsystem, in dem alles bevorschußt werden kann, selbst die Welteroberung, bestimmt auch die Aktionen, welche ihm und der gesamten Marktwirtschaft ihr Ende bereiten bis zum Selbstmord der Diktatur. In den Konzentrationslagern und Gaskammern wird gleichsam der Untergang von Deutschland diskontiert. Keiner, der die ersten Monate der nationalsozialistischen Herrschaft 1933 in Berlin beobachtete, konnte das Moment tödlicher Traurigkeit, des halbwissend einem Unheilvollen sich Anvertrauens übersehen, das den angedrehten Rausch, die Fackelzüge und Trommeleien begleitete. Wie hoffnungslos klang nicht das deutsche Lieblingslied jener Monate ›Volk ans Gewehr‹, in der Passage Unter den Linden. Die von einem Tag auf den anderen anberaumte Rettung des Vaterlandes trug den Ausdruck der Katastrophe vom ersten Augenblick an, und diese ward

1 Max Horkheimer: *Notizen 1949–1969*. In: Ders.: *Gesammelte Schriften*, Bd. 6. Frankfurt am Main 1991, S. 395 f.

in den Konzentrationslagern eingeübt, während der Triumph in den Straßen die Ahnung davon übertäubte... Während sie alles gewannen, wüteten [die Deutschen] schon als die, welche nichts zu verlieren hatten. Am Anfang des deutschen Imperialismus steht die Wagnersche Götterdämmerung, die begeisterte Prophetie des eigenen Untergangs, deren Komposition gleichzeitig mit dem siegreichen siebziger Krieg in Angriff genommen wurde... Bleibt kein Ausweg, so wird dem Vernichtungsdrang vollends gleichgültig, worin er nie ganz fest unterschied: ob er gegen andere sich richtet oder gegens eigene Subjekt.

Theodor W. Adorno: *Unmaß für Unmaß* [1951][2]

I.

So definitiv und niederschmetternd ist angesichts des antisemitischen Massenmords von New York die Bankrotterklärung der Linken ausgefallen, daß die gesamte ›Neue Linke‹ sich nun als ein grandioses (Selbst-)Mißverständnis entpuppt, über das nicht mehr viele Worte verloren werden müssen. Es reicht völlig, trocken zu konstatieren: Was mit der Aufkündigung des Mitmachens in der auf der Massenvernichtung aufruhenden bundesrepublikanischen Wirtschaftswundergesellschaft anzuheben und eine reale Unversöhnlichkeit gegen das Fortleben des Nationalsozialismus zu markieren schien, war in Wahrheit nichts anderes als ein mit der Mehrheitsgesellschaft ausgefochtener Erbstreit, der einzig darum ging, wer in welcher Form den Nachlaß des Nationalsozialismus kompetent verwalten und zukunftsträchtig weiterbewirtschaften könne. Was als erbitterte Konfrontation einer zum Besseren entschlossenen Minderheit mit der verhärteten Mehrheit erschien, stellt sich nun als eine Balgerei unter Vernichtungsgewinnlern dar – alles andere blieb ephemer, bloße Episode.

Aber auch jene Linken, die um die Jahreswende 1989/90 den faulen Frieden, den die antagonistische Kooperation von etablierter Mehrheit

2 Theodor W. Adorno: *Minima Moralia*. In: Ders.: *Gesammelte Schriften (GS)*, Bd. 4. Frankfurt am Main 1997, S. 117f.

und linker Minderheit hierzulande stiftet, aufzukündigen schienen, haben, von den berühmten Ausnahmen, die bekanntlich die traurige Regel bestätigen, angesichts des 11. September jämmerlich versagt – die antideutschen Linken. Bei der Mehrzahl von ihnen hat sich nach dem Massenmord von New York herausgestellt, was man immer schon vermutet hatte: daß ihr antideutsches Engagement nie etwas anderes war als ordinärer Antiimperialismus, der sich, der politischen Konjunktur geschuldet, eine Zeitlang eben hauptsächlich gegen Deutschland richtete. Sprach man vorher vom ›deutschen Imperialismus‹, so war jetzt die Rede von der metropolitanen ›Täternation‹, in der, so hieß es, wegen Auschwitz jeder positive Bezug auf ›Volk‹ und ›Nation‹ diskreditiert sei und bekämpft werden müsse – während dieser Bezug, wenn er von ›tatsächlich‹ ›unterdrückten Völkern‹ artikuliert würde, zumindest ›differenziert‹ zu beurteilen sei. Mit dieser Partikularisierung antideutscher Kritik wurde ihr Gegenstand – der keinen abgeschlossenen ›Sonderweg‹, sondern eine durchaus verallgemeinerbare Konstellation kapitaler Vergesellschaftung bezeichnet – von vornherein verfehlt und die antideutsche Kritik auf selbstanklägerisches Bekennertum heruntergewirtschaftet.

In Wahrheit ging es gar nicht um die kritische Destruktion all dessen, was deutsch ist, sondern um die eigene Gesinnung, nicht um die Sache, sondern um die Bewältigung einer linken Sinnkrise, die an den deutschen Verhältnissen sich nur illustrierte. Der Nationalsozialismus und die Vernichtung der Juden, die man so pflichteifrig studierte und in unzähligen langatmigen Besinnungsaufsätzen durchnudelte, bedeutete den Linken im Grunde nichts anderes als Darstellungsmaterial zur Exhibition edlen Seelenschmerzes. Die in der antideutschen Linken und weit über sie hinausgreifende, geradezu epidemische Beschäftigung mit dem Antisemitismus stellt sich derart als die Fortsetzung der deutschen ›Trauerarbeit macht frei‹-Vergangenheitsbewältigung mit fortgeschrittenen Mitteln dar; und wie ihre Vorgängerin offenbart sie eine Wirklichkeitsverleugnung und Realitätsverlust, ein Maß an Kälte, Indifferenz und Selbstbezüglichkeit, das einen wahrhaft erschaudern läßt. Mittlerweile sieht man sich zu der Feststellung genötigt, daß das, was jahrelang unter antideutscher Flagge segelte, sich als besondere Form der Nekrophilie erwiesen hat – als »unbedingte Solidarität«

(Gerhard Schröder) deutscher Linker mit toten Juden. Wenn die Juden umgebracht sind, gilt ihnen die ungeteilte Empathie – aber wehe sie leben noch und setzen sich bewaffnet zur Wehr, dann hört die nekrophile Liebe deutscher Intellektueller schlagartig auf. All denjenigen, die so eloquent den Zusammenhang von Warenform und Antisemitismus zu buchstabieren gelernt haben, bei jeder Gelegenheit von der ›Singularität‹ der ›Shoah‹ schwadronieren und regelmäßig versichern, daß sie das ›Existenzrecht‹ Israels generös ›anerkennen‹, als wären sie eine Schiedsstelle zur Anerkennung von Rechtstiteln, als wäre dieses Bekenntnis eine mutige Tat und die Solidarität mit Israel nicht eine pure Selbstverständlichkeit – all denen war schon angesichts der ›Al-Aqsa-Intifada‹ und erst recht nach dem 11. September kein unbedingtes Wort der Solidarität für jenen Staat zu entlocken, der in seiner Existenz so bedroht ist wie seit seiner Gründung nicht mehr.

Die Konsequenz all dessen liegt klar auf der Hand: ›Die Linke‹ steht in all ihren Facetten für nichts anderes mehr als für die regressive Überwindung des Bestehenden, für Opfer, Versagung und Verzicht, für die gerechte Verteilung von Armut und Dummheit im gegen seine Todfeinde, Israel und die USA, verschworenen Zwangskollektiv. Sie ist kein Protagonist allgemeiner menschlicher Emanzipation mehr – wenn sie es denn jemals war –, sondern ein Hindernis dafür. Von der Linken in all ihren Facetten hat man sich daher ohne Wenn und Aber zu verabschieden – was nicht nur nicht ausschließt, sondern ausdrücklich impliziert, ihr weiterhin auf den Nerven herumzutrampeln; an ihr ist nichts zu beerben, es sei denn das, was traditionell in der Linken sich zwar tummelte und tummelt, aber über sie in emanzipatorischer Hinsicht hinauswies und hinausweist. ›Links‹ zu sein, das bedeutete immer schon die Verdoppelung des objektiven und hierzulande besonders ausgeprägten Identitätszwangs, bedeutete die Perpetuierung einer zur Gesinnung verhärteten, blindlings auf die Außenwelt sich projizierenden und diese nach ihren willkürlichen Maßstäben sich zurechtlegenden Innerlichkeit, die jeden vernünftigen Gedanken, selbst den antideutschen, verdirbt und als kontaminierten Brocken in ihrem eklen Moralbrei herumschwappen läßt. Wenn ›deutsch‹ die gelungene und zum Sozialcharakter verfestigte Übersetzung des objektiven Zwangscharakters von Kapital und Staat in das Bewußtsein des Einzelnen bezeichnet, der sein Handeln nur noch als Dienst am Allgemeinen (der Nation, der Politik, der Wahrheit etc.) zu begreifen vermag, dann muß die Kritik sich jetzt und in Zukunft zuvörderst gegen Bekennertum und Identitätspolitik richten – auch und gerade dort, wo diese im antideutschen Gewande auftrat und auftritt. Dazu muß die Kritik der Politik und des Politik-Machens erkenntniskritisch zur Kritik des ›politischen‹ oder ›politisierten Menschen‹ – bekanntlich Ideal und Wunschvorstellung aller Linken seit jeher und der 68er ganz besonders – radikalisiert werden. Die Politisierten – das sind, wie man im letzten halben Jahr zur Genüge erfahren konnte, gewitzte und durchtrainierte Rationalisierer, die großen Zusammenhänge souverän überblickend, über die großen Geschehnisse immer auf dem Laufenden und bestens geübt darin, die kategoriale Apparatur vor die Erfahrung der Wirklichkeit zu schieben. Das Gegenmodell dazu wäre nicht der unpolitische Mensch, sondern – in bestimmter Negation beider – derjenige, der an der trügerischen Welt des schönen Scheins nur allzusehr hängt, aber in dem Maße, wie er sich ins Unmittelbare versenkt, zwangsläufig auf die falsche Gesellschaft auftrifft und sich aus einer idiosynkratischen Kränkung, aus einer letztlich unbegründbaren Entscheidung herausgefordert sieht, es mit der Gesellschaft aufzunehmen. Gefordert ist eine Haltung, die sich die Unmittelbarkeit zur Sache nicht abmarkten läßt, auch wenn der Gedanke das Unmittelbare je wieder überschreitet. Emphatische Erkenntnis heißt nicht Bescheidwissen über die großen und relevanten Themen, sondern Dichte der Erfahrung, heißt Denken, das fähig und bereit ist, sich am scheinbar abseitigen Detail zu entzünden und seine Produktivität in Gang zu setzen. Einfacher ausgedrückt: Man verschone sich und andere mit irgendwelchen weihevollen Letztbegründungen für sein Tun. Moral versteht sich entweder von selbst oder eben nicht – man übe Kritik, so gut man's eben kann, und halte im übrigen den Rand. Konkret: Man verzichte endlich auf das unerträgliche Mahnen und Warnen vor Deutschland, mit dem man sich in die Rolle des leidenden Opfers manövriert und diskreditiere die dringend gebotene Solidarität mit Israel womöglich nicht durch irgendwelche pathetischen Bekenntnisse und Selbststilisierungen als uneigennützige und hochherzige Freunde der Juden.

Unter diesen Prämissen muß auch der notwendig antideutsche Charakter materialistischer Kritik gegen das, was in den letzten zehn Jahren als ›antideutsch‹ sich präsentierte, noch einmal neu durchbuchstabiert werden. Als militante Ideologiekritik wird ein antideutscher Materialismus das glatte Gegenteil eines moralisierenden ›Lernens aus der Geschichte‹ sein, das sich stilvoll zelebrieren und seminaristisch bewirtschaften läßt. Sein Gegenstand – das, was ›deutsch‹ ist – ist keine fixe ›Eigenschaft‹, die sich positiv mit mentalitäts- oder kulturgeschichtlichen Spekulationen beschreiben ließe, sondern eine politökonomische Konstellation: eine kapitalistische Vergesellschaftung, die aus der Not historischer Verspätung eine Tugend macht und worin der das säumige Bürgertum substituierende Staat sich zugleich an die Spitze einer antibürgerlichen, antisemitischen Volksbewegung setzt und schließlich mit der Gesellschaft zu einem in massenmörderischer Aktion gegen die Juden sich definierenden gesellschaftlichen Massenracket verschmilzt. Diese Konstellation kann deshalb ›deutsch‹ genannt werden, weil sie hierzulande zuerst sich etabliert hat und ihre bestialischen Potentiale voll entfalten konnte – *aber sie ist an sich selbst kein historisch oder territorial eingrenzbares Phänomen,* sondern entspringt der konstitutiven Pathologie kapitalistischer Krisenbewältigung und hat den Wirkungskreis ihrer vormaligen Exekutoren längst überschritten. Horkheimers Qualifizierung des Verhältnisses von Allgemeinem und Besonderem – »Wenn tatsächlich der Faschismus aus dem kapitalistischen Prinzip hervorgeht, ist er nicht bloß den ›armen‹, den ›have not‹-Ländern im Gegensatz zu den saturierten angepaßt. Daß der Nationalsozialismus ursprünglich von den bankrotten Industrien getragen war, betrifft seine spezifische Auslösung, nicht seine Eignung zum universalen Prinzip.«[3] – gilt eben auch umgekehrt: als ein der Wertvergesellschaftung notwendig eingeschriebenes und deswegen aktualisierbares Potential kann die pathologische Krisenbewältigung, die erstmals in einem hochindustrialisierten Land Mit-

3 Max Horkheimer: *Die Juden und Europa*. In: Helmut Dubiel/Alfons Söllner (Hg.): *Wirtschaft, Recht und Staat im Nationalsozialismus*. Frankfurt am Main 1981, S. 37f.

teleuropas unter den Bedingungen des Weltmarktzusammenbruchs in Gang gesetzt wurde, sich unter den Bedingungen einer an sich selbst gescheiterten nachholenden Entwicklung an der Peripherie des Weltmarkts wiederholen. Käme diese Krisenbewältigung unter der fürsorglichen Anteilnahme (nicht nur) derer, die sie als erste ins Werk setzten, mit der von ihr intendierten Vernichtung Israels erneut zum Zuge, so würden damit zugleich die Mindestbedingungen revolutionären Denkens und Handelns zerstört – ist Israel doch die Staat gewordene Konsequenz aus dem Scheitern des bürgerlichen wie des kommunistischen Emanzipationsversprechens, welches es als versäumtes und unabgegoltenes gleichwohl aufbewahrt. Revolutionäre Kritik bedeutet notwendig die Gegnerschaft zum organisierten Deutschtum – egal, ob dieses unter völkischer oder islamistischer Fahne antritt, egal, ob es in Sebnitz oder Ramallah, in Lübeck oder New York sein terroristisches Unwesen treibt. Eine jede Staatskritik wird daran zu messen sein, ob sie mit dem Staat Israel, jener prekären Nothilfemaßnahme gegen die antisemitische Raserei, sich bedingungslos solidarisch erklärt, was die Solidarität mit dessen bewaffneter Selbstverteidigung selbstverständlich einschließt. Vom Antisemitismus sollte schweigen, wer von seiner geopolitischen Reproduktion als Antizionismus nicht reden mag. Und jede Kritik am Kapital ist daran zu messen, ob sie, als ihr theoretisches Zentrum, dessen negative Selbstaufhebung in manifester Barbarei als eine wiederholbare Konstellation auf den Begriff zu bringen vermag und zum Angelpunkt der Agitation macht.[4]

4 Vor dieser Minimalforderung erweist sich namentlich Ulrich Enderwitz' *Antisemitismus und Volksstaat* als ganz und gar unzulänglich. Zwar wird in dieser Abhandlung erstmals der Antisemitismus als objektive Denkform einer zum Massenmord drängenden »Pathologie kapitalistischer Krisenbewältigung« nachgewiesen, aber gleichzeitig als ein bloß kontinentaleuropäisches und innerstaatliches Phänomen verkannt und damit gleichermaßen partikularisiert wie historisiert. Und mehr noch: wie Enderwitz' Beitrag in diesem Band vollends deutlich macht, wird der Nationalsozialismus nicht als exemplarische Verkörperung und konsequenteste Zuspitzung jener pathologischen Krisenbewältigung gedacht, sondern als eine erste, vorläufige Ausprägung eines »ökonomisch-struk-

II.

Die Zusammenbruchskrise des Kapitals und die durch sie bewirkte Verüberflüssigung des gesellschaftlichen Humankapitals ist die *conditio sine qua non* jener negativen Aufhebung des Kapitals, die der Nationalsozialismus zum ersten Mal in reiner Form ins Werk setzt – aber sie ist diese unerläßliche Bedingung nur im notwendigen Zusammenhang mit einem gesellschaftlichen Krisenbewußtsein, das schon lange vorher mit dem Staat als dem souveränen Nothelfer sich zu identifizieren gelernt hat. Das Bewußtsein der Krise ist aber dem Faktum der Krise nicht äußerlich, ›tritt‹ nicht zu ihm ›hinzu‹, sondern ist, darin die Einheit von Vergesellschaftungsform und Denkform bestätigend, immer schon dessen integrales Moment – und gleichzeitig ist die Einheit nur eine des Widersprechenden und Auseinanderstrebenden, insofern das Krisenbewußtsein der Krise vorangeht, sie antizipiert und in ihr seine

turellen« Faschismus, der eliminatorische Antisemitismus entsprechend nicht als unabdingbar konstitutives Moment dieser Krisenbewältigung, sondern in schlechter Metaphysik als bloß besondere – und damit austauschbare –»funktionelle« Erscheinungsform eines allgemein »strukturellen« Wesens: nämlich der Schaffung eines den Sozialpakt *ex negativo* bestätigenden »öffentlichen Feinds«, den nach Enderwitz offenbar die Fußkranken, die Rothaarigen oder die Langnasigen genauso abgeben könnten wie die Juden. Das gleichermaßen logische wie absurde Resultat dieser Sicht sind dann wohl die unfaßbar törichten Aussagen, die Enderwitz in seinem Papier *Quo vadis Ca ira?* vom Herbst 2001 trifft, wo er dazu rät, sich mit den »faschistischen Zukunftsperspektiven der ›zivilisierten Welt‹« zu beschäftigen, die ihm ausgerechnet durch den »westlichen Kapitalismus amerikanischer Prägung« bestimmt erscheinen, während er den Hinweis auf den von Deutschland und Europa gesponserten Islamfaschismus der Gegenwart als den vermeintlichen »Opfern der Weltordnung« gegenüber unziemliches Gerede von »Profiteuren der Weltordnung« abkanzelt. Nicht zuletzt solche Einlassungen sind gemeint, wenn oben vom Bankrott der Linken und der elaborierten Dummheit linker Intellektueller die Rede war. (Zur Kritik an Enderwitz' Auffassung vom Staat als *creator mundi* siehe auch den Beitrag von Uli Krug in diesem Band.)

Bewährungsprobe findet. Noch bevor in der Krise die Totalität kapitalistischer Vergesellschaftung sich gewaltsam und katastrophisch geltend macht, träumt das Bewußtsein die Krise und deren regressive Bewältigung schon voraus – vom jeweiligen gesellschaftlichen Aggregatzustand des Kapitalismus, von dem noch zu reden sein wird, hängt dann ab, ob die katastrophische Totalität mit staatlicher Hilfe als Totalität der Katastrophe fortgezeugt wird. Als objektiver, als von der Totalität konstituierter und auf sie als auf ihren Grund zurückschlagender Faktor ist das Krisenbewußtsein selbst Produktivkraft (wie umgekehrt die Kritik des Kapitals im Denken der Krise ihren Fluchtpunkt hat und im günstigen Falle zur emanzipatorischen Destruktivkraft würde, von der das Kapital sich nicht mehr erholt).

Die Zusammenbruchskrise in den Jahren 1929ff. ist in dieser Perspektive nur die definitive Bestätigung eines krisenhaften Zerfallsprozesses, der schon länger im Gange war und Mitte bis Ende des 19. Jahrhunderts mit dem Verlust jener aufklärerischen Zukunftsprojektion anhebt, die die revolutionären Bürger aufgerichtet hatten und die Arbeiterbewegung beerbt hatte. Die Prätention einer mit der bürgerlichen Gesellschaft eingetretenen Zeitenfülle begegnet einem beispielsweise in der Kantischen Geschichtsphilosophie, die als *pars pro toto* des aufklärerischen Denkens die bürgerliche Gesellschaft als »ebensosehr in immanenter Entfaltung begriffenen wie in kontinuierlicher Gegenwart befangenen Endzustand der Geschichte«[5] reflektiert und die »allgemein das Recht verwaltende bürgerliche Gesellschaft« als eine Zukunftsprojektion, als eine verbindliche Gattungsperspektive formuliert – eine Zukunft, die als Perfektion der Gegenwart gedacht ist und auf nichts weniger als auf die klassenlose Bürgergesellschaft abzielt. Die auf den rechtlich geregelten Tausch gegründete Gesellschaft wird als virtuell krisen- und klassenlose gedacht – Krise, Krieg und Konflikt gehören der Vergangenheit an und alles, was störend in die Gegenwart hineinragt, ist Relikt und Restbestand eines Vergangenen.

5 Ulrich Enderwitz: *Der Konsument als Ideologe. 200 Jahre deutsche Intelligenz*. Freiburg 1994, S. 51f.

In Vitalismus und Lebensphilosophie träumt aber nun der Bürger, den das Kapital, dem er seine Stellung und auch seinen Eigenwillen, seinen subjektiven Überschuß verdankte, zum für den Fortgang des Getriebes herzlich entbehrlichen Rentier abgestempelt hat, seinen Untergang in der Endkrise voraus und seine Wiederauferstehung im heroischen Kollektiv, das sich als fragloser, mit sich identischer Souverän konstituiert, indem es die Krise meistert. Krisenbewältigung wird als Selbstreinigung gedacht, die Selbstreinigung aber als eine fortwährende, permanente Aufgabe. Das Kollektiv, in welchem der Bürger seine Resurrektion erlangt, wird derart als das Gegenprinzip zur in sich ruhenden, privateigentümlichen bürgerlichen Wohlhäbigkeit vorgestellt, als Kollektivsubjekt in fortwährendem *statu nascendi*, das seine Identität nur als Wehrgemeinschaft gewinnt, nur in dauerhafter Exorzierung der Krise.

Der bürgerliche Alptraum ist so zugleich ein Wunschtraum, die perhorreszierte Untergangsvision zugleich das ersehnte Stahlbad und daraus erhellt das zwiespältige Verhältnis, das die bürgerliche Katzenjammerphilosophie, die mit Nietzsche beginnt und über Wagner, Stefan George und Spengler bis zu Ortega y Gassets *Der Aufstand der Massen* reicht, zur Demokratie unterhält, das heißt zu dem durch die Aufhebung des Zensuswahlrechts errichteten Volksstaat und damit dem Einbruch der eigentumslosen Massen in die Sphäre des Politischen. Einerseits ist die allfällige Klage über Nivellierung, Verflachung und Niedergang des Lebens ein deutliches Indiz für die Bedrohung, der die für ihre Klasse sprechenden Autoren durch die Massen sich ausgesetzt sehen – aber zugleich geben diese Texte preis, daß das Geistesaristokratentum, das sie beschwören, nicht mehr aufrechtzuerhalten ist – und die die Diagnose stellen, scheinen darüber nicht nur unfroh zu sein. Denn andererseits wird von der andrängenden Masse auch die Erneuerung erwartet, werden kollektive Anstrengung und Mühsal besungen, bricht sich die Erkenntnis Bahn, daß die kommende Zusammenbruchskrise nur von einem Souverän geleistet werden kann, der sich auf die Masse stützen kann und der als Souverän selbst homogenes, unteilbares Kollektiv ist. Es lockt die an sich selbst irre werdenden bürgerlichen Intellektuellen, sich an die Spitze der kommenden Volksbewegung zu stellen, das Chaotisch-Ungebundene der Massen zu formieren, um sie gegen die verhaßte alte Ordnung in Stellung zu bringen. Das wird dann auch der Fall sein, nur daß derjenige, der sich seinen Traum von der Führerschaft erfüllen kann, bekanntlich kein vom dionysischen Zauber daherfaselnder Großbürger sein wird, sondern ein radebrechender und teppichbeißender verkrachter Intellektueller und verhinderter Kunstmaler aus Braunau – was die Großbürger bekanntlich so sehr gekränkt hat, daß sie wie zum Beispiel Heidegger den Nazis »Verrat« an der von ihnen erhofften »Erneuerung« vorwarfen.

Die in der Kulturkritik unmittelbar implizierte Sympathiewerbung für das Kritisierte fällt den Bürgern um so leichter, als auch die Arbeiterbewegung ihre Zukunftsperspektive, die sie den Bürgern streitig machte und mit welcher sie die scheinbar zeitlose bürgerliche Gegenwart zum bloßen Durchgangsstadium eines sie transzendierenden historischen Prozesses zu degradieren drohte, ihrerseits preisgibt und stattdessen beginnt, sich, wie Rudolf Hilferding einmal mit entwaffnender Ehrlichkeit formulierte, als »Verkaufskartell« der Ware Arbeitskraft im Bestehenden zu etablieren[6] – und sich damit nicht als Antipode des Kapitals, sondern als ein Faktor seiner Neuorganisierung als Gesellschaftskapital in Kartellen, seiner Selbstaufhebung als Privateigentum[7] zu erkennen gibt. Als mit dem ökonomischen und politischen Apparat zunehmend verschmelzende ›bürokratische Massenorganisation‹ wurde die sozialdemokratische Arbeiterbewegung nach einer Bemerkung von Willy Huhn »das erste große geschichtliche Beispiel für die in der Neuzeit notwendig werdende Kunst, große Menschenmassen politisch zu organisieren und zu *führen*«.[8] Für den deutschen Staat, der sich schon für die Massenmobilmachung des Krieges rüstet, gewinnt die Arbeiterbewegung als Faktor der Massenlenkung und Massendisziplinierung allmählich praktische Vorbildfunktion. Und je mehr sie sich ihre Funktion bewußt aneignet, desto unumwundener formuliert sie

6 Rudolf Hilferding: *Das Finanzkapital*. Frankfurt am Main 1973, S. 480

7 Vgl. Karl Marx: *Das Kapital*, Bd. 3. *Marx-Engels-Werke (MEW)*, Bd. 25. Berlin/DDR 1983, S. 452 ff.

8 Willy Huhn: *Der Etatismus der Sozialdemokratie. Zur Vorgeschichte des Nazifaschismus*. Freiburg 2003, S. 107

dem Staat die organisatorischen Erfordernisse zur Durchstaatlichung der Gesellschaft für die Zwecke des Krieges vor, und zwar, worauf ebenfalls Willy Huhn hinwies, mit einer Hemmungslosigkeit, mit der nur-liberale Denker dies nie gewagt hätten. »Die moderne Arbeiterbewegung hatte ... auch durch die mächtige Entfaltung der Gewerkschaften neue Energien der sozialen Organisation enthüllt, deren militärische Bedeutung jedem einsichtigen Kopf klar war und die für den Kriegsfall nutzbar zu machen jedem weitsichtigen Nationalisten und weitblickenden Militär als Aufgabe vor Augen stand.«[9]

In dem Maße, wie die Arbeiterbewegung ihre Zukunftsperspektive aufgibt und sich im Bestehenden einrichtet, entwickelt sie ein Bewußtsein, dessen Fatalismus und Schicksalsergebenheit dem der an sich selbst irre werdenden Bürger vollauf kompatibel ist. Sie begreift sich selbst als Vollstreckungsbeamten und Erfüllungsgehilfen der historischen Notwendigkeit und gibt damit preis, daß sie die Zukunft nicht mehr anders denken kann denn als Verlängerung der zukunftslosen Gegenwart, die zukünftige Gesellschaft nicht anders als die ›Entbindung‹ des in der Gegenwart bereits Angelegten. Indem sie statt Kritik am Kapital eine Kritik am unproduktiven Rentier im Namen der ehrlichen Arbeit entfaltet, statt der Wertproduktion die Zirkulation und Distribution im Namen der ›Gerechtigkeit‹ aufs Korn nimmt, exorziert auch sie die Krise, spaltet sie sie ab; und indem sie Kartellierung, Staatsintervention und staatliche Sozialpolitik als Abschlagszahlung auf den Sozialismus feiert, mithin die Demokratie mit Sozialismus identifiziert, fördert sie, wie schon Horkheimer meinte, »eine Idee von Vergesellschaftung, die von der Verstaatlichung, Nationalisierung, Sozialisierung im Staatskapitalismus kaum mehr verschieden war«.[10] Auch die staatssozialistische Arbeiterbewegung träumt so die ›wahre Demokratie‹ der Volksgemeinschaft voraus – als einen Staat des arbei-

9 Ebd., S. 140; vgl. auch S. 143

10 Max Horkheimer: *Autoritärer Staat*. In: Helmut Dubiel/Alfons Söllner (Hg.): *Wirtschaft, Recht und Staat im Nationalsozialismus. Analysen des Instituts für Sozialforschung 1939 – 1942*. Frankfurt am Main 1981, S. 57

tenden Volkes, der die Krisen abschafft und für Verteilungsgerechtigkeit sorgt. Die Arbeiterbewegung wird damit zu einem anfangs unfreiwilligen, später erklärten Protagonisten einer Entwicklung, die geradewegs in den totalen Staat führt; das kraft »historischer Notwendigkeit« beschlossene »Hineinwachsen in den Sozialismus«, das die Arbeiterbewegung beschwört, entpuppt sich vielmehr, wie Willy Huhn einmal ironisch anmerkte, als »Hineinwachsen in den Nationalsozialismus«.[11]

Das Krisenbewußtsein, das Bürgertum und Arbeiterbewegung in antagonistischer Kooperation schmieden, markiert den Durchbruch eines nachbürgerlichen wie nachproletarischen Sozialcharakters, der, nachdem ihm die Gesellschaft als »Domäne seines Willens«[12] verstellt erscheint, auf sich zurückgeworfen, bar jeder Objektivität, in der Fülle seiner unendlichen Leere schwelgt; darin ist es aber subjektive Reflexionsform und Antizipation eines objektiven Vorgangs: der Etablierung des Kapitalverhältnisses als scheinbar unverrückbarer, ewiger ›zweiter Natur‹ und damit zukunftsloser Gegenwart.

Exkurs: Kapital, Zeit, Geschichte

Im Kapital als einer prozessierenden, im zeitlichen Fortgang sich erhaltenden und vervielfältigenden Realabstraktion ist zum ersten Mal in der Geschichte kontinuierlich fortschreitende, Zukunft eröffnende und damit im emphatischen Sinne geschichtliche Zeit objektiviert, die bei den unter das Kapital subsumierten Individuen als jene enor-

11 Und in dem Maße, worin die sozialdemokratische Arbeiterbewegung sich mit dieser ihrer Rolle als Faktor nationaler Formierung identifiziert, wird sie selbst zu einem Protagonisten der Faschisierung: darin besteht die Wahrheit der – gegen den parteikommunistischen Strich zu bürstende – Sozialfaschismusthese. Vgl. dazu Clemens Nachtmann: *Formierung der ›Mitte der Gesellschaft‹. Eine Ehrenrettung der Sozialfaschismusthese.* In: *Bahamas*, Nr. 23, 1997, S. 23 ff.

12 Karl Marx: *Grundrisse der Kritik der politischen Ökonomie*. Berlin/DDR 1953, S. 396

me Zukunftsperspektive zuerst bürgerlicher und dann proletarischer Provenienz zum Ausdruck und Selbstbewußtsein kommt. Als Produktionsverhältnis, das über seine endliche Existenz fortwährend in die Unendlichkeit hinaustreiben muß, sich also nur erhalten kann, wenn es sich zugleich in ›erweiterter Reproduktion‹ vermehrt; das zu diesem Zweck durch die Maschinisierung und Verwissenschaftlichung der Produktion die notwendige Arbeit reduziert und in immer höherem Maße Produktion von Überfluß als Bedingung der Produktion des Lebensnotwendigen setzen muß; das mit anderen Worten zum ersten Mal in der Geschichte die Produktionsbedingungen selbst produziert und nicht existieren kann, ohne dieselben beständig umzuwälzen, fungiert der prozessierende Wert gerade kraft seiner Verselbständigung polemisch als praktische Kritik der stationären, zyklischen Zeit, das heißt der erdrückenden Zeitlosigkeit vorkapitalistischer Gemeinwesen und eröffnet damit einen neuen zeitlichen Horizont, den von Emanzipationsgeschichte. Das Kapital verkörpert »irreversible Zeit« (Guy Debord), ermöglicht einen Fortschritt, bei dem der Rückfall auf primitive Formen der Vergesellschaftung ausgeschlossen ist – einen Zustand, in dem die »freie, ungehemmte progressive und universelle Entwicklung selbst die Voraussetzung der Gesellschaft und daher ihrer Produktion bildet; wo die einzige Voraussetzung das Hinausgehn über den Ausgangspunkt«.[13]

Weil aber die qualitativ-inhaltlichen Bestimmungen geschichtlicher Zeit am Kapital als formell-quantitative erscheinen, die ihren Inhalt von sich aus setzen, bleiben sie als derart versachlichte in den ökonomischen Formbestimmungen festgebannt und damit unerfüllt. Für sich genommen ist die vom Kapital gestiftete irreversible Zeit gerade keine Zeit der Individuen, Medium ihrer ungegängelten Entfaltung, sondern warenförmige, verdinglichte Zeit, die sich der Menschen als ihrer Exekutoren bemächtigt: »Die Geschichte wird nunmehr als die *allgemeine Bewegung* begriffen, und in dieser rücksichtslosen Bewegung werden die Individuen aufgeopfert… Der Triumph der irreversiblen Zeit ist auch ihre Verwandlung in die *Zeit der Dinge*, weil die Waffe zu

13 Ebd., S. 439

ihrem Sieg gerade die Serienproduktion von Gegenständen nach dem Gesetz der Ware war. Das Hauptprodukt, das die Wirtschaft von einem seltenen Luxusartikel in ein Gebrauchsgut verwandelte, ist daher *die Geschichte*, aber lediglich als Geschichte der abstrakten Bewegung der Dinge, die jeden qualitativen Gebrauch des Lebens beherrscht.«[14] Zwar befähigt das Kapital die von ihm in Bewegung gesetzte Arbeit, immer größeren Reichtum mit einem immer weiter sinkenden Aufwand an gesellschaftlich notwendiger Arbeitszeit zu produzieren, aber nur, um die Aufopferung der je individuellen Lebenszeit, ihre Verwandlung in überflüssige *Arbeits*-Zeit (»surplus labour«), zu verewigen. Diese wiederum, die »Zeit der Produktion, die Zeit als Ware, ist eine unendliche Akkumulation von äquivalenten Intervallen. Sie ist die Abstraktion der irreversiblen Zeit, deren einzelne Abschnitte auf dem Chronometer allein ihre quantitative Gleichheit beweisen müssen... Sie ist die entwertete Zeit, die vollständige Umkehrung der Zeit als ›Raum der menschlichen Entwicklung‹.«[15] Insofern die beständige Entwicklung der Produktivkräfte darauf abzielt, »einen bestimmten Zustand zu reproduzieren und höchstens auszuweiten«[16], dient die geschichtliche Zeit lediglich dazu, ein an und für sich zutiefst Zeitloses, die Realabstraktion des Werts, zu affirmieren. Und insofern die Entäußerung des Werts in der Zeit dazu bestimmt ist, die Identität des Werts mit sich selbst zu erhalten, der prozessierende Wert also nicht wirklich ins Unabsehbare und Offene ausgreift, sondern in zyklischen Abständen auf quantitativ höherer Stufenleiter zu sich selbst zurückkehrt, das heißt sich als sein eigenes Resultat bestätigt, ist die dynamisierte Zeit zugleich ihr eigenes Gegenteil, ein Treten auf der Stelle.

14 Guy Debord: *Die Gesellschaft des Spektakels*. Berlin 1996, S. 126

15 Ebd., S. 133. Gerhard Scheit hat darauf hingewiesen, daß der Begriff von Zeit als einer allgemeinen Form notwendig abstrakt quantifizierend ist – und demnach die Vorstellung wie das Erleben qualitativ bestimmter Dauer nur im wie auch immer bestimmt negierendem Bezug auf die quantifizierte Zeit stattfinden kann. Gerhard Scheit: *Suicide Attack. Zur Kritik der politischen Gewalt*. Freiburg 2004, S. 92 ff.

16 Marx: *Grundrisse*, S. 439

Gerade als gegeneinander verselbständigte und darin wechselseitig als negativ bestimmte Momente sind die negative Objektivität des Kapitals und die negative Subjektivität aufeinander bezogen, weil gleichermaßen erlösungsbedürftig: die Subjekte von dem über sie verhängten Bann, der sie dazu antreibt, einem höheren Unwesen ihre Lebenszeit zu opfern, obwohl dieser Aufopferung keine materielle Notwendigkeit mehr entspricht; und die Unendlichkeit an Reichtum und Genuß nur verheißende prozessierende Objektivität des Werts von sich selbst, indem sie stillgestellt wird und zur Erfüllung kommt: als Verlagerung der materiellen Produktion in die Naturprozesse hinein. Erlösung wäre die Sistierung des »logischen Gangs der Weltgeschichte« (Horkheimer), des unbarmherzigen geschichtlichen Fortschreitens, das im prozessierenden Wert seine krisenhafte Zuspitzung erfährt, zugunsten erfüllter Lebenszeit, in der »die Arbeit außerhalb der Person [existiert] ... als in historischer Arbeit im Hinblick auf menschliche Zwecke geformte Natur, welche den Menschen gibt, was sie brauchen, ohne daß sie selbst als Naturkraft agieren müssen... Die naturnotwendige Arbeit wäre von den Menschen *verschieden und ihnen gerade deshalb nicht mehr fremd*.«[17] Das wäre die durchgeführte Nichtidentität, der wahre Vorrang des Objekts, den die fetischistische Verselbständigung des Kapitals eben auch antizipiert; Versachlichung ist derart Bedingung des Humanen, wie Adorno einmal anmerkte: »In Marx bereits spricht die Differenz zwischen dem Vorrang des Objekts als einem kritisch Herzustellenden und seiner Fratze im Bestehenden, seiner Verzerrung durch den Warencharakter sich aus... Die Dinge verhärten sich als Bruchstücke dessen, was unterjocht ward; seine Errettung meint die Liebe zu den Dingen. Aus der Dialektik des Bestehenden ist nicht auszuscheiden, was das Bewußtsein als dinghaft fremd erfährt: negativ Zwang und Heteronomie, doch auch die verunstaltete Figur dessen, was zu lieben wäre und was zu lieben der Bann, die Endogamie des Bewußtseins nicht gestattet... Im Dinghaften ist beides ineinander, das

17 Wolfgang Pohrt: *Theorie des Gebrauchswerts. Über die Vergänglichkeit der Bedingungen, unter denen allein das Kapital Gebrauchswert setzt.* Berlin 1995, S. 127 (Hervorhebung C. N.)

Unidentische des Objekts und die Unterwerfung des Menschen unter herrschende Produktionsverhältnisse, ihren eigenen, ihnen unkenntlichen Funktionszusammenhang.«[18] »Negative *Einheit* von Subjektivität und Objektivität« ist das Kapital als verselbständigte Macht, die mit sich nicht identisch ist, weil der in ihr festgebannte zukunftsweisende Gehalt von der auf die Zukunft gerichteten Erkenntnis und Aktion der assoziierten Individuen wieder aktualisiert und die verdinglichte Zeit, die das Kapital stiftet, über sich selbst hinausgetrieben wird.[19]

Für sich genommen ist die Zeitform des Kapitals als einer »Abstraktion in actu«[20] diejenige einer stationären Dynamik beziehungsweise eines bewegten Stillstands, einer Bewegung, die in unregelmäßigen Abständen dann tatsächlich ins Stocken gerät oder zum Erliegen kommt. Wie die Verwertung des Werts mit regelmäßiger Entwertung, seine Selbsterhaltung mit seinem periodischen Untergang, seine Identität mit seiner Spaltung erkauft ist, so auch seine zeitliche Bewegung mit Stagnation und Stillstand. In solchen Phasen akuter Krise wird offenbar, daß das Kapitalverhältnis an und für sich unhaltbar ist, denn ebenso wie es universellen gesellschaftlichen Zusammenhang in Form der Abstraktion von Gesellschaftlichkeit produziert, so schafft es irreversible geschichtliche Bewegung in Form der Abstraktion von Geschichte. Zwar sind die verschiedenen Phasen, die das Kapital in seiner zeitlichen Bewegung durchläuft, ›an sich‹ als Momente einer Totalität gesetzt, bei denen unterstellt ist, daß sie so flüssig ineinander übergehen, wie »der eine Begriff in den anderen mit Gedankenschnelle, in no time, umschlägt«[21] – während sie *de facto* in Raum und Zeit auseinanderfallen, nur als gegeneinander verselbständigte existieren. Die Krise ist

18 Theodor W. Adorno: *Negative Dialektik*. In: Ders.: *GS*, Bd. 6. Frankfurt am Main 1997, S. 190ff.

19 Frank Böckelmann: *Über Marx und Adorno. Schwierigkeiten der spätmarxistischen Theorie*. Freiburg, S. 71 ff.

20 Karl Marx: *Das Kapital. Kritik der politischen Ökonomie*, Bd. 2. MEW, Bd. 24, Berlin/DDR 1983, S. 109

21 Marx: *Grundrisse*, S. 447

daher der notwendige Ausdruck solch negativer Vergesellschaftung, ist »nichts als die gewaltsame Geltendmachung der Einheit von Phasen des Produktionsprozesses, die sich gegeneinander verselbständigt haben.«[22] Weil die »*abstrakteste Form der Krise* (und daher formelle Möglichkeit der Krise) die *Metamorphose der Ware* selbst«[23] ist, liegt das Kapital, das, um sich verwerten zu können, auf das Prozessieren in der Zeit essentiell angewiesen ist, mit der Form der Zeit und dadurch mit sich selbst in unaufhebbarem Konflikt: »Die Zirkulationszeit erscheint also als Schranke der Produktivität = Vermehrung der notwendigen Arbeitszeit = Verminderung der Surplusarbeitszeit = Hemmung, Schranke des Selbstverwertungsprozesses des Kapitals.«[24]

Die geschichtlich-progressive Zeit, die das Kapital ermöglicht, schlägt als gebrochene und unerfüllte in die zyklisch-naturhafte zurück, von der sie sich emanzipiert hat und demonstriert darin, daß sie selbst, genauso wie das Produktionsverhältnis, dem sie sich verdankt, noch der Vorgeschichte angehört. Wie alle Formbestimmungen des Kapitals in verkehrter, fetischistischer Form erscheinen, nicht als Relationen, sondern als substantielle ›Eigenschaften‹ von Dingen, so erscheint auch die geschichtlich entsprungene und in sich geschichtliche Zeit als ihr eigenes Gegenteil: als ewige Gegenwart, in der es keine Geschichte mehr gibt, weil in ihr endlich »natürliche Gesetze« die Art des Produzierens und Zusammenlebens bestimmen. Deshalb erscheint auch das Verhältnis von Akkumulation und Krise verkehrt, die Krise nicht als notwendige Konsequenz und unhintergehbare Daseinsform negativer Vergesellschaftung, sondern als unmotivierte Stockung des ›natürlichen Produktionsflusses‹ und tendenziell als äußerliche, durch subjektive Verschwörung hervorgerufene Sabotage des Kapitals, dem von Natur aus die substantielle ›Eigenschaft‹ zukommen soll, produktiv zu ›sein‹. Das Kapital, das nur als Einheit fetischistisch gegeneinander

22 Karl Marx: *Theorien über den Mehrwert*, Bd. 2. *MEW*, Bd. 26.2, Berlin/DDR 1983, S. 510

23 Ebd.

24 Marx: *Grundrisse*, S. 438

verselbständigter Gestaltungen zu existieren und Identität mit sich nur hinterrücks, in Form virtuell oder aktuell krisenhaften Prozessierens zu erlangen vermag, setzt aus sich heraus die Bedingung der Möglichkeit einer barbarischen Krisenbewältigung, deren Gehalt es ist, dem naturwüchsigen Drang des Kapitals, reibungslose und krisenfreie Identität mit sich selbst als einer »verrückten Form« zu erlangen, seine Identität als unmittelbare zu setzen, freie Bahn zu geben.

Diese »verrückte Form« kommt aber zuerst in den Denkformen, die barbarische Krisenbewältigung zuerst im Krisenbewußtsein zum Ausdruck, das Bürgertum und Arbeiterbewegung in unheiliger Allianz schmieden. In der bürgerlichen Lebensphilosophie wie in der proletarischen Lehre von der historischen Notwendigkeit artikuliert sich zum erstenmal ein Sozialcharakter, der Mimikry an die ziel- und zeitlos erscheinende stationäre Dynamik des Kapitals übt, sich dessen katastrophischer Selbstvernichtung gleich- und diese zur eigenen Sache macht. In dieser nachbürgerlichen wie nachproletarischen Subjektivität spricht sich unmittelbar zugleich die Unhaltbarkeit der Verhältnisse wie deren regressive Bewältigung aus, in ihr scheint ein Potential von Freiheit ebenso wie seine prompte Aktualisierung in Gestalt des Wahns auf: ein Potential von Freiheit, weil dadurch, daß den Subjekten der spontane Glauben an die ›Naturwüchsigkeit‹ ihrer selbst und der von ihnen in Gang gehaltenen gesellschaftlichen Einrichtungen grundsätzlich abhanden gekommen ist, sie etwas gewahren von der universalen »Verstricktheit, in der das Individuum desto weniger vermag, je rücksichtloser es sich selbst setzt«.[25] Aber diese

25 Theodor W. Adorno: *Versuch über Wagner*. In: Ders.: *GS*, Bd. 13, Frankfurt am Main 1997, S. 112. An anderer Stelle desselben Buches heißt es dazu noch prägnanter: »Die Schwächung jener Monade, die der Monadensituation nicht mehr gewachsen ist, und die sich daher passiv sinkend dem Druck der Totalität überläßt, hat nicht bloß repräsentative Geltung für eine todgeweihte Gesellschaft, sondern löst zugleich, was in der Monade zuvor sich verhärtete, und macht diese wahrhaft bloß zu der ›Erscheinung‹, als welche sie in Schopenhauer gedacht ist. In die erweichte Vereinzelung des Wagnerschen Werkes wandert mehr vom gesellschaftlichen Prozeß

mögliche Freiheit gegenüber sich selbst und der Gesellschaft artikuliert sich als Wahn und Regression, weil die Subjekte nun um so rabiater und zwanghafter auf ihrer erschütterten ›Identität‹ beziehungsweise Naturhaftigkeit insistieren. Wie die ›nachbürgerliche‹ Gesellschaft kein grundsätzlich neues ›Stadium‹ oder keine qualitativ neue ›Phase‹ meint, sondern nichts weiter ist als die alte bürgerliche, die sich selbst nicht mehr glaubt, ohne daß sie aber deshalb vergehen könnte, so ist auch das nachbürgerliche Subjekt ›nur‹ das entleerte bürgerliche, das sich aber auch nicht aufheben kann und sich deshalb weiterhin als natürliches und identisches denken muß, ohne es noch wirklich zu können: Gesellschaft und Individuum reproduzieren sich nicht mehr naturwüchsig, aber nicht minder zwanghaft.[26] Als bloße Funktion versachlicht-anonymer Prozesse erfährt das einzelne Subjekt sich als auf sein bloßes So-Sein zurückgeworfene Existenz, der die verrinnende Zeit als unendliche Leere sich darbietet und die ein Leben wie im Wartestand fristet. Einmal zum Sozialcharakter verfestigt, ist das hervorstechende Kennzeichen des nachbürgerlichen Subjekts nach einer Beobachtung von Hermann Broch seine Indifferenz, der die ihn umgebenden Dinge wie die Menschen gleichermaßen verfallen: die Außenwelt erscheint vom Subjekt wie durch einen Abgrund getrennt, gerät aber gerade dadurch zur bloßen Funktion des eingeschrumpften Ichs, wird seine Projektionsfläche, sein Material, über das es scheinbar nach Belieben verfügen kann. Die absolute subjektive Dynamik, die

ein als je in ästhetische Subjekte, die der Gesellschaft gewachsener sich zeigten und daher verschlossener ihr sich entgegensetzten... Die Monade ist ›krank‹, zu ohnmächtig im Mehanismus, um ihr eigenes Prinzip, das der Vereinzelung, noch durchzusetzen und bei sich auszuharren. So gibt sie sich preis. Ihre Preisgabe jedoch verhilft nicht bloß der schlechten Gesellschaft zum Sieg über ihren Protest, sondern durchschlägt schließlich den Grund der schlechten Vereinzelung selber.« Ebd., S. 143

26 »Wir leben zwar in zwanghaften und willkürlichen, aber dennoch nicht mehr in naturwüchsigen Verhältnissen.« Frank Böckelmann: *Gebrauchswert*. In: Ders.: *Begriffe versenken. Belastungsproben und Liquidationen in drei Jahrzehnten*. Bodenheim 1997, S. 130

lebens- und geschichtsphilosophisch beschworen wird, ist jedoch, wie Adorno auf Fichtes Philosophie des Größenwahns anspielend meinte, »jene absolute Tathandlung, die gewalttätig sich in sich befriedigt und das Nichtidentische als ihre bloße Veranlassung mißbraucht«;[27] in ihr kündigt sich jene abstrakte Dynamik des allgemeinen Subjekts an, in der die negative Subjektivität und negative Objektivität in ihrer völligen Vergleichgültigung gegeneinander schließlich wiederum völlig zusammenfallen. Seine Ohnmacht als Allmacht halluzinierend, seinen Fatalismus in Tatendrang ummünzend, in völliger Schicksalsergebenheit selber das Leben und Tod verteilende Schicksal spielen wollend, zerlegt sich die Indifferenz dieses Sozialcharakters in die unvermittelte und unberechenbare Abfolge von Apathie und Raserei. Es ist eines der grundlegenden Charakteristika des neuen alten Sozialcharakters, daß er sein Selbstbewußtsein und seinen Tatendrang aus der freiwilligen und bewußten Selbstentmündigung bezieht und dadurch, daß er sich als Vollstrecker einer höheren Macht begreift, vorauseilende Selbstexkulpation betreibt, sich von den Voraussetzungen und Folgen seines Tuns von vornherein freispricht.[28]

In der notorischen Reklamation einer überindividuellen Identität, vermittels welcher die subjektivierten Individuen ihre eigene krisenhafte Gesellschaftlichkeit, ein Relationales, als substantielle, mit ihnen verwachsene Eigenschaft halluzinieren, scheint die Regression des allgemeinen Subjekts Kapital in die schlechte Unendlichkeit der Barbarei auf. Barbarische Krisenbewältigung ist der Versuch, durch die Ver-

27 Adorno: *Negative Dialektik*, S. 191

28 Dieser Sozialcharakter ist, obwohl für sich genommen nicht spezifisch deutsch, in Deutschland aber der dominierende: »Solche Preisgabe des Subjekt-Status läuft auf die Selbstentmündigung hinaus, mit der sich die Deutschen auf vielfältige Weise (ich habe es nicht gewußt, ich habe es nicht gewollt, ich kann nichts dafür, was hätte ich denn tun sollen etc.) gern brüsten... Scheide ich als Subjekt aus, so komme ich als Täter, als Handelnder grundsätzlich nicht in Frage, sondern kann nur der Leidende sein.« (Wolfgang Pohrt: *Der Weg zur inneren Einheit. Elemente des Massenbewußtseins BRD 1990*. Hamburg 1991, S. 153)

nichtung der vermeintlich ›überproduktiven‹ Agenten von Zirkulation, Krise und Desintegration zugleich das Geheimnis unerschöpflicher, durch keinerlei Krisen unterbrochener Produktivität sich anzueignen. Der sachlich unmögliche Versuch, eine krisenfreie und gemeinnützige Kapitalakkumulation zu schaffen, markiert den Übergang von Ideologie zum Wahnsinn und entfesselt das, was er zu beseitigen vorgibt, erst recht: die Krise, der Bankrott wird zum manifesten Dauerzustand hypostasiert, die Gegenwart zur schlecht unendlichen, mit blinder Vernichtungswut gefüllten Leere. In dem Maße, worin das vom Kapital objektiv ermöglichte subjektive Phantasma krisenfreier Identität praktisch wird und auf seinen konstituierenden Grund zurückzuschlagen vermag, wird dem »Produktionszwang«[29] des Kapitals, unter dem es als maschineriefixiertes gesetzt ist, freier Lauf gegeben und kann es sich endlich als lückenlose »Kontinuität des Produktionsflusses«[30] beziehungsweise »absolute Produktion«[31] realisieren – als Produktion, die sich aller Rücksichten auf die Selbsterhaltung der Gattung entledigt hat und als mit sich identisch gewordene das Kapital selbst in den Abgrund reißt, weil sie in vollendeter Blindheit gegen ihr Anderes und sich selbst mit Vernichtung unmittelbar zusammenfällt: das meint die negative Aufhebung des Kapitals in blanker Barbarei. »Identität ist Tod.« (Adorno)

III.

Damit wären freilich nur die allgemeinen Bedingungen für die Selbstaufhebung des Kapitals und der von ihr konstituierten bürgerlichen und proletarischen Sozialcharaktere in blinder Raserei und Vernich-

29 Dieser Begriff wurde erstmals geprägt von Alfred Sohn-Rethel: *Ökonomie und Klassenstruktur des deutschen Faschismus*. Frankfurt am Main 1973, S. 50.

30 Marx: *Grundrisse*, S. 591

31 Adorno: *Minima Moralia*, S. 14

tung benannt – mehr nicht. Ob die nachbürgerliche Gesellschaft ihre mörderischen Potenzen voll entfalten kann; ob der regressiv-infantile Sozialcharakter sich entweder in Sekten organisiert und austobt oder die Gelegenheit erhält, die Gesellschaft nach seinem Bilde zu formen – das macht den theoretisch marginalen, aber praktisch um so bedeutsameren Unterschied zwischen der deutschen – wenngleich nicht nur in Deutschland anzutreffenden – Form kapitaler Vergesellschaftung und deren anderen Konstellationen aus, das markiert überdies noch den Unterschied zwischen den nachbürgerlichen Gesellschaften heutzutage. Was geschulten Linken wohl ewig ein Rätsel bleiben wird, das wußte der Schriftsteller Hermann Broch genau zu benennen: daß die furchtbare »Besonderheit« der Deutschen nicht darin besteht, daß sie grundsätzlich anders wären als die anderen, sondern daß sich in ihnen wie in einem Brennspiegel das konzentriert, woran die bürgerliche Ordnung im allgemeinen laboriert. In einem 1950 verfaßten *Entstehungsbericht* zu dem 1949/50 entstandenen Roman *Die Schuldlosen* heißt es dazu: »Nirgends ist diese Art von Schuldlosigkeit so sichtbar wie beim Spießer; selbst als Verbrecher handelt er unentwegt aus edelsten Motiven… Stimmt das, so bedünkt es fast natürlich, daß in Deutschland es just dieser Zwischenschicht bestimmt war, ans Ruder zu gelangen, denn hier war, infolge der Niederlage von 1918, der Prozeß des Wertzerfalls am weitesten gediehen, man darf wohl sagen bis zum kompletten Wertvakuum, und da in einem solchen keiner keinen mehr hört, hat sich die Verständigung zwischen Mensch und Mensch auf die nackteste, mitleidloseste, ja abstrakteste Gewalt reduzieren müssen. Welch fürchterlicher Fortschritt, an dessen Spitze der Spießer marschiert! Und anscheinend marschiert er unaufhaltsam weiter. Allenthalben in der Welt vermehren sich die Konzentrationslager, allenthalben steigt der Terror, schier als ob des Spießers Nazigeist paradigmatisch für die ganze Menschheit werden sollte, die im abstrakten Morden zwar nicht ihren Lebens- wohl aber ihren Sterbensinhalt zu suchen sich anschickt.«[32]

32 Hermann Broch: *Die Schuldlosen*. Frankfurt am Main 1974, S. 325 f. Und über den deutschen Sozialcharakter und seinen offenbar unausrott-

In Deutschland formiert sich im 19. Jahrhundert unter Bedingungen nachholender Entwicklung, die von den ihn tragenden Kräften kurzerhand in einen Vorsprung umgemünzt werden, eine Konstellation kapitaler Vergesellschaftung, die gegründet ist auf die unheilige Allianz zwischen Staat und Arbeiterbewegung gegen ein säumiges, zur politischen Machtausübung unfähiges Bürgertum. Als Garant der kapitalen Akkumulation fungiert der Staat hier von vornherein zugleich als Anwalt einer ›sozialverträglichen‹ Akkumulation. Als Anwalt des ›kleinen Mannes‹, seiner Subsistenz- und Sicherheitsbedürfnisse ist er darauf verwiesen, die antibürgerlichen und antikapitalistischen Res-

baren Drang nach ›Authentizität‹ hat Broch im Roman folgendes notiert: »Vernünftiger und bedächtiger als anderswo geht es in Deutschland zu, trotzdem triebverfallener und gieriger und höllischer als anderswo. Weniger scheinheilig als anderswo geht es in Deutschland zu, trotzdem verlogener. Denn es ist, als sei dem Deutschen eine seltsame Sucht nach dem Unbedingten eingeboren, so daß er jene glücklich-humorvolle Bändigung der Triebe verschmähen muß, die dem westlichen Menschen, obwohl dieser vielfach der triebstärkere ist, als anstrebenswerte Lebensgestaltung vorschwebt; dem Deutschen fällt der Humor schwer, und wenn er ihn hat, so ist es ein anderer, ein schrulligerer Schlag von Humor, eben der des bedächtigen Entweder-Oder, das die deutsche Lebensart auszeichnet und deren Plumpheit ausmacht, einerseits zur vollkommenen Askese, andererseits zur vollkommenen Triebentfesselung spornend: Zwischenlösungen sind dem Deutschen verächtlich; er betrachtet sie als Scheinheiligkeit und Verlogenheit und bemerkt hierbei nicht, daß er sich damit einer noch schwereren Verlogenheit schuldig macht, daß er sich zwar keinen falschen Heiligenschein auftut, den künstlichen Heiligenschein des Westens, daß er aber stattdessen – und das ist sicherlich ärger – Unrecht zu Recht umlügt, indem er im Namen des Entweder-Oders seine wild-ungebändigte Dumpfheit als angebliche Vernunft gegen das bessere Recht des humanen Seins ausspielt und damit das Recht als solches vergewaltigt. Seine Ehrlichkeit ist die des Gewalttäters, der den gewaltabgeneigten Schwindlern die Verlogenheit austreiben möchte, ja sich ebendarum geradezu als Heilsbringer fühlt, und dennoch verdammt ist, ein Unheilsbringer zu bleiben, weil seine Lehre die des Mordes ist.« (Ebd., S. 171)

sentiments zu bedienen, in denen die notwendig krisenhaften Konsequenzen der kapitalistischen Verwertung vom Kapital abgespalten und auf empirische Personen – die Juden – projiziert werden. Hier bildet sich ein Kapitalismus heraus, der sich unter tatkräftiger und von allen Schichten betriebener Verleugnung seiner selbst am Leben erhält und jenen bereits 1845 von Marx aufgespießten sozial gesonnenen, anheimelnd menschelnden, politisch korrekten und idealistisch gepanzerten Gutmenschensprech[33] hervorbringt, jene vollendete Realitätsfremdheit, die sich zerstörerisch auf die Realität projiziert, um es hinterher nicht gewesen zu sein. Hier wird das antisemitische Bewußtsein, das die Krise exterritorialisiert und personalisiert und vom Glauben an Erlösung durch Vernichtung besessen ist, institutionell genährt und gefestigt. Hier formiert sich ein zukunftsträchtiges Bündnis, das bereits im Rahmen des bürokratisierten Verwaltungsstaats das Bündnis von Mob und Elite bei den Nazis antizipiert. Und nicht zuletzt wird bereits die Internationalisierung des deutschen Modells geprobt, indem der deutsche Staat seine Fühler in den Nahen Osten streckt und mit den aus der Konkursmasse des zugrundegehenden osmanischen Reiches entstammenden Volksbewegungen das Bündnis hauptsächlich gegen das britische Empire sucht, welches in der großzügigen Unterstützung deutscher Militärs für den Massenmord der Jungtürken an den Armeniern, einem frühen Vorschein von Auschwitz, eine erste herzliche Besiegelung erfährt.

Jener ›geologische‹ Materialismus, der immerzu nach Rohstoffen und Bodenschätzen fahndet und der internationalen Konkurrenz der Staaten im Frieden und erst recht im Krieg eine Rentabilitätsrechnung unterstellt, blamiert sich schon angesichts des Ersten Weltkrieges. Die unzähligen Strategiepapiere, mit denen man hier wie in anderen Kriegen natürlich immer aufwarten und wichtigtuerisch herumwedeln kann, beweisen, genau besehen, wie sehr auch und gerade die über den Gang der Dinge vermeintlich Verfügenden und Herrschenden in fetischistischen, die bürgerliche Gesellschaft als quasi-feudale halluzinierenden Denkformen befangen sind – und die sie wiederum sowohl

33 Vgl. Karl Marx: *Über Friedrich Lists Buch ›Das nationale System der politischen Ökonomie‹*. Westberlin 1972

mit den Geschichtswissenschaftlern und Marxisten teilen, die ihnen bei ihrem Tun stets ein handfestes ›materielles‹ Interesse unterstellen, das eine Projektion des Theoretikers ist und sonst nichts. Der Gewinn, den ein Staat sich verspricht, wenn er wie Deutschland den ›Platz an der Sonne‹ oder die ›Weltmacht‹ erobern will, mithin das ›materielle Interesse‹, das sich Reichtum und Prestige von der Verfügung über Territorien erhofft, ist nämlich notwendigerweise nichts als ungedeckte Spekulation, und der Grund dafür ist recht einfach: seit der materielle Reichtum nicht mehr auf der Verfügung über Grund und Boden basiert, sondern auf der Akkumulation des Kapitals, ist der Krieg als Mittel der Reichtumsmehrung durch Eroberung von Territorien obsolet geworden – nur wird er dadurch nicht ›an sich‹ obsolet, sondern gewinnt eine neue Funktion als Mittel der Vernichtung überschüssigen Kapitals und damit der Krisenbereinigung. Der Erste Weltkrieg ist vorauseilende Krisenbewältigung, in der aus dem volksstaatlichen Kapitalismus des Kaiserreichs die Konsequenzen gezogen werden und der Burgfrieden zwischen Kapital und Arbeit nicht nur besiegelt, sondern die staatliche Verwaltung dieses Bündnisses zur Generalmobilmachung eskaliert wird. Im Ersten Weltkrieg geht die bürgerliche Klasse, die mit ihr verknüpfte Lebensform und die nach ihr benannte Gesellschaft zugrunde; dafür wird die Tendenz zum totalen Staat beschleunigt: durch sozialpolitische Maßnahmen, durch »Konzentration und Bürokratisierung der Produktionsmittel, und durch Unterstellung des Distributionsapparates unter die militärische Behörde« entsteht, erstmals in der Kriegswirtschaft aus einem Guß »tatsächlich eine ›Volksgemeinschaft‹, wie die Sozialdemokratie im Kriege die Absicht eines Burgfriedens bezeichnete, wenn eben auch nur als nationale Wehrgemeinschaft. Und der Staat, der eine solche unter dem Druck der imperialistischen Spannungen unserer Zeit zu organisieren gezwungen ist, und daher jedem einzelnen Volks- und Wehrgenossen seinen Platz im totalen System der Landesverteidigung anweisen muß, kann dann in der Tat als ein ›sozialer Volksstaat‹ erscheinen, wie auch das Ergebnis seiner militärischen Organisation das Aussehen eines ›völkischen Organismus‹ gewinnen kann.«[34]

Zum anderen findet jener Sozialcharakter, der sein Dasein als Leben im unbefristeten Wartestand empfunden hat, im Weltkrieg seine erste große Erfüllung: in der Kameraderie des Schützengrabens findet zum ersten Mal eine Aufhebung der Klassengesellschaft statt und feiert die Demokratie ihre Apotheose: alle werden gleich in ihrer Hinfalligkeit und ihrem staatsbürgerlichen Opferwahn. Das seine Überflüssigkeit gewahrende Subjekt ist endlich aus dem apathischen Dahindämmern erlöst, ihm verschafft die Generalmobilmachung die Gelegenheit, in ungebändigter Raserei um sich zu schlagen und im heroischen Akt der Aufopferung wenigstens noch die verhaßte Welt rings um es in Schutt und Asche legen zu können. Im Krieg wird die fremd gewordene Welt nun tatsächlich zu dem Trümmerfeld gemacht, als das sie von den Individuen schon lange vorher taxiert wurde; im Stande wechselseitiger Vergleichgültigung von Subjekt und Objekt ist maßlose Destruktivität die einzige lebendige Beziehung, die das ohnmächtige Individuum zu den Dingen wie zu seinesgleichen noch zu stiften fähig ist. Praktisch erprobt und eingeübt wurde solche Destruktivität vorher in den Bünden und Cliquen der Jugendbewegung, in denen sich Individuen zusammenschließen, um sich von den verhaßten Einrichtungen der bürgerlichen Gesellschaft – Familie, Klasse, Nation – abzusondern; in ihnen wird die Entbehrungs- und Opferbereitschaft der einzelnen dadurch auf die Probe gestellt, daß banale Dinge des Alltagslebens zu einer Angelegenheit von Leben und Tod erklärt werden. Es ist dabei gerade der Kult der Jugendlichkeit, der zuverlässig die dann im Weltkrieg zum Zuge kommende Todessehnsucht indiziert und der nach einer Beobachtung von Karl Otten die »wahre Philosophie der Massen« in Deutschland verkörpert – übrigens bis zum heutigen Tag: »Sie reden vom Anfang, Aufbruch und Erwachen einer jungen Nation, die sich … ihr Schicksal selbst zimmert und mit Gewalt nimmt, was ihr die reichen und alt gewordenen Völker verwehren – das ist das Recht des Jungen, das Recht des Starken… Kein anderes Volk äußert heute eine derart krankhafte und arrogante Sucht, jung, aktiv, unverbraucht, sprudelnd vor Tatendrang und knabenhaftem Eifer zu sein.«[35] Dieser knabenhafte

34 Huhn, S. 113 sowie S. 115f.

35 Karl Otten: *Geplante Illusionen. Eine Analyse des Faschismus*. Frankfurt am Main 1989, S. 68f.

Eifer durfte sich dann im Krieg bewähren, der für die Individuen »ein mechanisiertes Indianerspiel, dessen Jagdgefilde und Spielgründe sich über die ganze Erde ausdehnen«,[36] war. Ressentimentgeladenen Infantilismus und die Lust am Ausnahmezustand hat Hermann Broch als die hervorstechendsten Züge des sich als Dauerjugendlichen empfindenden nachbürgerlichen Sozialcharakters festgehalten, und zwar in der Figur des Kaufmanns Wilhelm Huguenau, des Romanhelden im dritten Buch seiner Trilogie *Die Schlafwandler*:

»Zwar gelang es ihm noch während der Ausbildungszeit in Fulda [beim Militär], das ein oder das andere Tabakgeschäft abzuschließen, aber bald genug ließ er es bleiben. Nicht nur weil der Dienst ihn für alle anderen Dinge müde machte oder abstumpfte. Es war bloß so angenehm, an nichts anderes mehr denken zu müssen, und von ferne her gemahnte es an die Schulzeit: noch erinnerte sich der Schüler Huguenau (Wilhelm) an die Schlußfeier in der Schlettstedter Anstalt und mit welch eindrucksvollen Worten der Direktor damals die kommerzbeflissenen Jünglinge in den Ernst des Lebens entlassen hatte, in einen Lebensernst, mit dem man bisher ganz gut zurechtgekommen war und den man nun zugunsten einer neuen Schulzeit wieder aufgeben mußte. Nun war man wieder in eine ganze Reihe von Verpflichtungen hineingeraten, die man viele Jahre hindurch vergessen hatte, man wurde wie ein Schuljunge behandelt, wurde angeschrieen, hatte ein ähnliches Verhältnis zu den Aborträumlichkeiten und ihrer Kollektivität wie in der Jugendzeit; auch der Fraß stand wieder im Mittelpunkt des Interesses, und die Respektbezeugungen und die ehrgeizigen Bestrebungen, in die man verflochten wurde, gaben dem Ganzen ein vollkommen infantiles Gepräge. Überdies war man in einem Schulgebäude untergebracht, und vor dem Einschlafen sah man die beiden Reihen der Lampen mit den grünweißen Schirmen über sich und die schwarze Tafel, die in dem Raume belassen worden war. Durch all dies wurden Kriegs- und Jugendzeit zu unauflöslicher Einheit verwirrt, und auch als das Bataillon endlich zur Front abging, kindische Lieder singend und mit Fähnchen geschmückt, primitive Unterkünfte in Köln und Lüttich

36 Ebd., S. 103

beziehend, vermochte sich der Füsilier Huguenau von der Vorstellung eines Schulausflugs nicht freizumachen.«[37]

IV.

Als vorauseilende Krisenbewältigung ist der Erste Weltkrieg der Auftakt zur faschistischen Epoche: »Der permanente Krieg ist in Wirklichkeit eine permanente Revolution und dieser permanente Krieg ist am Werk seit dem Tag der Kriegserklärung im Jahr 1914... Die nationalistische und sozialistische Revolution ist der Marsch des deutschen Volkes in die Zukunft der Zeiten.«[38] Aber er bleibt für sich genommen eine rohe Improvisation und vor allem: gemessen am Traum von der definitiven Exorzierung der Krise bleibt er hinter den hochgespannten Erwartungen zurück. Jener Sozialcharakter, der im Ersten Weltkrieg zum ersten Mal in Vernichtungs- und Zerstörungswut sich austoben durfte, ist am Ende nur von der Raserei wieder in die Apathie zurückgesunken; die Mobilmachung stellt sich als die in Bewegung gebrachte leere Zeit dar. Das hat aber nicht Enttäuschung zur Folge, sondern den eisernen Willen, es noch ein zweites Mal zu versuchen; von der Vergeblichkeit seines Handelns läßt sich der Opferwahn nur noch weiter anspornen. Das zutiefst erschütterte Zeitbewußtsein dieses Charakters, der nicht einmal mehr das simple Davor und Danach kennen mag, hat Karl Otten von der »[traumhaften] Beziehungslosigkeit« der Deutschen sprechen lassen, welche sie »moralisch immun und zugleich zu allem, auch zu den grauenhaftesten Verbrechen fähig [macht], ohne daß ihr Gefühl des Rechten, Wahren und Edlen, das in ihnen – als Deutschtum – zu einer funktionellen Basis wurde, im geringsten davon angetastet würde... Die Deutschen sind von der Idee des Sieges beherrscht, die vor der Tat kommt; ihre Illusion ist daher eine zutiefst gewollte Antizipierung einer bereits erfüllten Tat, eine aktive Illusion, die als Impuls zum Sieg in den Massen, als Idee aber außerhalb ihrer liegt.«[39]

37 Hermann Broch: *Die Schlafwandler*. Frankfurt am Main 1978, S. 385

38 Otten, S. 122

Erst zu dieser Zeit gewinnt die Exterritorialisierung des kapitalistischen Krisencharakters als internationale jüdische Weltverschwörung Kontur, konkretisiert sich der Wille, die definitive Heilung des Kapitalismus von seinen Gebrechen durch die restlose Vernichtung der verschworenen Anti-Rasse vorzunehmen. Es ist dann die nationalsozialistische Bewegung – die legitime Erbin der Jugendbünde von einst – die die aktuell oder virtuell überflüssigen Existenzen einsammelt und als zu Mord und Opfer bereite Gefolgschaft gegen die alte Ordnung in Stellung bringt. Sie zieht dabei die ultimative Konsequenz aus der im späten Kaiserreich und im Krieg erprobten Konstellation: dem Modell Volksstaat, in dem die Klassen virtuell bereits zerschlagen sind, und vor allem – das unterscheidet sie von den völkischen Bürgerlichen und den National-Sozialdemokraten – ist sie dazu entschlossen, die im Konzept des Volksstaates notwendig implizierte Feinderklärung gegen die Juden auch explizit auszusprechen und sie im Rahmen eines Volksgemeinschaftsstaates bis zur bittersten Konsequenz praktisch umzusetzen. Denn der Versuch, eine von ihrem unheilbaren ökonomischen wie gesellschaftlichen Krisencharakter befreite, gewissermaßen gemeinnützige Kapitalakkumulation zu organisieren, kann, als ein logisch unmögliches, im Wortsinne wahnsinniges Unterfangen, sich praktisch nur in Form jener monströsen, von einer grundlegenden Verschiebungsleistung gekennzeichneten Tathandlung realisieren, wie sie die Vernichtung der Juden darstellt. Volksgemeinschaft kann praktisch nur bestehen als eine ›Wehrgemeinschaft‹, als zum Kollektiv der Verfolger mutierte Gesellschaft, die in mörderischer Absicht gegen die an empirischen Individuen repersonalisierten Produkte ihrer eigenen Projektion, die vermeintliche Inkarnation der Gebrechen kapitalistischer Vergesellschaftung in Stellung geht.

Die Gelegenheit, mit ihrem Wahn Ernst zu machen, bekommt die nationalsozialistische Bewegung in der Zusammenbruchskrise, infolge welcher die Produktion darniederlag, das gesellschaftliche Humankapital in die Überflüssigkeit expediert und der Staatsapparat paralysiert war. In dieser Situation betreibt nun der nationalsozialistische

39 Ebd., S. 74f.

Gegensouverän die negative Aufhebung des Kapitals. Dies heißt zunächst die staatlicherseits vorgenommene Liquidierung des Kapitals als eines Verhältnisses einander widerstreitender Klassen, mit der der Untergang des Bürgertums und die Reduktion der vom Kapital konstituierten, ihm aber auch kontingenten lebendigen Arbeit auf eine dem Kapital restlos einverleibte Substanz, die bislang der ökonomische Prozeß anonym besorgte, nun bewußt vollzogen wird. Die Liquidierung der alten, kapitalentsprungenen Sozialcharaktere bezeichnet eine doppelte Enteignung, indem der Nazifaschismus einerseits sowohl die bürgerliche Öffentlichkeit und ihre klassische Repräsentanz, das Parlament, zerschlägt und die unmittelbaren Nutznießer des Kapitals an die von ihm in Eigenregie betriebene politische Reorganisation der Akkumulation kettet – und indem er andererseits die Organisationen der Arbeiterbewegung liquidiert und die gesellschaftliche Arbeit in staatlichen Massenorganisationen als quasi-militärischen Einsatz für Volk und Staat bestimmt.

Dies heißt jedoch nicht, daß damit eine bürokratisierte, in sich stabile, weil institutionell gefestigte und klar hierarchisch gegliederte Gesellschaftsordnung entstünde, wie es die herkömmliche Anschauung will, der sich der Faschismus in Bildern von uniformierten Massen, Parteitagen, Fahnenschwenken, Arbeitsbrigaden etc. eingeprägt hat. Auch die Rede vom ›autoritären Staat‹ mag für sich genommen diese Sicht nahelegen – und doch ist es eine der haltlosesten Legendenbildungen, die in der letzten Zeit in die Welt gesetzt und hartnäckig weiterverbreitet wurden, derzufolge Horkheimer und Adorno behauptet hätten, die faschistische Verstaatlichung habe den ›Primat der Politik‹ restituiert und die Antagonismen kapitalistischer Vergesellschaftung beseitigt.[40]

40 Um konkret zu werden: Aufgebracht haben dieses Märchen Barbara Brick und Moishe Postone (*Kritischer Pessimismus und die Grenzen des traditionellen Marxismus*. In: Wolfgang Bonß/Axel Honneth (Hg.): *Sozialforschung als Kritik. Zum sozialwissenschaftlichen Potential der Kritischen Theorie*. Frankfurt am Main 1982, S. 179 ff.) und weiterverbreitet haben es, mit immer hanebücheneren Behauptungen und auf stets sinkendem Niveau, die Meisterdenker aus Nürnberg von der Zeitschrift *Krisis*.

Gegen Pollock und seinen Begriff vom ›Staatskapitalismus‹ hatte dagegen Adorno schon eingewandt: »Ich kann meine Ansicht über diesen Aufsatz am besten dahin zusammenfassen, daß er eine Umkehrung von Kafka darstellt. Kafka hat die Hierarchie der Büros als Hölle dargestellt. Hier verwandelt sich die Hölle in eine Hierarchie von Büros ... ganz à part von der undialektischen Annahme, daß in einer antagonistischen Gesellschaft eine nicht antagonistische Ökonomie möglich sei.«[41] Falsch sei, so Adorno in einem anderen Brief an Horkheimer weiter, »der Optimismus, auch der für die anderen: was sich perpetuiert, scheint mir nicht sowohl ein relativ stabiler und in gewissem Sinne sogar rationaler Zustand als eine unablässige Folge von Katastrophen, Chaos und Grauen für eine unabsehbar lange Periode (und damit doch auch wieder die Chance des Ausbruchs, die in der ägyptischen Vision zu kurz kommt)«.[42] Mit anderen Worten: Hebt man auf *deficit spending*, Staatsintervention und unmittelbar staatliche Substitution der Zirkulation, auf die staatliche Inauguration eines Sozialpakts, auf das Geflecht hypertropher Massenorganisationen, in denen die Gesellschaft neu organisiert wird, kurz: auf den unmittelbar kollektivistischen Etatismus ab, den der Nationalsozialismus ins Werk setzt – dann sind damit nur jene allgemeinen Merkmale benannt, die den Nationalsozialismus als eine Erscheinungsform jener nachbürgerlichen Gesellschaft ausweisen, wie sie im ersten Drittel des 20. Jahrhunderts, beginnend mit dem Ersten Weltkrieg, sich überall herauszubilden beginnt, nicht aber jene Charakteristika, die die deutsche Form der Krisenbewältigung als spezifische, weil exemplarische auszeichnen. Als exemplarische aber fungiert die deutsche Krisenbewältigung – und die nachbürgerliche Gesellschaft ist, als in die Krise geratene und auf unabsehbare Zeit in sich zerfallende bürgerliche Gesellschaft, *per definitionem* nichts anderes als Krisenbewältigung in Permanenz – einer hellsichtigen Bemerkung

41 Theodor W. Adorno: *Brief an Max Horkheimer vom 8.6.1941*. Zit. n. Rolf Wiggershaus: *Die Frankfurter Schule. Geschichte, Theoretische Entwicklung, politische Bedeutung*. München 1988, S. 316

42 Theodor W. Adorno: *Brief an Max Horkheimer vom 2.7.1941*. Zit. n. ebd., S. 317

von Gerhard Scheit zufolge als das allgemeine Äquivalent unter den Staaten: »Weltkrieg und Weltkrise bilden die historische Konstellation, in der alle Nationen in ein direktes oder indirektes Verhaltnis zur deutschen gesetzt werden.«[43]

43 Gerhard Scheit: *Die Meister der Krise. Über den Zusammenhang von Vernichtung und Volkswohlstand.* Freiburg 2001, S. 33. Der jahrelang erbittert geführte Streit darüber, ob die nazistische Barbarei nun dem ›Kapitalismus im allgemeinen‹ *oder* der ›besonderen deutschen Geschichte‹ anzulasten sei, ob die ›allgemeine‹ Kritik von Kapital, Staat und Nation die Voraussetzung für die Gegnerschaft zu Deutschland sei *oder* ob es sich umgekehrt verhalte – dieser Streit zielte schon immer an der Sache vorbei, weil die Frage falsch gestellt ist. Selbstverständlich ist ein kritischer Begriff von Kapital, Souveränität und Krise im allgemeinen die Grundlage, um seine spezifischen Realisierungsformen begreifen zu können – aber umgekehrt ist dieses Allgemeine keine *creatio ex nihilo*, sondern selber bereits notwendig an einer spezifischen Form entwickelt und illustriert, wo es »in der prägnantesten Form und von störenden Einflüssen mindest getrübt« erscheint, wo »der reine Vorgang des Prozesses« sich darstellt (Karl Marx: *Das Kapital*, Bd. 1. *MEW*, Bd. 23. Berlin/DDR 1962, S. 12). Marx rekurriert im *Kapital* deshalb fortwährend auf die gesellschaftlichen Verhältnisse in England – nicht weil er eine Wirtschafts- und Sozialgeschichte Englands schreiben will, sondern, weil er anhand der dortigen Verhältnisse den allgemeinen und verallgemeinerbaren, das heißt im Hinblick auf andere Länder antizipatorisch fungierenden Begriff des Kapitals entwickelt: »Das industriell entwickeltere Land zeigt dem minder entwickelten nur das Bild der eigenen Zukunft.« (Ebd.) Analog dazu bezweckt der Rekurs auf Deutschland gerade nicht, eine kritische Geschichte nur dieses einen Landes zu schreiben, sondern einen reinen Begriff von den Grundzügen der nachbürgerlichen Gesellschaft, von der negativen Aufhebung des Kapitals, seines Umschlagens in Barbarei zu entwickeln, welche sich eben hier »als von störenden Einflüssen mindest getrübt« darbietet – einen Begriff, der sowohl gleiche oder ähnliche Entwicklungen anderswo antizipiert als auch andere Formen der nachbürgerlichen Gesellschaft als in sich gebrochene, unvollkommene und defiziente Formen dieser nachbürgerlichen Konstellation zu identifizieren ermöglicht (und damit die internationale Staatenkonkurrenz als eine voneinander unterschiedener Krisenlösungsstrategien). Als exem-

Was den Nationalsozialismus aber zur reinsten Form dieser nachbürgerlichen Gesellschaft stempelt, was gewissermaßen seinen ›harten Kern‹ ausmacht, der ihn ähnlich disponierten Gesellschaften zur gefälligen Nachahmung empfiehlt und ihn als Regime überdauert, ist die Konstitution der Gesellschaft als Selbstmordsekte, deren Mitglieder in der sicheren Ahnung, daß der Untergang über sie ohnehin verhängt ist, sich als Opferbewegung zusammenrotten, mit dem einzigen Ziel, daß es vorher noch die als Anti-Subjekt halluzinierten Juden, die vermeintlichen Urheber und Drahtzieher ihres Schicksals, erwischen soll. Es ist dieser gemeinsame Wille zum Untergang, in dessen Zeichen Staat und Staatsvolk sich kurz- und Blutsbrüderschaft schließen und der das nazistische Regime bis in die Einzelheiten seiner wirtschaftspolitischen Maßnahmen, seiner institutionellen Verfaßtheit, seiner Außenpolitik und seiner Kriegführung prägt. Dieser Wille entspringt aber keiner autonomen Setzung, sondern ist der bewußt angeeignete Ausdruck der Bewegung des Kapitals, das seinen krisenhaften Untergang nur überleben kann, indem es sich im Untergang einrichtet, seinen Bankrott als Vergesellschaftungsform nur abwenden kann, indem es als »Ökonomie des Bankrotts«[44] fortexistiert. Indem das Kapital nach Maßgabe seines blinden Selbsterhaltungsreflexes, von keinem zirkulativen Einspruch mehr behindert, seinem Produktionszwang freien Lauf lassen kann, schlägt Produktion in Destruktion, Selbsterhaltung in Selbstvernichtung, geschichtsbildende Dynamik in geschichtsverneinende Statik,

plarische, weil reine Form der Selbstaufhebung des Kapitals gefaßt, ist es gerade nicht die deutsche Krisenbewältigung, die die Kritik vor ein Rätsel stellt, sondern sind es die »störenden Einflüsse« in anderen kapitalistischen Staaten: »Erklärungsbedürftig wären vielmehr die Umstände, die in anderen autoritären Staaten die mörderische Dialektik des fixen Kapitals daran gehindert haben, sich einen derart adäquaten Ausdruck zu verschaffen, wie es Auschwitz war.« Uli Krug: *Ewiges Rätsel Auschwitz. Über die Unfähigkeit den säkulären Zivilisationsbruch auf den Begriff zu bringen*. In: *Bahamas*, Nr. 25, 1998, S. 36

44 Sohn-Rethel, S. 68

Verwertung in selbstzweckhafte, gleichgültige und zerstörerische Raserei um – beziehungsweise mit Hermann Broch gesprochen: der ›Lebensinhalt‹ von Gesellschaft, die Selbsterhaltung der Menschen in der Aneignung von Natur, verkehrt sich in einen ›Sterbensinhalt‹. Es ist diese blinde Raserei, den der nazistische Volksgemeinschaftsstaat sich als Wille zum Untergang aneignet und bewußt vollstreckt. Was unabwendbar ist, soll in die eigene Hand genommen werden – darin verwirklicht der Nazifaschismus Freiheit als ihr eigenes Gegenteil, als freiwillige Unterwerfung unter den Zwang der zweiten Natur: »Die objektive Tendenz des Systems wird immer vom bewußten Willen derer verdoppelt, gestempelt, legitimiert, die darüber verfügen... Im Charisma des Führers kommt die Freiheit als Wiederholung der Notwendigkeit zu sich selber.«[45] Über Nützlichkeit oder Unbrauchbarkeit, Verwertung oder Vernichtung entscheidet nach dem Ausfall der Zirkulationssphäre und damit des Wertgesetzes[46] nun nicht mehr der willkürliche Zwang des Marktes, sondern die zwanghafte Willkür der als Kollektiv auftretenden Herrschaft: »Die Anonymität ist in Planmäßigkeit übergegangen, anstatt in die freie der geeinten Menschheit in die abgefeimte ihrer verschworenen Todfeinde. Anonym war früher nicht bloß der Urteilsspruch, er visierte auch die Sünder und Auserwählten des Produktionsprozesses ohne Ansehen ihrer menschlichen Besonderheit, er tat den Personen die Ehre an, sie zu ignorieren. Soweit war er menschlich in seiner Unmenschlichkeit. Im Führerstaat werden die, die leben und die sterben sollen, vorsätzlich designiert.«[47] Damit aber hebt die totale Verwertung, indem sie bewußt exekutiert wird und damit ihren Begriff erfüllt, sich zugleich auf: darin besteht die negative Aufhebung des Kapitals. Was der Nationalsozialismus

45 Theodor W. Adorno: *Reflexionen zur Klassentheorie*. In: Ders.: *GS*, Bd. 8. Frankfurt am Main 1997, S. 378 f.

46 Zur bestimmten Differenz von Wertproduktion und Wertgesetz vgl. Clemens Nachtmann: *Autoritärer Staat und Verfall des Gebrauchswerts. Das endlose Ende der politischen Ökonomie*. In: *Bahamas*, Nr. 28, 1999, S. 53

47 Horkheimer: *Die Juden und Europa*, S. 48

institutionalisiert, ist der Ausnahmezustand in Permanenz. Die Krise, die in wahnhafter Ersatzhandlung zu beseitigen das nationalsozialistische Regime antritt, ist in Wahrheit ihr Lebenselixier; die Exorzierung der Krise durch die Vorbereitung und Durchführung der Entrechtung und Vernichtung der Juden einerseits, des Raubkrieges andererseits, konstituiert eine Gesellschaft, die anstelle einer sich selbst reproduzierenden Produktion eine sich selbst reproduzierende Krise in Gang setzt, was in einem wahr- und wahnhaften Höllenzirkel wiederum den Vernichtungseifer befeuert.

Die Substitution des Markts durch den Staatskonsum in Form von Rüstungsaufträgen beseitigt zwar die krisenhafte Reibung zwischen Produktions- und Zirkulationssphäre, läßt dem Produktionszwang des Kapitals freie Bahn und verwirklicht die totale Verwertung des Werts um seiner selbst willen – mit der Konsequenz, daß in den produzierten Waren zwar gesellschaftliche Arbeitszeit vergegenständlicht ist, diese jedoch ihren Wert zum Zweck sich erneuernder Akkumulation nicht in erneuter Produktion übertragen, weil sie nur unreproduktiv, im Krieg ›konsumiert‹ werden können, wie auch das variable Kapital zu diesem Konsumtionszweck aus der Arbeit in der Fabrik abgezogen und im Krieg zur Arbeit des Tötens und im Lager zur Arbeit der Vernichtung abkommandiert wird. Die nationalsozialistische Staatskonjunktur konstituiert derart eine ›negative Akkumulation‹, in der von Anbeginn an der Produktionsapparat unter dem Gesichtspunkt der Vernichtung, in Spekulation auf einen Raubkrieg mit ungewissem Ausgang in Gang gebracht wird und darin virtuell bereits zerschlagen ist – eine Akkumulation, die, anstatt sich auf immer höherer Stufenleiter zu reproduzieren, sich immer weiter in den Abgrund bohrt.[48] Das nazifaschistische Regime, das Spekulation und Wucher auszumerzen versprach, ist damit selbst nichts anderes als ein gigantisches Spekulationsunternehmen, dessen katastrophaler Untergang von vornherein einkalkuliert ist.[49]

48 Volkhard Brandes: *Zum Verhältnis von Ökonomie, Staat und Politik im deutschen Faschismus*. In: *Jahrbuch Arbeiterbewegung 4*. Frankfurt am Main 1976, S. 30 ff.

In der zum Kollektiv der Verfolger zusammengeschweißten volksgemeinschaftlichen Arbeitsfront ist zwar der Klassenantagonismus stillgelegt – mit der Konsequenz, daß der stillgestellte Antagonismus als durch keine Regeln mehr gebändigte, anarchische Konkurrenz der Ressorts, der Cliquen, Verbände und nicht zuletzt der einzelnen Volksgenossen in nie gekanntem Ausmaß sich reproduziert. Als wahnhafte Gesellschaftsstrategie, die von dem lebt, was sie bekämpft, ist es das auszeichnende Charakteristikum der nazistischen Krisenbewältigung, daß sie nie zu einem definitiven Ende kommt: die Gefolgschaft, »die weder ökonomisch noch sexuell auf ihre Kosten kommt, haßt ohne Ende; sie will keine Entspannung dulden, weil sie keine Erfüllung kennt. So ist es eine Art dynamischer Idealismus, der die organisierten Raubmörder beseelt... Immer noch ruft der Antisemitismus erst zu ganzer Arbeit auf,«[50] kennzeichneten Horkheimer und Adorno diese Herrschaft blindwütiger Raserei, die als permanente Mobilmachung institutionalisiert wird.

Der faschistische Volksgemeinschaftsstaat ist die Kampagnendemokratie *par excellence*, die von der permanenten Mobilisierung und Zuspitzung lebt: ununterbrochen müssen Verschwörungen aufgedeckt, Skandale angeprangert, Drahtzieher und Hintermänner entlarvt und im Angesicht der allgegenwärtigen und nie völlig gebannten Bedrohungen

49 In der Heideggerschen Philosophie ist dieses Spekulationsunternehmen bereits vorausgedacht: »Heideggers Philosophie, bei aller Aversion gegen das von ihm so genannte Man, dessen Namen die Anthropologie der Zirkulationssphäre denunzieren soll, gleicht einem hochentwickelten Kreditsystem. Ein Begriff borgt vom anderen. Der Schwebezustand, der damit sich herstellt, ironisiert den Gestus einer Philosophie, die so bodenständig sich fühlt, daß ihr lieber als das Fremdwort Philosophie das deutsche Denken ist. Wie nach einem verblichenen Witz der Schuldner gegenüber dem Gläubiger im Vorteil sich befindet, weil dieser davon abhängt, ob jener zahlen will, so rinnt für Heidegger Segen aus allem, was er schuldig bleibt.« (Adorno: *Negative Dialektik*, S. 83 f.)

50 Max Horkheimer/Theodor W. Adorno: *Dialektik der Aufklärung. Philosophische Fragmente*. In: Theodor W. Adorno: *GS*, Bd. 3. Frankfurt am Main 1997, S. 195 f.

kollektive Verbrüderungsfeiern inszeniert werden – nur stillstehen darf die Kampagnenmaschine nicht, denn das wäre ihr tatsächlicher Untergang. Die zum System gewordene, verallgemeinerte Mobilmachung lebt davon, die panische Angst vor dem kollektiven Untergang, die die vom kapitalen Verwertungsprozeß für überflüssig Erklärten umtreibt, politisch am Leben zu erhalten; und die Parolen von ›Rasse‹, ›Blut‹, ›Volk‹ etc., die das Racket an der Spitze zu diesem Zweck in Umlauf setzt, bilden keine ›Ideologie‹ im strengen Sinne mehr, sondern ein Ensemble appellativer, gleichsam immanent gestischer Schlagworte, mit denen einem jeden und einer jeden bedeutet wird, daß er oder sie sich aus eigener Verantwortung und auf eigenes Risiko als Mitglied der völkischen Rotte tatkräftig zu bewähren hat. Wer dazugehören und einstweilen überleben darf und wer umgebracht wird, wird auf diese Weise mit Kalkül in der Schwebe gelassen. Damit ist der Ring freigegeben für eine bis aufs Messer geführte Konkurrenz aller gegen alle, denn der Untätigkeit verdächtig kann jeder sein, und da sich niemand sicher sein kann, ob morgen eine andere Loyalitätsbezeugung als heute gefordert ist, will jeder an erster Stelle sein. Die allgemeine Panik gebiert jene vorauseilende Dienstbarkeit der Subjekte, die der Macht jeden Wunsch von den Lippen abliest; sie ist jene sinistre Energie, aus der die Massenvernichtung ihre mörderische Durchschlagkraft bezieht.

Die Volksgemeinschaft funktioniert nach dem Muster der Bandendisziplin, die nicht auf geschriebenen Gesetzen beruht, sondern auf der Kooptation all jener, die schon genug Dreck am Stecken haben und durch ihre Tat bewiesen haben, daß sie dicht halten und im Zweifelsfall sich mit Haut und Haar opfern werden. Wer sich als unabkömmlich erweist – und die Deutschen haben das in ihrer überwältigenden Mehrheit getan – wird in den Kreis der Macht aufgenommen und darf als ein Teil des staatlichen Kollektivs dessen Geschäft der barbarischen Krisenbewältigung besorgen: über Leben und Tod anderer zu befinden; darin wird das staatliche Gewaltmonopol vergesellschaftet und demokratisiert. Der von einer Clique mobilisierte Kriseninstinkt atomisierter und überflüssiger Individuen stiftet derart einen ebenso ungreifbaren wie real existierenden – um Marx zu bemühen: »sinnlich-übersinnlichen« – Konsens verbrecherischen Inhalts, der keinerlei Willensbekundung, Beschlußfassung, Verabredung, nicht einmal eines Programms bedarf, sondern nur des Augenzwinkerns der Leithammel an der Spitze, damit alle sofort verstehen. Darin ist der Nationalsozialismus der Erbe des Liberalismus wie der (Massen-) Demokratie: jeder ist seines Glückes Schmied und kann es bis nach oben schaffen – sofern er sich dem Staat nach Kräften andient; und alle sind gleich –, indem sie ihre Unterdrückung selbst verwalten, ihre eigene Aufopferung betreiben und andere dafür büßen lassen. Als ein hochmodernes Regime, das traditionelle Klassenschranken niederreißt und ein vorher ungekanntes Maß an gesellschaftlicher Mobilität und Aufstiegschancen verwirklicht, ist der Nazifaschismus zugleich die erste Form praktizierter Postmoderne: die jedem einzelnen Volksgenossen abgeforderte Wendigkeit und Flexibilität, der als Dauermobilisierung vergegenständlichte Zwang für den einzelnen, seine ›Identität‹ als Moment der Macht, deren Strategien, Pläne und Schwenks eigenverantwortlich antizipierend, permanent neu erfinden zu müssen, realisiert genau das, was die Postmodernen unter dem Stichwort einer ›flexibilisierten‹ beziehungsweise ›pluralisierten Identität‹ als vermeintlich fortschrittliches Konzept verkaufen, womit sie sich selbst als demokratische Erben der Nazis zu erkennen geben.

Daß diese Form bandenmäßiger Kooptation kein bloß innergesellschaftliches Phänomen ist, sondern ein Vorgang von geopolitischem Ausmaß, stellen all jene deutschen Hilfsvölker unter Beweis, die sich von den Ukrainern über die Letten, Litauer und Albaner bis hin zu den Moslemfaschisten und Palästinensern der deutschen Vernichtungspolitik als kompetente und uneigennützige Vollstrecker empfahlen. Sie alle suchen das Bündnis mit den Nazis, weil sie sich und ihre mörderischen Absichten in den Deutschen wiedererkennen, weil sie von der deutschen Form der nachholenden Kapitalisierung, das heißt der antibürgerlichen Arbeitsfront, und demzufolge von der deutschen Krisenbewältigung profitieren und sich ihren Teil abschneiden wollen. Es sind dieselben völkischen Banden, zu denen das souveräne Deutschland von heute nicht zufällig wieder die herzlichsten Beziehungen unterhält. Die faschistische Bewegung ist selber eine paradoxe Internationale von gegeneinander abgeschotteten und verfeindeten, rassenähnlichen Kollektiven, die sich aber allemal im antisemitischen

Vernichtungswahn treffen und deshalb ist dieser schon in den 1930er Jahren ohne seine geopolitische Eskalation zum Antizionismus nicht zu denken.

V.

Vernichtung, die sich zirkulär immer wieder erneuert, heißt Arbeit ohne Ende; in der Vollstreckung schlechter Unendlichkeit feiert das Kapital seinen regressiven Triumph als gegen die Zukunft abgedichtete barbarische Gegenwart. Das 1000jährige Reich erweist sich damit als ein Regime, das, einmal in Gang gekommen, nicht mehr von innen, sondern nur noch von außen, durch die militärische Gewalt der Alliierten gebrochen werden kann. Die Gesellschaft, die die Rechtsnachfolge des besiegten Nationalsozialismus antritt, die bundesrepublikanische, kehrt mit der Wiedereinrichtung einer reproduktiven Ökonomie, mit Mehrparteiensystem und demokratischem Verfassungsstaat scheinbar zum *status quo ante* zurück, während sie sich bei genauer Betrachtung bis in die Einzelheiten als postfaschistische Gesellschaft erweist, das heißt als eine Gesellschaft, die sich auf den Resultaten bewegt, die der Nationalsozialismus geschaffen hat. Das betrifft zunächst ganz grundlegend schon die Rede vom ›Wirtschaftswunder‹, ein Begriff, der ursprünglich in den späten 1930er Jahren für die nationalsozialistische Rüstungskonjunktur geprägt wurde und bis weit in die 1970er Jahre die dank großzügiger Kapitalhilfe, die die US-amerikanische Siegermacht gewährte, scheinbar immerwährende, auf den Gleichklang von Vollbeschäftigung und Massenkonsum gegründete Prosperität bezeichnete. Im Erstaunen darüber, daß Vernichtung und Massenmord nicht Rache und Bestrafung nach sich zogen, sondern den durch das Wohlwollen der Sieger ermöglichten Wohlstand, das heißt die Koinzidenz von Vernichtung und Volkswohlstand, begreift das faschisierte Massenbewußtsein als logische Folge: »jessas na, uns geht's guat« (nach Karl Kraus), die Vernichtung hat sich gelohnt – wenn das der Führer noch hätte erleben dürfen! Die Nachkriegsprosperität scheint also den alten Wunschtraum der deutschen und nationalsozialistischen Ideologie endlich zu erfüllen: das Kapital ist endlich krisen-, das heißt judenfrei geworden, dank der

Vernichtung zu einer produktiven und gemeinnützigen Einrichtung mutiert, die fortwährend Dinge erzeugt, in denen die Schaffenskraft der deutschen Arbeitsfront inkarniert ist. Indem das Kapital sich als Serviceunternehmen präsentiert, als überdimensionale Volksfürsorge, die die Menschen fortwährend mit VW-Käfer, Nierentischen, Bratwurst und Fremdenlegionärsschlagern beglückt, scheint sich das nationalsozialistische Versprechen von einer Konsumgesellschaft des ganzen Volkes endlich zu erfüllen.

So erscheint in der postfaschistischen Nachkriegskonjunktur die nationalsozialistische Mobilmachung ökonomisiert und privatisiert. Während der Faschismus die Massen noch unmittelbar und getrennt von ihrem Alltagsleben, wiewohl permanent in es eingreifend, mobilisieren mußte, erscheint im Postfaschismus die Inszenierung von Gemeinschaft in die dauerpräsente und mittlerweile unermeßlich diversifizierte Totalität von Waren und Dienstleistungen gebannt, als mit ihnen verwachsener medial und reklameförmig inszenierter Bestandteil. Im Unterschied zum Nationalsozialismus ist der Selbstgenuß von Gemeinschaft damit wieder ein formell privativer und durch die Zirkulation vermittelter – dafür hat sich der Konsument und sein Bedürfnis entprivatisiert: am Produkt wird nicht mehr ein bestimmter Gebrauchswert, sondern sein vergemeinschaftender Effekt gesucht, der es als Inkarnation des volksstaatlich gezähmten Kapitals ausweist; darin erfüllt sich die Substantialisierung des Tauschwerts, die der Nationalsozialismus in kultischen Veranstaltungen, Erhebungsfeiern, Kampagnen, in ›Kraft-durch-Freude‹ und ›Schönheit der Arbeit‹ und eben nicht zuletzt in der anvisierten Versorgung der Bevölkerung mit Volkswagen und Volksempfänger antizipiert hatte, und wird zum Alltag: zum Erlebniskauf und zur Konsumtionsfront, an der nun die entscheidenden Schlachten geschlagen werden. In dem durch statistische Erhebungen, Umfragen und *social research* vermittelten volkskapitalistischen ›Dienst am Kunden‹ ist der im Medium allgemeiner Mobilmachung inszenierte volksstaatliche ›Dienst am Volksgenossen‹ aufgehoben wie als aktualisierbare Möglichkeit aufbewahrt.[51] Das Bewußtsein, das zwischen Massenvernichtung und Volkswohlstand eine logische Beziehung stiftet, die für sich genommen nur die Fortschreibung des Erlösungswahns darstellt, wird freilich hinterrücks ins

Recht gesetzt: In der Tat wurde im Weltkrieg durch die gigantische Vernichtung von Sach- und Humankapital die kapitalistische Krise ›bereinigt‹, und in der Tat waren die Rationalisierungs- und Modernisierungsmaßnahmen, die das nazifaschistische Regime verstärkt seit den 1940er Jahren durchführte, *ex post* betrachtet, eine Voraussetzung des ›Wirtschaftswunders‹.[52] Und nicht zuletzt wird dieses Massenbewußtsein genährt und bestätigt durch die Art, in der der bundesdeutsche Staat den kollektivistischen Etatismus, den der Nazismus ins Werk setzt, demokratisch weiterbewirtschaftet.

Anders als sein Vorgänger interveniert der bundesdeutsche Staat nicht unmittelbar in die Reproduktion des Kapitals, sondern installiert ein System aktiver Krisenprävention, das die womögliche Rückkunft jener scheinbar erfolgreich gebannten Krise zu verhindern bestrebt ist und das die Bundesrepublik als ›soziale Marktwirtschaft‹ im Unterschied zum gemeinschaftszerstörenden ›Manchester-Kapitalismus‹ charakterisieren soll. Im Begriff der substantiellen ›Wertordnung‹ wird die nationalsozialistische Volksgemeinschaft als Grundlage der postfaschistischen Gemeinschaft der wehrhaften Demokraten legalistisch fixiert und nach dem Muster faschistischer Mobilmachung als über der Legalität stehender und von den Staatsbürgern durch vorauseilende Dienstbarkeit zu beglaubigender Inhalt aufgerichtet. Dieses System des verfassungsstaatlich gezähmten, vorverlagerten Notstands, der Krisenbewältigung als Krisenprävention, ist in der für die Stabilität des allgemeinen Äquivalents zuständigen Bundesbank (die mittlerweile auf deutsches Drängen durch die nach ihrem Vorbild modellierte *Europäische Zentralbank* ersetzt ist) ebenso inkarniert wie in der Ende der 1960er Jahre nach dem ersten krisenhaften Einbruch ins Grundgesetz eingefügten staatlichen Verpflichtung, für das ›gesamtwirtschaftliche Gleichgewicht‹ Sorge zu tragen; es ist in der grundgesetzlichen Bestimmung von Freiheit als gegen ihren illegitimen

51 Darin ist der an anderer Stelle noch auszuführende systematische Zusammenhang von nachbürgerlicher Gesellschaft und Kulturindustrie aufzusuchen.

52 Vgl. Scheit: *Die Meister der Krise*, S. 75ff. und 86ff.

Mißbrauch durchzusetzende substantialisierte Staatszielbestimmung ebenso institutionalisiert wie in der Einrichtung des Bundesverfassungsgerichts als Gremium der Hohepriester des Gemeinwohls; es findet sich in der korporativistischen Ordnung der die Arbeitsfront beerbenden Sozialpartnerschaft ebenso wie im formierten Pluralismus der Volksparteien wieder, die keine Partikularinteressen mehr vertreten, sondern als ehrliche Makler des Gemeinwohls agieren und mit populistischer Rhetorik und Gemeinschaftspflege um die Gunst des zum ›kleinen Mann‹ mutierten Volksgenossen werben, dessen mordlüsterne Ressentiments das politische Personal zwar bedienen muß, weil sie die Basis des zur Krisenabwehr verschworenen postfaschistischen Schutz- und Trutzverbands darstellen, dem jedoch kein unmittelbarer Einfluß auf den Verlauf politischer Entscheidungen eingeräumt wird.

Der bundesdeutsche Staat ist darin ein Modell des legalistisch gezähmten Faschismus: Er beendet die nationalsozialistische Mobilmachung nicht, sondern hält sie nur auf Sparflamme und behält sie sich als Notstandsreserve vor. In der Formel des ›Sachzwangs‹, als dessen berufener Vollstrecker das politische Personal sich präsentiert, ist die resignative und zur Tat drängende Mythologie der Nazis und damit jener seine Selbstentmündigung als Selbstermächtigung begreifende nachbürgerliche Sozialcharakter in technokratisierter Form aufbewahrt. Die Ekstase der totalen, alle Lebensbereiche umfassenden nazifaschistischen Mobilmachung und die scheinbar totale bundesrepublikanische Entpolitisierung bilden also keinen Gegensatz, sondern eine widersprüchliche Kontinuität; ihr entspricht die Kontinuität eines Sozialcharakters, der von der Raserei der Vernichtung in konsumgesättigte Apathie zurückgesunken, aber selbst in Zeiten der Prosperität immer auf dem Sprung ist, wieder in Aufmischbereitschaft umzuschlagen: »Noch inmitten der Prosperität, selbst während des temporären Mangels an Arbeitskräften fühlt insgeheim die Mehrheit der Menschen sich als potentielle Arbeitslose, Empfänger von Wohltaten«[53] – und diese Panik mobilisiert die Sehnsucht nach

53 Theodor W. Adorno: *Was bedeutet: Aufarbeitung der Vergangenheit*. In: Ders.: *GS*, Bd. 10.2, Frankfurt am Main 1997, S. 565

dem alten Ausnahmezustand, als die Individuen noch tatsächlich als staatsunmittelbare gesetzt waren. Das mag Adorno vor Augen gestanden haben, als er 1968 in einer Rede seine Gegnerschaft zu den Notstandgesetzen mit dem »Verdacht der Notstandsfreude derer, die sie erlassen«, begründete, nicht ohne hinzuzufügen, »daß die Notstandsfreude kein Zufall ist, sondern Ausdruck eines mächtigen gesellschaftlichen Zuges«.[54]

Notstand heißt im nachfaschistischen Deutschland nicht autoritärer Verordnungsstaat, sondern direkte Demokratie und Kurzschluß von Staat und Staatsvolk im Medium allgemeiner Mobilmachung. Das hatte die Studentenbewegung und in ihrem Gefolge die Neue Linke nicht nur einfach verkannt, sondern aus dieser Verkennung heraus ihre politischen Ziele formuliert, deren Quintessenz die Forderungen nach ›mehr Demokratie‹, ›Mitbestimmung‹, ›Selbstverwaltung‹ und ›Eigenverantwortung‹ war. Damit hat die Linke aber nicht nur geholfen, das bundesrepublikanische System des »totalen Konsenses« (Agnoli) zu perfektionieren, sondern noch vor dem Manifestwerden der Krise der Gemeinschaft der ewigen Opfer, die bereits ahnten, daß sie wieder einmal um ihren Lohn betrogen würden, Schritt für Schritt, Demo für Demo, Kampagne für Kampagne die Zunge gelöst. Es war die Linke, die das Grundmuster deutscher Ideologie, die verfolgte und damit zur Verfolgung ermächtigte Unschuld, in Kampagnen gegen die Berufsverbote, gegen die ›Vernichtungs-‹haft u. v. a. konservierte und über die Runden rettete; es war die Linke, die das faschistische Ressentiment insofern flexibilisierte, als es dem Bedürfnis nach Identifikation mit dem Verfolgerkollektiv unzählige neue Vorwände bescherte wie die kämpfenden Völker der Dritten Welt, die Frauen, die Ökologie, den Frieden etc.; und es war ebenfalls die Linke, die diesem viele neue gutmenschliche Ausdrucksformen und viele neue phantasievolle Aktionsformen zur Verfügung stellte. Vermeintlich in Opposition zur Mehrheit, arbeitete die Linke *de facto* für den Tag, wo ihre Marotte wieder zum Massenbedürfnis werden sollte.

54 Theodor W. Adorno: *Gegen die Notstandsgesetze*. In: Ders.: *GS*, Bd. 20.1, Frankfurt am Main 1971, S. 397

In der nachbürgerlichen Gesellschaft, in der des postnationalsozialistischen Deutschlands zumal, Demokratie zu fordern, kann nichts anderes heißen als Ermutigung zur Selbstjustiz und Aufforderung zum Amoklauf. Denn der Adressat dieser Forderungen ist nicht mehr das liberale Subjekt früherer Zeiten, sondern das faschisierte Subjekt, dem die Relativierung eigener Interessen an staatspolitischen Notwendigkeiten, die eigenverantwortliche Entindividuierung zur spontanen zweiten Natur geworden ist. Genau die wird ihnen aber heute, in Zeiten der Krise, immer vehementer abgefordert. Und genau darin erweist sich die Bundesrepublik als legitimer Abkömmling des Nazi-Regimes und damit weitere Etappe im Gang der faschistischen Epoche, daß ihre Verfaßtheit die Faschisierung des Subjekts fortgezeugt und damit die Bedingungen geschaffen hat, daß die aller institutionalisierten Abwehr zum Trotz wieder eingetretene Krise im allgemeinen Bewußtsein nach denselben Mustern wahrgenommen wird, wie sie am Übergang zum Nationalsozialismus sich zeigten.[55] Die Krise des Volksstaates zerstört das Phantasma der volksstaatlichen Zähmung des Kapitals und damit die Illusion des Endsiegs über das Judentum als negatives Prinzip – und feuert den Antisemitismus deswegen um so mehr an, der aber mangels empirischer Juden, an denen er sich vergreifen kann, sich einstweilen an Ersatzobjekten schadlos hält. Die Ansicht, das staatliche Gemeinwesen sei von egoistischen Interessengruppen usurpiert, die sich filzartig ausgebreitet hätten und dem ›ehrlichen Bürger und Steuerzahler‹ nur auf der Tasche lägen, weshalb ein ›starker Mann‹ hermüsse, der einmal mit dem ›eisernen Besen‹ kehrt und den ganzen ›Saustall‹ ordentlich ›ausmistet‹ – dieses im Ruf nach dem ›Führer‹ oder zumindest dem ›starken Staat‹ einmündende Ressentiment gegen die ›Unproduktiven‹ im Namen der ›ehrlichen Arbeit‹ war der zentrale Topos jener von der faschistischen Bewegung adäquat zum Ausdruck gebrachten und moderierten antibürgerlich-konformistischen Rebellion, die als Reprise jener immer schon bösartigen Polemik des Marktbürgers gegen die Beutelschneiderei des absolutistischen Staates

55 Um so notwendiger wäre die Konstituierung eines kollektiven Kritikers, der dieses Krisenbewußtsein zu sabotieren in der Lage ist.

dem Liberalismus, den diese Polemik einst inaugurieren half, nun den Garaus bereitete. Und Gleiches trägt sich auch heute wieder zu – mit dem Unterschied freilich, daß das konformistische Ressentiment sich nun gegen eben jene unmittelbar etatistischen Regulationsformen des autoritären Staates faschistischer und dann demokratischer Provenienz richtet, die es einst mit vorbereiten half und in denen es sich für lange Zeit aufgehoben wähnte. In dem Maße, worin die sozialstaatlichen Garantie- und Subsistenzversprechen für die subalternen Klassen abgebaut werden, erscheint dem faschisierten Subjekt, das vom goldenen Zeitalter von Vollbeschäftigung und Vernichtung träumt, wo es noch unmittelbar am spirituellen Tropf des Führers hing und bei der Exekution staatspolitischer Notwendigkeiten selber Hand anlegen durfte, der Staat selbst als fremder Usurpator einer zum Aufbruch entschlossenen Gesellschaft, sein Personal als korrupter Klüngel, der kein Ohr mehr für das hat, ›was die Menschen wirklich bewegt‹. Der empirische Staat erscheint seinen Bürgern als Verrat an der Idee des ›wahren‹ Staates: der staatgewordenen Volksbewegung der Nazis nämlich; das ist der Grund der einander förmlich jagenden Anti-Korruptions-Kampagnen.

Die hektische und zwanghafte Suche nach immer neuen und in immer kürzeren Abständen verschlissenen Feindprojektionen hat längst die Gestalt einer aus ihrer Latenz entbundenen Dauermobilisierung angenommen. Wer dabei als Bedrohung für das Gemeinwesen gehandelt wird und die Rolle des Volksfeindes spielen darf, ist dabei ziemlich egal geworden – es können sogenannte Kinderschänder, korrupte Politiker, die Bauern und die Agrarindustrie sein, und selbst die Nazis können, wie der Antifa-Sommer 2000 bewiesen hat, zur Zielscheibe des seiner Struktur nach faschistischen Ressentiments werden. Mit anderen Worten: Es kann alle treffen, alle sind verdächtig. War die Feinderklärung in der alten BRD eine der Mitte gegen die ›Extreme‹ – die Linke, die RAF –, so sind heute alle im Visier des Volkszorns und deshalb kann jede neue Feinderklärung Atomisierung, Feindseligkeit und Konkurrenz aller gegen alle nur verschärfen. Weil alle ihre Überflüssigkeit nur allzu genau ahnen, will jeder, daß es vor ihm noch die anderen erwischt; bevor man selbst zum Abschuß freigegeben wird, beteiligt man sich selber beim Jagen – das ist das alte faschistische Reaktionsschema und seine logische Perspektive ist der verallgemeinerte Bürgerkrieg.

Schon mit der Kampagne zu BSE und Maul- und Klauenseuche wurde der gesellschaftlichen Mitte diskret vermittelt, wo sie steht und was sie zu erwarten hat, was also mit dem wertlosen Humankapital, welches ja ebenfalls entwertetes Fleisch darstellt, passieren könnte. Kurz nachdem der zigarrerauchende Parvenü Gerhard Schröder mit seinem Wort von den Arbeitslosen als Arbeitsunwilligen und Drückebergern an die Öffentlichkeit getreten war, zeigte sich 2001 die *Süddeutsche Zeitung* vom 18. April erfreut über diese »ersten konstruktiven Vorschläge zur Bekämpfung der *Volksseuche* Massenarbeitslosigkeit« (Hervorhebung C. N.). Als pathologische Fälle, als den Volkskörper bedrohendes ›Geschwür‹ etc. werden nun also nicht mehr einige unbelehrbare Kommunisten dargestellt, sondern die ökonomisch an den Rand gedrängte ›Mitte‹ selbst. Die Forderung des deutschen Arbeitgeberpräsidenten Hundt nach einer »*Mobilitätspflicht* für Arbeitslose«[56] bringt diese Entwicklung auf den Punkt: die bürgerliche Gesellschaft ermöglichte einmal Mobilität – als Befreiung von Idiotie und Stumpfsinn eines stationären, an Familie und Boden geketteten Lebens. Zwar trug die als Grundrecht kodifizierte Bewegungsfreiheit die Verpflichtung zu ihr als unausgesprochene immer schon mit sich. Jetzt streift die Freiheit ihren Schein ab und bekennt sich offen als Pflicht und Opfer: Man darf also gespannt sein, auf welche gesellschaftlichen Phänomene und Bereiche die in ihrem Ursprung faschistische Konstruktion der FDGO, also des pflichtgemäßen, erwünschten und opportunen Gebrauchs der Freiheit, mit der man früher auf Linke zielte, noch ausgedehnt werden wird. An konstruktiven Vorschlägen mangelt es jedenfalls nicht: so äußerte sich ebenfalls 2001 der hessische Justizminister Wagner über die in Hessen seit dem Vorjahr laufende Erprobung der elektronischen Fußfessel wie folgt: »›Sie fördert *Eigeninitiative und Selbstdisziplin* bei Straftätern, die unter Bewährungsaufsicht stehen.‹ Wagner sagte, die Fußfessel sei zum Beispiel geeignet, ›*Langzeitarbeitslose und Suchtkranke* zu einem geregelten Tagesablauf zu motivieren.‹ Sie leiste damit eine wichtige *Hilfe zur Selbsthilfe*, die allen nutzt.«[57] 2002 hat der universelle Korruptionsverdacht die altehr-

56 *Süddeutsche Zeitung*, 4.5.2001, Hervorhebung C. N.

würdige und schnarchige *Bundesanstalt für Arbeit* erwischt, die nun zu einem ›modernen Dienstleistungsunternehmen‹ mit einem alerten und asketischen Sozialfaschisten an der Spitze umgewandelt wird.[58]

So zerfällt die postfaschistische Konstellation, die das nazifaschistische System der Mobilmachung in das bürgerliche System der Repräsentation goß und es damit sowohl seiner Substanz nach aufbewahrte wie seiner Verlaufsform nach zügelte. Nicht zufällig sind es die mediatisierenden Instanzen, die den Volkswillen bislang daran hinderten, allzu ungebremst sich Luft zu verschaffen, die jetzt besonders in Verdacht geraten, allzu ›unflexibel‹, weil ›volksfremd‹ geworden zu sein: Parteien, Parlament, Verein, Gewerkschaft. Der Staatsapparat und alle quasi-staatlichen Einrichtungen einerseits, die Gesellschaft andererseits treten auseinander – und beginnen wieder zusammenzufinden in einer plebiszitären Mobilmachung, die in Szene gesetzt wird von den Massenmedien, die ihrerseits von Erziehungs- und Versorgungsanstalten zu Mobilisierungsagenturen umgerüstet sind und ihr Publikum nicht mehr als passive Rezipienten, sondern als zum aktiven Dialog ermunterte Aktivbürger ansprechen. Mit Blick auf die von den Linken immer schon gepflegte Kampagnen-Mobilisierung, die mit Erfolg von Moderatoren des gesunden Volksempfindens à la Haider angeeignet wurde, beginnt der Staat, seine Rolle als allgemeiner Sozialfürsorger kurzerhand umzuwidmen: Statt als Gratifikationen verteilender kollektiver Wohlfahrtsausschuß zu agieren, tritt er nun als kollektiver Therapeut in Erscheinung, der sein geneigtes Ohr den ›Ängsten, Sorgen und Nöten‹ seiner Bürger leiht und ihnen, so gut es geht, in seinem Handeln zu entsprechen sucht, der ›zivilgesellschaftliche‹ Initiativen von der Antifa bis hin zur Anti-Globalisierungsbewegung als seine Vorfeldorganisationen zu rekrutieren bestrebt ist und bisweilen selbst schon als mobilisierende Instanz auftritt. Die Selbstzurücknahme staatlichen Handelns bedeutet in Wahrheit seine Erweiterung; im Zuge der ›Verschlankung‹ des Staates kehrt die Diffusion und Demokratisierung des

57 *Süddeutsche Zeitung*, 4.5.2001, Hervorhebung C. N.

58 Zwei Jahre später wurde er selbst nach Korruptionsvorwürfen wieder aus dem Amt gehoben.

staatlichen Gewaltmonopols in Form allgemeiner Mobilmachung wieder, in der allerursprünglichste Wesenszüge des Nationalsozialismus wieder aufscheinen, ohne daß aber die in Bewegung gesetzte Masse als Masse, als präsente Sammlungsbewegung noch in Erscheinung zu treten braucht. Infolge eben der postfaschistischen Konjunktur, in der die Inszenierung von Gemeinschaftserlebnissen vom Staat auf die qua Reklame und medialer Verarbeitung flankierte spektakuläre Präsenz der »ungeheuren Warensammlung« übergeht und damit der Genuß von Gemeinschaft in die – entprivatisierte – Privatheit abgedrängt wird, privatisiert sich auch die Volksgemeinschaft: sie existiert buchstäblich nur noch als Allgemeinheit der Vereinzelten, als anonyme Masse. Deren längst zu aktuell oder virtuell überflüssigen Existenzen erklärte einzelne Atome liefern sich nun untereinander und mit dem Staat einen erbitterten Konkurrenzkampf um die Frage, wie die Verschränkung von kapitaler Akkumulation und Daseinsvorsorge, die Verwandlung des »automatischen Subjekts« in das »Staatssubjekt Kapital« durch Opferung der Anti-Subjekte, die früher der faschistische Staat besorgte, fortzuschreiben sei. Darin wird aber »jeder sein eigenes Staatssubjekt Kapital«[59], jeder schlägt sich auf eigene Faust durch und muß jene Exorzierung der Krise und jenes Beutemachen, das sie früher als im staatlichen Kollektiv aufgehobene getan haben, nun ganz eigenverantwortlich vornehmen.

Als panisches Kollektiv der Angst- und Neidbeißer wird die Volksgemeinschaft ebenso amorph wie unberechenbar; weil keiner von der Zukunft noch etwas erwartet außer Katastrophe und Untergang, macht sich ein »nihilistischer Extremismus«[60] breit, der in dunkler Ahnung des Untergangs auf die Zerstörung der Wirklichkeit um ihrer selbst willen sinnt und sich in Feindkampagnen, Volksbewegungen und Wahlerfolgen rechter Parteien ausdrückt. Aber diese Bewegungen sind ebenso perspektivlos wie ihre Moderatoren, die im Unterschied zu den Nazis nichts Konstruktives oder Erbauliches mehr im Angebot

59 Scheit: *Die Meister der Krise*, S. 102

60 André Glucksmann: *Kamikaze-Wähler*. In: *Die Welt*, 25.4.2002

haben. Mit bloßer Destruktivität aber ist kein Staat zu machen. So steht kein faschistisches Regime ins Haus, noch nicht einmal eine mit langem Atem operierende völkische Sammlungsbewegung – zu mehr als bloß temporären Zusammenrottungen, die sofort wieder zerfallen, bringen es die privatisierten Volksgenossen nicht mehr. Ein Grund zum Aufatmen ist dies aber nicht, denn wie schon bei der nationalsozialistischen Mobilmachung, so ist auch heute evident, daß die Privatisierung und Diversifizierung der Volksgemeinschaft, die Konkurrenz aller gegen alle, das antisemitische Ressentiment antreibt anstatt es zu schwächen; selbst daß die Juden ihnen als Objekt ihrer Mordlust nicht mehr ohne weiteres zur Verfügung stehen, weil sie sie fast alle umgebracht haben, ist den Deutschen nur eine weitere Motivation für ihren zirkulären Wahn. Einig ist sich die Gemeinschaft der Feindseligen allemal, wenn es gegen das letzte verbliebene Objekt des Antisemitismus geht – Israel. Im selben Maße, wie ihr die vermeintliche Belohnung für Auschwitz entgleitet, erkennt sich die Gemeinschaft von Gescheiterten, die sich von anonymen Mächten wieder einmal um ihren Erfolg geprellt sieht, im Kollektiv der Selbstmordattentäter und Moslemfaschisten wieder und läßt die offizielle Israelfreundlichkeit, die heute nur noch von der Springerpresse vertreten wird, entschlossen fahren. Man erkennt in ihnen diejenigen, die das zu Ende bringen könnten, woran die Deutschen nicht zuletzt durch das amerikanische Militär gehindert wurden und in den Selbstmordattentätern jene bedingungslose Aufopferungs- und Vernichtungsbereitschaft, die die Deutschen als Selbstmordsekte auch einmal auszeichnete. In den von der palästinensischen Autonomiebehörde verwalteten Gebieten ist die mögliche Zukunft von Teilen der vermeintlichen Wohlstandsinseln ebenso vorweggenommen wie das bereits eingetretene barbarische Ende nationalrevolutionärer ›Befreiung‹ exemplarisch verkörpert. In diesen Gebieten herrscht eine Ökonomie des Bankrotts – aber nicht als Konsequenz einer in die Krise geratenen Ökonomie, nicht als Resultat ihrer negativen Aufhebung, sondern als bewußte und gewollte Verewigung einer »ursprünglichen politischen Akkumulation«, die nicht mehr in der Perspektive auf die Installierung einer reproduktiven Ökonomie betrieben wird, sondern ihre eigene selbstzweckhafte Perspektive ist. Der vermeintliche Rückstand wird so zum Vorsprung, insofern aus dem Ausbleiben von Beschäftigung und Produktion, das heißt aus dem Bankrott selbst Kapital und Beschäftigung geschlagen werden; das einzige Kapital, das die Palästinenser zu verwerten haben, ist ihr Dasein als Staatsbürger *in spe*, zu dem sie sich vermittelt durch ihre Einpeitscher selbst zugerichtet haben. Selbstverwertung als Staatsbürger aber heißt nichts anderes als Selbstaufopferung und Selbstvernichtung im perspektiv- wie endlosen Kampf gegen die zum Todfeind erklärten Juden, in denen der im Inneren des palästinensischen Kollektivs stillgestellte Antagonismus exterritorialisiert und personalisiert erscheint. So sind in den ›Autonomiegebieten‹ die einträglichsten Gewerbe Produktion und Vertrieb von Waffen und, mehr noch, die Selbstentleibung als Attentäter, an deren Rekrutierung die Politkonzerne verdienen und für die die ›Autonomiebehörde‹ Märtyrerprämien zahlt. Dabei wird diese Aufopferung, ähnlich wie bei den Nazis, nicht angeordnet, sondern geschieht auf völlig freiwilliger Basis. Den Beruf des Palästinensers, das heißt des Selbstmordattentäters auszuüben, verspricht Einkommen (für die Hinterbliebenen); Reputation und Aufhebung von Diskriminierung (zum Beispiel der geschlechtlichen in Form von Selbstmordattentäterinnen) im Tod – kein Wunder, daß der palästinensischen Gesellschaft alles daran liegen muß, im Rahmen einer ›Friedenslösung‹ jenen Ausnahmezustand, in dem ihre überwältigende Mehrheit sich prächtig eingerichtet hat und der ihre einzige Verdienstquelle ist, fortzuschreiben. Und es sind die europäischen Staaten, Deutschland voran, die als Sponsoren dieser Produktion des Todes fungieren: als Rückzugsgebiet und Hinterland für islamistische Terroristen, durch Subventionierung der ›Autonomiebehörde‹ und ihrer Institutionen und durch systematische Delegitimierung von Israel.[61]

61 Es war – wieder einmal – in der *Welt*, in der Hannes Stein voller Bitterkeit konstatierte: »Europa wird Israel, wenn es darauf ankommt, nicht als seine Bastion betrachten. Wenn der Atompilz über Tel Aviv aufgegangen ist, wird man den Israelis zweifellos Monumente errichten und in geschmackvoll eingerichteten Museen ihrer Kulturleistungen gedenken.« (11.5.2002)

Daß eine ›Friedenslösung‹ die Verewigung des perspektivlosen Mordens von Seiten der Palästinenser bedeutet, weiß natürlich auch die deutsche Öffentlichkeit – ein Grund mehr für sie, diese Forderung zu erheben, weil sie die unverdächtigste und moralisch unanfechtbare Form ist, den Juden Tod und Verderben an den Hals zu wünschen. Auch diesen Antisemitismus mit menschlichem Antlitz hat übrigens die Linke der deutschen Mehrheit vorbuchstabiert – im ersten Golfkrieg. Eike Geisel nannte diesen »moralischen Antisemitismus« damals die »Moralität von Debilen«, wenngleich er nicht ahnen konnte, wie sehr sich seine bittere Kritik heute bewahrheitet hat: »Das antijüdische Ressentiment entspringt den reinsten menschlichen Bedürfnissen, es kommt aus der Friedenssehnsucht. Es ist daher absolut unschuldig, es ist so universell wie moralisch. Dieser moralische Antisemitismus beschließt die deutsche Wiedergutwerdung insofern, als sich durch ihn die Vollendung der Inhumanität ankündigt: die Banalität des Guten.«[62]

62 Eike Geisel: *Die Banalität der Guten. Deutsche Seelenwanderungen.* Berlin 1992, S. 120f.

Uli Krug

Mobilisierte Gesellschaft und autoritärer Staat

Der nicht enden wollende Nationalsozialismus oder: Die Aktualität Max Horkheimers

Es handelt sich bei folgendem Text um mehr als bloß eine überarbeitete Fassung eines auf der Konferenz *Vom Postfaschismus zum demokratischen Faschismus* gehaltenen Vortrages. Die vor dem 11. September vom Autor so nicht vorhergesehene Regression vieler ›Linker‹ auf die antiamerikanischen und antizionistischen Stereotypien, die die 68er wohl schon immer mit den 33ern teilten, zwang dazu, einiges von dem, was im Ursprungsvortrag fälschlicherweise als bekannt und *d'accord* vorausgesetzt wurde, argumentativ auszubreiten. Was immer schon in der unbedachten Verwendung des Adjektivs ›postfaschistisch‹ mitschwang – die Annahme, der Nationalsozialismus werfe zwar seinen Schatten auf die Gegenwart, sei aber als solcher ein abgeschlossenes Kapitel –, zeigt sich in der relativierenden Haltung gegenüber der neuen, weltweiten Konjunktur des Antisemitismus als absichtsvolles Sich-Dummstellen. Die nachbürgerliche Konstellation von Gesellschaft, die Grundzüge des deutschen Nationalsozialismus, nämlich: totale Mobilisierung der dadurch vereinheitlichten Gesellschaft, Unmittelbarkeit und Personalisierung von Herrschaft und Identität von Ressentiment und Politik, liegen deutlich wie seit Jahrzehnten nicht mehr zutage. Daß die heutigen Meister in diesen Disziplinen die direkten Nachfahren ihrer ersten Meister beziehungsweise ihrer Verbündeten sind – das will nicht wahrhaben, wer behauptet, daß eliminatorischer Antisemitismus eine exklusiv deutsch-europäische Angelegenheit (gewesen) sei und daß der Nationalsozialismus mit der Niederlage des Dritten Reiches tatsächlich sein Ende gefunden hätte.

I.

Immer wenn der islamische Antisemitismus erneut in mörderische Aktion tritt, bildet sich eine eigenartige Fronde aus Redakteuren der nationalbolschewistischen Tageszeitung *junge welt*, Leserbriefschreibern des Monatsmagazins *konkret* und ›Wirtschaftsphilosophen‹ der parteikommunistischen Tageszeitung *Neues Deutschland*, die all jenen, die das jeweilige Blutbad beim richtigen, das heißt faschistischen Namen genannt haben, den erhobenen Zeigefinger entgegenstreckt und anmahnt, daß man doch auf der ›Singularität‹ des Nationalsozialismus zu bestehen habe und den ›Faschismus‹ nicht in den Nahen Osten auslagern dürfe. Ausgerechnet diejenigen führen die Singularität des Nationalsozialismus ins Feld, die ansonsten in Auschwitz nur eine Durchsetzungsstufe des Werts in der kontinuierlich auf kommunistische Reife zulaufenden Weltgeschichte erblicken, die die Judenvernichtung des Nationalsozialismus als eine Reform der agrarischen Arbeitsmärkte in Osteuropa rationalisieren oder sie als den Haufen Späne ansehen, der eben beim nationalsozialistischen Hobeln an der Arbeiterbewegung angefallen ist.

Von diesen Leuten vorgetragen, gerät das Gerede von der Einmaligkeit, sprich: Vergänglichkeit des Nationalsozialismus und damit dessen Quintessenz, der ›Vernichtung des Weltjudentums‹, vollends zur blanken Infamie. Versteht man unter Singularität, daß der Nationalsozialismus eine besondere historische Episode auf geographisch beschränktem Raum gewesen sei, dann haben Juden ja heutzutage auch nichts mehr zu befürchten und können dementsprechend außerhalb Europas bedenkenlos bekämpft werden: Israel wird dadurch – wie es der Autonomensprech dann auch nachplappert – zu einem ›Staat wie jeder andere‹. Tatsächlich einzigartig war der Nationalsozialismus aber dadurch, daß er in massenmörderischer Konsequenz nachwies, daß die Selbstzerstörung der bürgerlichen Gesellschaft auf die Ausrottung der zur jüdischen »Gegenrasse« (Rosenberg) verleiblichten eigenen Konstitution – der der Tauschabstraktion inhärenten Dauerkrise – hinausläuft. Und diese *Pathologie kapitalistischer Krisenbewältigung*, wie sie im Untertitel eines im folgenden näher zu behandelnden bekannten Buches treffend benannt wird,[1] ist keineswegs vergangen, sondern wirkt fort: Ganz offensichtlich treibt die im pathologischen Sinne zwanghafte Personalisierung des Raffenden, Raubenden und Zersetzenden weltweit Regierungen und soziale Bewegungen um – mehr noch: sie ist ein spontaner Mechanismus, der in der nunmehr wahrhaft einen Welt häufig das einzige Band darstellt, das Gesellschaften, Eliten und Mob überhaupt noch zusammenhält.

Der Nationalsozialismus ist insofern einmalig, als er sowohl den Anbruch einer stets noch andauernden neuen, nachbürgerlichen Epoche kapitaler Vergesellschaftung, die Ulrich Enderwitz zurecht als »faschistische Ära« bezeichnete, markiert, als auch zugleich enthüllt, daß diese neue Epoche aus eigener Dynamik heraus nichts als Vernichtung freizusetzen vermag. Daß Israel nicht nur aus Respekt vor den Opfern der Vergangenheit einen besonderen Staat darstellt, sondern daß es gerade in Hinblick auf die Opfer, die die »Pathologie« der globalen Dauerkrise noch fordern wird, von jedem linksradikalen Staatskritiker verteidigt werden muß, sollte eine Selbstverständlichkeit sein, die ebenso selbstverständlich keine ist.

Das schlechte Beharren auf der ›Singularität‹, die den Nationalsozialismus in die Rumpelkammer der Geschichte verbannt, bedient sich eines theoretischen Taschenspielertricks: Der Reduktion des allgemeinen Un-Wesens des eliminatorischen Antisemitismus auf die besonderen Ausgangsbedingungen der deutschen Geschichte. Der Soziologe sucht sie in der abweichenden Mentalitätsgeschichte der Deutschen, der Krisentheoretiker im Industriepotential beziehungsweise in dessen etatistisch-defizitären Wiederbelebung in der Weltwirtschaftskrise; der Religionswissenschaftler schließlich operiert mit der strikten Trennung von historisch-religiösem Antijudaismus und akut-politischem Antisemitismus des deutschen Volksstaats. Die Schlußfolgerungen aus dergleichen Annahmen liegen dann klar auf der Hand: tritt der Antisemitismus in einem ›anderen Kulturkreis‹ auf, muß er vom Nazi-Antisemitismus als Produkt spezifischer deutscher Nationalkultur grundlegend unterschieden sein; hat der mörderische

1 Ulrich Enderwitz: *Antisemitismus und Volksstaat. Zur Pathologie kapitalistischer Krisenbewältigung*. Freiburg 1991

Antisemitismus kein Industriepotential im Rücken, entfaltet er keine Wirksamkeit mehr; und ist die Terminologie des eliminatorischen Antisemitismus der Religion entliehen, dann kann das ergo nichts mit dem deutschen Nationalsozialismus zu tun haben. Alle Argumentationsfiguren konvergieren in der schlichten Feststellung, daß die Verhältnisse heute eben andere seien als noch in den 1930er und 40er Jahren, und daß Metropole und Peripherie ohnehin nicht vergleichbar wären; und deshalb verbiete es sich, eine Parallele zwischen zeitgenössischem islamischen Antisemitismus und deutscher Judenvernichtung zu ziehen.

Der springende Punkt aber ist, daß eine historiographische Betrachtung vielleicht die spezifisch historischen Ausgangsbedingungen sowie die Verlaufsform des nationalsozialistischen Antisemitismus erfassen können, während es sich aber so verhält, daß die nationalsozialistische Judenvernichtung sich eben nicht aus ihrer Verlaufsform erklären läßt, ihr Grund weder in den historischen Umständen aufgeht noch sich darin erschöpft. Die Bedingung, die Auschwitz möglich machte, ist nicht identisch mit den Umständen, in denen es stattfand. Es auf diese Umstände zu reduzieren, macht es möglich, jene Bedingung zu ignorieren – zu ignorieren nämlich, daß der wahnhafte Vernichtungsfeldzug gegen das Abstrakte, konkretisiert im Liberalismus, im Kommunismus, im Mammon und inkarniert im Juden, nicht mehr einer historiographisch rekonstruierbaren Zweck-Mittel-Gelegenheits-Logik entspringt, sondern jener logisch unbegreifbaren Einheit von Selbsterhaltung und Selbstzerstörung, die der selbstreferentielle Wert setzt. Indem der NS-Staat diese Un-Logik in Staatsraison übersetzte, das Volk synthetisierte und das Anti-Volk vernichtete, markierte er einen unumkehrbaren ›Zivilisationsschwund‹, eine Regression des tatsächlichen kapitalen Subjekts auf seinen von Marx in kritischer Absicht geprägten Begriff. Daß die militärische Niederlage dieses Staates, sein völkerrechtliches Verschwinden die Wirkungsmacht dieses ›Realparadoxes‹ gebrochen und damit die zwanghafte Wiederholung der deutschen Krisenlösung suspendiert hätte, diese unhaltbare Unterstellung teilen die Apologeten der postnationalsozialistischen Demokratie mit den Verharmlosern der antiimperialistischen Weltbewegung des Islam.

Dabei darf man durchaus schlechte Absicht als Ursache des theoretischen Mangels unterstellen. Denn selbst einem hartgesottenen Positivisten drängen sich geradezu Unmengen empirischer Befunde auf – wenn er sie denn bloß sehen wollte –, die solcher Verharmlosung entgegenstehen. Die historische Verbindung zwischen arabisch-religiöser Erweckungsbewegung gegen das osmanische Reich und dem aufblühenden europäischen Antisemitismus ist ebenso gut belegt wie die Kooperation dieser Bewegung mit dem nationalsozialistischen Antiimperialismus, die schließlich zur Geburt der ›Palästinenser‹ aus eben diesem Ungeist führte. Daß gleich neben dem Koran antisemitische Machwerke von *Mein Kampf* bis zu den *Protokollen der Weisen von Zion* die arabisch-islamische Verlagstätigkeit dominieren; daß sie als schulische und universitäre Pflichtlektüre die panarabischen wie islamistischen Eliten geprägt haben; daß schließlich das ›Modell Deutschland‹ – also Wohlstand durch Judenvernichtung – ein wahrer Exportschlager im arabischen Raum ist und dort freundlich rezipiert und offen propagiert wurde und wird – nichts von all dem ficht die Bescheidwisser an, ganz gleich, wie offenkundig die historische Verbindung ist, ganz gleich, wie sehr sich Sprache und Programmatik der Judenfeindschaft ähneln, ganz gleich, ob das nationalsozialistische Unterfangen ganz ungeniert von den arabischen Antisemiten als eigene Tradition reklamiert wird.

II.

Ohne Etatismus kein Nationalsozialismus: In dieser Grundannahme konvergieren nahezu alle unterschiedlichen und in der Linken bis heute kurrenten Faschismusanalysen. Weil die Debatte über das, was eigentlich ›postfaschistisch‹ sei, im Nachkriegsdeutschland wie im Nachkriegsösterreich sich stets nur auf die Verstaatlichung der Gesellschaft, nicht aber auf die gesellschaftliche Verunmittelbarung des Staates kaprizierte, ist die Krise des Korporatismus zugleich auch die Krise des Antifaschismus. Kein Wunder, daß den Linken vor diesem Hintergrund Phänomene wie Haider, der unmittelbar zugleich Nazi und ›Neoliberaler‹ ist, oder das der charakteristischen Staatsferne der islamistischen Erweckungsbewegung rätselhaft bleiben müssen.

So können diejenigen, die mit den Mitteln der Historiographie einen Schlußstrich unter die nationalsozialistische Ära ziehen, weitgehend unwidersprochen Entwarnung geben. Deutschland sei ein ›Auslaufmodell‹, weil sich eine identische Wiederholung des nazistischen *deficit-spending* nicht mehr rechne – als ob es das je getan hätte[2] –, oder weil andere Mächte als das besiegte Deutschland in der Nachkriegsordnung hegemonial geworden wären – als ob der Nationalsozialismus mit seinem Junktim von Wohlstand und Vernichtungskrieg nicht weiterhin ein Versprechen für die vermeintlich zu kurz Gekommenen enthielte. Das sich abzeichnende Ende des die Nachkriegsgeschichte bestimmenden integralen Etatismus und seiner politischen Verlaufsform im Korporatismus in den Metropolen, die in den staatlichen Aufbauregimes der Peripherie ihr Pendant fand, gilt zugleich als das definitive Ende des Nationalsozialismus, da es eine Wiederholung verunmögliche. Wie nun aber, wenn sich der Nationalsozialismus nicht wiederholen müßte? Wenn er nicht – wie der Begriff ›postfaschistische Gesellschaft‹ es nahe legen könnte – nur ein belastendes Erbe einer abgeschlossenen Epoche vorstellte, sozusagen fortwirkende Vorgeschichte wäre, sondern seine Geschichte noch andauerte? Wenn die Zeit, die seinen Namen trug, sich als schicksalhafter Auftakt einer Epoche, als unumkehrbarer Untergang der ›liberalen‹ Konstellation von Proletariat, Bürgertum und Staat und als Inauguration einer totalen Vergemeinschaftung erwiese, die den Begriff der ›totalen Vergesellschaftung‹ mit Leben, besser: mit Tod füllt?

2 So argumentierte zum Beispiel Robert Kurz schon 1993 auf dem damaligen *Konkret-Kongreß*. Wolfgang Pohrt gab ihm folgendermaßen Bescheid: »Demnach wäre … die offenkundige Unsinnigkeit eines Unternehmens grundsätzlich ein zwingender Unterlassungsgrund. Demnach hätte die ganze Weltgeschichte eigentlich nicht passieren dürfen… Die ganze neuere Geschichte ist ein einziger Tummelplatz von Totgesagtem, weshalb der Zuversicht, was in unserer Zeit alles ausgeschlossen sei, stets auf dem Fuße das Staunen folgt, was in unserer Zeit alles möglich ist.« Wolfgang Pohrt: *Dritter Griff zur Weltmacht?* In: Wolfgang Schneider/ Boris Gröndahl (Hg.): *Was tun? Über Bedingungen und Möglichkeiten linker Politik und Gesellschaftskritik*. Hamburg 1994, S. 68 f.

Zweifelsohne ist der Nationalsozialismus durch den ›totalen‹, autoritären Staat bestimmt; daraus folgt aber nicht umgekehrt, daß der deregulierte, schlanke Staat nicht die aktuelle Gestalt jener nachbürgerlichen Konstellation sein könne – und welcher Staat könnte schlanker sein, als der, der die Elendsverwaltung à la Palästina komplett an ›moralische‹ Institutionen abgibt. Vielmehr kennzeichnete den nationalsozialistischen Staat – im bestimmenden Unterschied zum faschistischen Italien – eben das, was den schlanken Postnationalsozialismus erst ermöglicht: die wechselseitige Entgrenzung von Staat und Gesellschaft, das heißt die Aufhebung der inneren Trennung und Gegensätzlichkeit der gesellschaftlichen Sphären und die Verschmelzung von Staat und Gesellschaft in Gemeinschaft und Rasse. Der von Enderwitz geprägte, an den klassischen sozialdemokratischen Floskelfundus angelehnte Begriff des Volksstaats trifft diesen Sachverhalt genau; an einem entscheidenden Punkt aber erweist er sich als beschränkt.

Zunächst aber wird in *Antisemitismus und Volksstaat* virtuos demonstriert, daß der Weg des starken, interventionistischen Staates in den »vom Wahnsinn geschüttelten Leviathan«, der einen aller instrumentellen Vernunft widersprechenden Endkampf gegen die »jüdische Weltverschwörung« führt, seiner »amphibolischen« Konstitution sich verdankt. Amphibolisch meint den Widerspruch zwischen ökonomischer Daseinsgrundlage dieses Staates – der Beförderung und Sicherstellung der kapitalen Akkumulation – und seinem politischem Auftrag, nämlich sich als Sachwalter des staatsproletarischen Anliegens, als Sozialstaat also, an Stelle der revolutionären, gesellschaftlichen Bewegungen zu setzen, diese in einem zu mimykrieren und zu massakrieren. Dieser Widerspruch nötigt ihn, die Gesellschaft in Zucht zu nehmen durch die Exterritorialisierung seines eigenen Widerspruchs in ein äußerlich widersprechendes Prinzip: des egoistischen, raffenden, zersetzenden, ungemeinschaftlichen Bürgers, verkörpert im ›Liberalitätsjuden‹. »Während der starke Staat sich damit begnügte, unter dem Deckmantel eines Garanten des allgemeinen Wohls die Arbeit dem Kapital zu subsumieren, ging der Volksstaat dazu über, dieser Subsumtionstätigkeit durch die Maske einer sozialstaatlichen Parteinahme für die unteren Schichten ideologische Überzeugungskraft und politischen

Nachdruck zu verleihen. Und jene Maske macht sich nun der faschistische Staat, indem er sie zur führerschaftlich sozialrevolutionären Person hypostasiert, zunutze, um den gesellschaftlichen Gegensatz zwischen Kapital und Arbeit in dieser seiner Personalität überhaupt verschwinden zu lassen und beide Kräfte zur interessengemeinschaftlichen Formierung … aufzuheben.« Dadurch aber »bis zum Zerreißen eingespannt zwischen seinem auf die Beförderung und Sicherstellung der Kapitalakkumulation zielenden funktionellen Auftrag einerseits und andererseits dem quasisozialistischen Sendungsbewußtsein, das er zur Erfüllung seines Auftrags ausbilden und in die Tat einer vom bürokratischen Apparat zu simulierenden und zu dirigierenden völkisch-revolutionären Bewegung umsetzen muß, erfährt der faschistische Staat krasser denn je den ihn konstitutionell bestimmenden Widerspruch zwischen ökonomischem Zweck und politischem Mittel und reagiert mehr denn je auf diesen konstitutionellen Widerspruch mit reflexhafter Aggressivität gegen dasjenige am kapitalen Zweck, was dessen Gegensatz zum quasisozialistischen Mittel gesellschaftlich sichtbar werden läßt«.[3] Er, der NS-Staat, »braucht das Faszinosum und Schreckensbild des zwischen Raffgier und Schmarotzertum, Schatzbildung und Wohlleben, zwischen abstraktivem Tanz ums goldene Kalb und privativem Konsumrausch changierenden Liberalitätsjuden mehr denn je, um an diesem systemtranszendenten Ersatzobjekt den antibürgerlichen Affekt abzureagieren, den jener systemimmanente Widerspruch in ihm wachruft«.[4]

So sehr darin die charakteristische Form der ›konformistischen Revolte‹ getroffen ist, die den Staat als Sachwalter einer präsumtiven ›Interessengemeinschaft‹ anruft, so sehr wird sie aber auch verfehlt: Es ist hier bloß ›der Staat‹, der als Manipulator der Gesellschaft ein Ersatzobjekt vorsetzt – als ob diese keines fordern würde. Daß der NS-Staat eben auch der Exekutor einer gesellschaftlichen Forderung ist, die konstitutionell aus der kapitalen Subjektivität stammt – der Eliminierung des *alter ego* des arbeitenden Tauschsubjekts –, erscheint

3 Enderwitz, S. 137f.

4 Ebd., S. 132f.

bei Enderwitz nicht. Anders gesagt: Nicht nur manipuliert der Staat die Gesellschaft, indem er den gesellschaftlichen Antagonismus von Kapital und Arbeit kassiert und dafür den bürgerlichen Egoismus in Gestalt des Juden als Menetekel darstellt, sondern die Gesellschaft manipuliert *viceversa* auch den Staat, gibt seinem administrativen Handeln die soziale Bestimmung für den Volksgenossen und damit notwendig zugleich die Vernichtungsbestimmung für die Asozialen vor: Nicht nur erzeugt der Volksstaat das Staatsvolk; zugleich bestimmt das Staatsvolk den Volksstaat. Fällt die zweitgenannte Bestimmung weg, dann avanciert der Staat zum autonomen Geschichtsschöpfer und seine Schöpfung, der Nationalsozialismus, hätte sich in dem Augenblick erledigt, wo sein Daseinsgrund, der Volksstaat, in seiner radikalisierten Gestalt als Führerstaat von der historischen Bühne abtritt.

Die tatsächliche Gestalt dieses Staates wird auf diese Weise gründlich verfehlt; sie ist tatsächlich Anathema: kein Zufall wohl, daß bei Enderwitz die nationalsozialistische Partei kaum je Erwähnung findet. Jener Führerstaat war vielmehr so beschaffen, daß weniger der »bürokratische Apparat« die »völkisch-revolutionäre Bewegung simulierte und dirigierte«, sondern eher so, daß diese sich in Staat warf, sich selbst als ›Bürokratie‹ kamouflierte. Daß der NS-Staat gesellschaftliches Handeln nur noch als staatliches Handeln zuließ, heißt zugleich, daß staatliches Handeln nur noch am gesellschaftlichen Vorurteil sich orientiert, wahrhaft volkstümlich, zum unmittelbaren Werkzeug des staatsvölkischen Willens wird. Aufhebung der Trennung von Staat und Gesellschaft bedeutet eben nicht nur die Durchstaatlichung des zuvor mehr oder weniger autonomen gesellschaftlichen Lebens, sondern umgekehrt nicht minder die Rücknahme des zuvor mehr oder minder autonomen Staatszieles in unmittelbar gesellschaftliche Regie. In dieser Hinsicht war der Nationalsozialismus nicht bloß ›simulierte‹, sondern faktisch sozialrevolutionäre Bewegung und zugleich konsequent praktizierter Staatsliberalismus.

Franz Neumanns *Behemoth* setzt dieses äußerst demokratisch-populistische Prinzip des NS-Staates in Gegensatz mit der Herrschaftspraxis des traditionell autoritären Staates, wie ihn das faschistische Italien vorstellte: Während dort der Staat die politischen Direktiven vorgibt, sich der zentralstaatliche, bürokratisch organisierte Apparat der faschistischen Partei bedient, so ist der NS-Staat umgekehrt von der Partei bestimmt, die wiederum sämtliche gesellschaftlichen Bereiche organisatorisch kontrollierte.[5] Der »Behemoth« befand sich also in einer Art »bürokratischem Naturzustand«,[6] der das gesellschaftliche Faustrecht mit seiner administrativen Synthetisierung und Exekution unmittelbar kurzschloß. Statt, wie es das Bild des hierarchischen ›Führerstaates‹ nahelegt, Ausdruck einer durch staatlichen Terror zur Passivität verurteilten Gesellschaft zu sein, war das nationalsozialistische Regime vielmehr ein Staat, der vermittels der Partei und ihrer Organisationen sein terroristisches Potential erst voll entfaltete: ein Staat, der die Gesellschaft komplett mobilisierte, die Konkurrenz der Marktsubjekte in den Staat selber hineintrug. Diese schlug mittels des Hitlerschen Systems der Improvisationen, der unklaren Hierarchie, der kurzen Wege, der persönlichen Gefolgschaften, des Standrechts etc. als Vernichtungsvorhaben auf ihren in bekannter Weise exterritorialisierten ›Feind‹ durch; die zur staatlichen Veranstaltung gewordene Konkurrenz der Behörden, Organisationen, Kompetenzen, Potentaten ist einer der wichtigsten Treibsätze der alptraumhaften, ständigen und maßlosen Radikalisierung des Regimes.

Erst aus dieser Kombination von gesellschaftlicher Totalmobilmachung und ohne institutionelle Brechung in Politik umgesetzter Idiosynkrasie resultiert die Fähigkeit des autoritären Staates deutscher Prägung, seinen Klassencharakter abzustreifen – indem er ihn eben in projektive Feindseligkeit verwandelte. Der soziale Konflikt zwischen den Klassen, ja das Aufeinanderprallen der vereinzelten Einzelnen, verwandelt sich in die Triebkraft eines vereinheitlichten Schreckensapparates, der die private wie soziale Heteronomie im Juden aufhebt und darin den Eigensinn von Kapital und Arbeit, den Eigensinn der gesellschaftlichen Charaktere überhaupt, als äußeren Feind fixiert. Darin besteht der entscheidende Unterschied zwischen dem faschistischen

5 Vgl. Franz Neumann: *Behemoth. Struktur und Praxis des Nationalsozialismus 1933–44*. Frankfurt am Main 1977 (1942), S. 93f.

6 David Schoenbaum: *Die braune Revolution. Eine Sozialgeschichte des Dritten Reiches*. München 1980, S. 249

Italien (beziehungsweise verwandten Formen des autoritären Staates) und dem nationalsozialistischen Deutschland ebenso wie zwischen dem postfaschistischen Italien und dem postnationalsozialistischen Deutschland. Wenn Deutsche sich vom Staat betrogen wähnen, fordern sie von ihm offensiv, die nationalsozialistische Verschmelzung von Kollektiv und Individuum, von Staat und Gesellschaft wieder in gewohnter Rückhaltlosigkeit vorzunehmen. Italiener hingegen erwarten vom Staat nichts anderes als Übervorteilung: Er erscheint wie ein übergroßer Konkurrent, zumindest als Machtmittel anderer konkurrierender Marktsubjekte, die mit angemaßten Befugnissen sich in die Sphäre der privaten Reproduktion mischen. Der kleine, aber – noch? – entscheidende Unterschied liegt darin, daß im Falle Deutschlands der je einzelne Wahnsinn danach trachtet, sich zur Staatsraison aufzublähen und in ihr aufzugehen, im Falle Italiens aber nur möglichst ungestört privat weiterwuchern möchte. So war das Verhältnis zum Duce im Gegensatz zum Verhältnis zum Führer weniger eine Sache des Herzens, sondern eine der Berechnung. Endlösung und totaler Krieg wären mit der so beschaffenen instrumentellen Vernunft der einzelnen nicht vereinbar gewesen. Selbst in der zweifelsohne extrem widerlichen Figur Berlusconis, dessen Immigrationsgesetzgebung und dessen Hofierung der Neofaschisten jede radikale Gegenmaßnahme mehr als rechtfertigte, zeigt sich jener Unterschied: Trotz aller Saubermannkampagnen der letzten Jahre obsiegt in Italien nicht ein asketischer oder zumindest sportlich-agiler Repräsentant des ganzen Volkes, sondern er, der als bekanntermaßen großer Betrüger entweder das Vorbild all der kleinen oder aber den klar benannten Klassenfeind vorstellt.

III.

Die staatszentrierte Betrachtung, welche die Linken am Nationalsozialismus eingeübt haben, reproduziert ihre am historischen Gegenstand sich zeigende Beschränkung auch in der Sichtweise auf die Nachkriegsgesellschaften. Wenn vom Postfaschismus gesprochen wurde, beschränkte sich die Analyse meist darauf, das Weiterwirken der nazistischen Verstaatlichung von Kapital und Arbeitskraft im System eines verrechtlichen Korporatismus zu identifizieren. Ganz gewiß wohnt der »Interessengemeinschaft«, der »formierten Gesellschaft«, dem »Konsensprinzip« wie der »Sozialbindung des Eigentums« der nazistische »Kapitalsozialismus« inne. Viel entscheidender aber ist, daß die Wiedereinsetzung des Repräsentationsprinzips, der Gewaltenteilung, der Parteiendemokratie nichts anderes bedeutet als eine Art Auseinanderfällung des im Führerstaat Synthetisierten – von Staatsvolk und Volksstaat also –, ohne daß deswegen zur vornationalsozialistischen Ausgangslage zurückgekehrt würde. Der autoritäre Staat setzt die nationalsozialistische Synthese genauso in seinem ›Wertekern‹ voraus, wie er sie sich als stille Notstandsreserve – nicht *in actu*, aber *in potentiam* – vorbehält. Die autoritäre Gesellschaft ihrerseits exekutiert die kollektive Normung im Privaten, was in Deutschland nicht mehr heißt als: im Vorstaatlichen. Die spießige Innerlichkeit der Adenauerzeit, die scheinbar den äußersten Gegensatz zu den in Bewegung gesetzten Massen des NS bildet, ist in Wahrheit die selbsttätige Einlösung des nazistischen Traumbilds von Gesellschaft: Daß der Export des deutschen Wesens nicht mehr im Panzer und Kübelwagen, sondern in dessen ziviler Variante, dem ›Käfer‹, erfolgte, Expansion nun Urlaub hieß, zeigte nur an, daß staatliche Mobilmachung sich als private Mobilität verpuppte. Die heute schon nostalgisch anheimelnde Gemütlichkeit, die über dem postnationalsozialistischen Gesamtensemble liegt, ist die des wohlverdienten Feierabendbieres nach getaner Arbeit, des wohlverdienten Wohlstandes nach getaner Vernichtungsarbeit; kurz: Der Endsieg als Spießeridyll.[7]

Der Nachkriegskorporatismus also bewahrt den Nationalsozialismus und hält ihn zugleich im doppelten Sinne zurück: in der ›Privatisierung‹ der Mobilisierung. Die Kassierung der relativen bürgerlichen Autonomie durch den Staat enthüllt sich als komplette und deswegen stillschweigend durchstaatlichte Autonomie der Volksgemeinschaft. Der absolute Gegensatz zwischen Korporatismus und Neoliberalis-

7 Vgl. Clemens Nachtmann: *Autoritärer Staat und Verfall des Gebrauchswerts. Das endlose Ende der politischen Ökonomie*. In: *Bahamas*, Nr. 28, 1999, S. 49ff.

mus, zwischen Privatismus und Mobilmachung, an dem die Kritik so mühselig laboriert, ist keiner, betrachtet man die Entwicklung als kontinuierliche Transgression des Nationalsozialismus durch das Subjekt und nicht mehr allein unter dem Blickwinkel von Staatskonjunktur und der auf Defizit gegründeten Vollbeschäftigung. Gerade der Wegfall des Vernichtungsgewinns, die schuldengeplagte Ohnmacht der ihn verwaltenden pseudorepräsentativen staatlichen Instanzen weckt die deutschen Krisenlösungsreflexe aus ihrer Neckermann-vermittelten Latenz. Die Rückkunft der Krise läßt allenthalben die Neigung aufkommen, sie nach bewährtem Muster erneut zu ›bewältigen‹. Der unwiderlegbare Einwand, daß dies nicht aufgehen könne, zielt daneben, weil er der zufälligen Koinzidenz von Vernichtung und darauffolgendem Wohlstand die logische Dignität zubilligt, die sie allein im Irrsinn des nachgeborenen Volksgenossen, heute: Mitbürgers, besitzt.

Die »verinnerlichte« »privatisierte Volksgemeinschaft«[8] bedarf zu ihrer Artikulation heute nicht einmal mehr der klassischen nazistischen Organisation, sondern eines Bauchredners und medientüchtigen Sprachrohrs, eines Haiders eben, dessen PR solches hervorbringt: »Keine Verstaatlichung des Menschen, sondern eine Vermenschlichung des Staates.« Das bietet keine konsistente politische Perspektive, aber eben doch eine ›negative Integration‹: Zwar »zerfällt ... der vermenschlichte Staat oder das kapitalisierte Volk sofort in zivilgesellschaftliche Banden, politisierende Amokläufer und mitwissende Zuschauer«, aber damit ist nicht gesagt, daß »diese Transformation der Volksgemeinschaft nun einfach im Chaos münden würde. Die Gesellschaft, die zerfällt, wird nach wie vor in der Projektion zur Gemeinschaft vereint... Die nationalsozialistische Volksgemeinschaft hat in diesem Fall optimale Grundlagen für das geschaffen, was als Outsourcing des Staates verstanden werden kann und gerade in der Krise für die nationale Fitneß im internationalen Wettkampf um die Verwertung des Werts ausschlaggebend sein dürfte: Identität für eine Gesellschaft, die sich auflöst; ideologische Einheit einer sozialen Formation, deren

8 Gerhard Scheit: *Die Meister der Krise. Über den Zusammenhang von Vernichtung und Volkswohlstand*. Freiburg 2001

Teile auseinanderdriften; Integration der Desintegration. Der schlanke Staat, für den eine Figur wie Haider steht, mobilisiert ohne großen bürokratischen Apparat die nationalen, rassistischen und antisemitischen Projektionen, die jene Identität vollbringen und das Desintegrierte integrieren.«[9]

Selbstverständlich besitzt der Nationalsozialismus und auch der Postfaschismus ein materielles Substrat im Sinne einer mehr oder minder komfortablen Staatsalimentation – aber es ist nicht so, daß mangelnder Komfort die Integration in Frage stellen würde. Vielmehr zeigt sich der Grad von ›Internalisierung von Volksgemeinschaft‹ dann am stärksten, wenn die *benefits* von Staats wegen kärglich werden und die Gemeinschaft um ihrer selbst willen verfolgt und bekämpft. Gerade im plebiszitär-neoliberalen politischen Gewand und in der authentisch-egalitären Entfesselung der Konkurrenz – man denke an *Big Brother* oder die öffentlichen Kampf-Castings für Boy- oder Girl-Groups – scheinen die allerursprünglichsten Züge und Affekte des Nationalsozialismus wieder auf. Wie einst der Konkurrenzkampf der Potentaten und Rackets in der Partei das Antriebsmittel des Terrorismus waren, so erscheint heute das ohne jede traditionelle Einschränkung tobende Alle-gegen-Alle in amorphen, dafür aber überhaupt nicht mehr abreißenden Volks- und Staatskampagnen gegen Seuchen oder Schädlinge am Ganzen, die gerade, weil sie nur eines Abglanzes jenes kombinierten Unter-/Übermenschen – des Juden – habhaft werden, den der Nationalsozialismus vernichtete, so zwanghaft antiamerikanisch und antiisraelisch geraten müssen. Jenes Ganze aber ist, wie schlank und ›diversifiziert‹ auch immer, stets noch die Einheit von Volkskörper und Interventionsstaat.

Die Wiederauferstehung der allgemeinen Mobilmachung aus privatisierter Latenz, der Kurzschluß von Krise und Mobilisierung kündigte sich in der Notstandskampagne der späten 1960er Jahre an. Johannes Agnoli war aufgefallen, daß Notstand in Deutschland etwas anderes bedeutete als der für klassische autoritäre Staaten typische, wie auch immer geartete ›Klassenkampf von oben‹. Daß Wohlfahrtsstaat und

9 Ebd., S. 206

Krisen- beziehungsweise Notstandsstaat prinzipiell aus einem, nämlich demokratischen Holz geschnitzt sind, Notstand die ›Demokratie‹ nicht gefährdet, sondern ihren Charakter gerade zum Vorschein bringt, macht Agnolis *Transformation der Demokratie* so hellsichtig. Dabei verschlägt es wenig, daß ihr theoretischer Kontext zu traditionell beschaffen war, um den heutigen Charakter der Kampagnendemokratie in Gänze zu antizipieren: Jenen »amorphen« Charakter, der die Feindseligkeit aller gegen alle in immer neuen Kampagnen gegen die von außen kommende Bedrohung, die als heimtückische Krankheit wütet, selbsttätig kollektiviert.

Dennoch scheint in der Form des »vorverlagerten Notstands« bereits die permanente zivile Generalmobilisierung auf – wie umgekehrt die nazistische Mobilisierung nachklingt: »Soweit der moderne Kapitalismus sich auch vom Faschismus entfernt haben mag: der präfaschistisch-liberale Ruf nach dem ›starken Staat‹ wiederholt sich postfaschistisch-neoliberal und präzisiert sich in der Bereitschaft der Privilegierten, selbst Opfer zu bringen und sich Beschneidungen aufzuerlegen, wenn dadurch die Freiheit besser geschützt werden kann.«[10] Freiheit bedeutet aber nicht die Restitution der liberalen Freiheit, sondern die Aufrechterhaltung der Handlungsfreiheit des autoritären Staates, und, durch ihn hindurch, der autoritären Gemeinschaft. Der Ordo-Liberalismus im Wohlstandsstaat wie der Neoliberalismus des schlanken Staates treffen sich in einem entscheidenden Punkt: Mögen ihre Verlaufsformen auch noch so unterschiedlich scheinen, ist der eine eher gekennzeichnet durch Passivität und Repräsentation, der andere durch Aktivbürgertum und Selbstverwaltung – beide haben mit dem klassischen Liberalismus nichts mehr zu tun. Die Sorge des Wirtschaftssubjektes um sich ist unwiederbringlich transformiert in die Sorge des Volksgenossen um die Handlungsfähigkeit des Staates, seines Staates; ein Wohl und Wehe jenseits des eigenen Staatsbürgerdaseins ist nicht mehr vorstellbar. Selbst die ›private‹ Altersvorsorge wird in staatlichem Auftrag installiert, der kollektive *run* zur Börse wird als

10 Johannes Agnoli: *Die Transformation der Demokratie und andere Schriften zur Kritik der Politik*. Freiburg 1990, S. 64

gesellschaftliche Verpflichtung inszeniert. »Der alte liberale Staat, der sich wenig um Sozialsicherung, Rentenwesen und Arbeitsmarktordnung kümmerte, kannte nur den nackten Armee- und Polizeieinsatz gegen die streikenden Arbeiter. Der heutige politische Staat darf den Notstand auf alle Bereiche ausdehnen, deren Regelung ihm gesellschaftlich übereignet worden ist.« Scheinen diese Bemerkungen auch eher auf ein System von Notverordnungen gemünzt zu sein, so treffen sie doch genausogut auf den ›schlanken Staat‹ von heute zu – läßt sich doch beobachten, daß der Abbau der Sozialsysteme von Staats wegen zwar eine Entgarantierung, aber keine Deregulierung bedeutet. Die sogenannte Sozialordnung bleibt weiterhin unter Kontrolle des Staates, gerade weil sein Budget restringiert ist: »Deshalb zerstört seine Praxis die alte liberale Formel von der Trennung von Staat und Gesellschaft.«[11]

Darin besteht das Signum der ›faschistischen Epoche‹, die sie heute genauso wie 1933 von der liberalen Epoche des Kapitalismus signifikant und irreversibel unterscheidet: daß die relative Autonomie der gesellschaftlichen Sphären unwiderruflich aufgehoben ist. Gesetzgebung und Unterhaltung, Politik und Kultur folgen einem kollektiv geteilten Ressentiment – es ist ein und derselbe Ungeist, der alle Bereiche durchherrscht und Nationalsozialismus und Postfaschismus dergestalt so immens demokratisch macht. Nicht von ungefähr ersetzte im Nationalsozialismus der Wink des Führers den Erlaß eines formalen Gesetzes, was nur deshalb funktionierte, weil einerseits ein jeder sich im Führer wiederfand, dessen Omnipotenz der gewünschten eigenen zum Ausdruck verhalf und andererseits der Führer Sprachrohr und Exekutor des Stammtischs war. Immer schon wollte der Faschismus das Moment der Bewegung festhalten, die sich den vormalig geltenden formalen Spielregeln entzieht und damit einerseits die größtmögliche Kontrolle über die Bevölkerung ermöglicht und andererseits auch die größtmögliche Partizipation derselben erheischt – die bitteren Scherze des Karikaturisten Achim Greser, der die NSDAP als größte Bürgerinitiative der Geschichte vorführt, klären besser über das Wesen

11 Ebd., S. 64f.

des Nationalsozialismus auf als die ganze archivarische Akribie eines parteikommunistischen Faschismusforschers wie Reinhard Kühnl: Der autoritäre Staat ist die staatgewordene Bewegung.

IV.

In all jenen populären Forderungen, die auf Verunmittelbarung von Herrschaft als Kompensation der Entgarantierung hinauslaufen, kehren die ursprünglichen und konstitutiven Züge des Nationalsozialismus wieder, jedoch ohne daß dieser als solcher restituiert werden müßte. Diese Charakteristika wie die Indienstnahme des autoritären Staates für die kollektive Idiosynkrasie, die Übersetzung der Konkurrenz in zügellose Feindkampagnen, der permanente Notstand und die ebenso permanente Mobilisierung, teilt sich beklemmend aktuell in einem häufig angefeindeten Text Horkheimers von 1939 mit: *Die Juden und Europa*.

Viel auf den ersten Blick Stichhaltiges ist gegen Horkheimer eingewandt worden. Gewiß hatte er das mörderische Nicht-Aufhören-Können des staatlich organisierten Antisemitismus ebenso wie den Durchhaltewillen der Deutschen im kommenden Krieg unterschätzt; es sind dies aber Fehleinschätzungen, die bloß zeigen, daß die Grundlagen wenigstens noch instrumenteller Vernunft bereits stärker unterhöhlt waren, als selbst die finsteren Prognosen Horkheimers diesen selber 1939 ahnen ließen. Von Böswilligkeiten, die dem Mitverfasser der *Dialektik der Aufklärung* daraus einen Vorwurf machen, und zu denen sich neuerdings leider auch Eckhard Henscheid herbeiläßt,[12] abgesehen, lautet die zentrale Kritik, wie sie exemplarisch Barbara Brick und Moishe Postone[13] formulierten, in etwa so: Weil Horkheimer meinte, die grund-

12 Vgl. Eckhard Henscheid: *Die Nürnberger Rassengesetze. Sowie ihr Echo bei der Kritischen Theorie*. In: Ders./Gerhard Henschel: *Jahrhundert der Obszönität. Eine Bilanz*. Berlin 2000, S. 181 ff.

13 Barbara Brick/Moishe Postone: *Kritischer Pessimismus und die Grenzen des traditionellen Marxismus*. In: Wolfgang Bonß/Axel Honneth (Hg.):

legenden Widersprüche der politischen Ökonomie seien zusammen mit dieser selbst im Staatskapitalismus aufgehoben, sei er in ausweglosen Pessimismus verfallen. Sicher klingen Sätze wie: »Die Ökonomie hat keine selbständige Dynamik mehr. Sie verliert ihre Macht an die ökonomisch Mächtigen«, schräg. Gewiß wäre einzuwenden, daß das Kapital sich von der eigenen Krisenhaftigkeit nicht emanzipiert; gewiß wäre zu kritisieren, daß Friedrich Pollocks Theorie des krisenfreien Staatskapitalismus unhaltbar ist. Pollocks Schlußfolgerung teilt Horkheimer aber gar nicht in der unterstellten Form; was klar wird, wenn man sich den Kontext des eben zitierten Satzes vor Augen führt: »Aber die totalitäre Ordnung ist nichts anderes als ihre Vorgängerin, die ihre Hemmungen verloren hat. Wie alte Leute zuweilen so böse werden, wie sie im Grunde immer waren, nimmt die Klassenherrschaft am Ende der Epoche die Form der Volksgemeinschaft an... Die Vermittlung wird jetzt abgeschafft. Der Faschismus ist die Wahrheit der modernen Gesellschaft, die von der Theorie von Anfang an getroffen war. Ihn zu erkennen, bedarf es keiner Revision der ökonomischen Theorie. Der gleiche und gerechte Tausch hat sich selbst ad absurdum geführt und die totalitäre Ordnung ist dies Absurdum.«[14] Beschränkt ist demnach nicht Horkheimer, sondern seine wohlfeilen Kritiker: Im Gegensatz zu ihnen gelingt es Horkheimer, den epochalen Wandel des Kapitalismus vom Liberalismus zum Nationalsozialismus, die Übersetzung des planlos-anonymen Marktgeschehens in unmittelbare Herrschaft auf den Begriff zu bringen; ein Wandel, der so weit geht, daß dieses Geschehen überhaupt nicht mehr als solches, sondern nur noch durch seine Übersetzung in Herrschaft erscheint, die bewußt – nicht im Sinne von aufgeklärt, sondern absichtlich und planmäßig – auf die vermaßten Einzelnen einwirkt.

»Die Ausbeutung reproduziert sich nicht mehr planlos über den Markt, sondern in der bewußten Ausübung der Herrschaft. Die Kate-

Sozialforschung als Kritik. Zum sozialwissenschaftlichen Potential der Kritischen Theorie. Frankfurt am Main 1982, S. 179ff.

14 Max Horkheimer: *Die Juden und Europa*. In: Ders.: *Gesammelte Schriften*, Bd. 4. Frankfurt am Main 1988, S. 309

gorien der politischen Ökonomie: Äquivalententausch, Konzentration, Zentralisation, sinkende Profitrate haben heute noch reale Gültigkeit... Sie [die Okonomie] ist jedoch in die Praxis planmäßiger Gewalt eingegangen, die die sozialen Gegensätze unmittelbar zu meistern sucht.«[15] Dadurch daß alles gleich bleibt – die abstrakte Herrschaft der Kategorien der Politischen Ökonomie –, ändert sich alles, allem voran die Form dieser abstrakten Herrschaft, die so total wird wie der Sachzwang des hoch zusammengesetzten Kapitals. Die Einheit von Ohnmacht gegenüber der Abstraktion und Willkür in der Konkretion, die das Herrschaftspersonal des Faschismus von Anfang an zeichnete, wird so ein beständiger Grundzug von Herrschaft. Die permanente Krise, die nicht zum Ausbruch kommen darf, übersetzt sich in politische Übersprungshandlungen, die kraft eigener Dynamik stets zum blanken Terrorismus tendieren: es sind Personen, die das Apersonale, die Krisenhaftigkeit der Selbstannihilation der Ware Arbeitskraft, an Personen abregieren und abreagieren – ob die Objekte solcher Willkür noch überhaupt in einem rational begründbaren Zusammenhang mit der Handlung stehen, spielt keine Rolle: »Die Freiheit der Führer ist Trug wie die des Geschäftsmanns; wie er vom Markt abhing, hängen sie von blinden Konstellationen ab.«[16] Jedes in der einstmals abgetrennten Sphäre der Ökonomie auftretende Problem ist ein unmittelbar politisches geworden; aus dem je individuellen Scheitern bereitet die faschistisch formierte Gesellschaft, in der die Angst vor der Überflüssigkeit Volk und Herrschaftspersonal zusammenschweißt, eine Katastrophe, die die so geschaffene Mehrheit einer Minderheit bereitet und zufügt: »Die soziale Herrschaft, die mit ökonomischen Mitteln nicht zu halten war«, sagt Horkheimer in Vorausblick auf das Scheitern sämtlicher New Deals, wenn sie sich nicht zu Kriegswirtschaften umrüsteten, »weil das private Eigentum sich überlebt hat, wird mit direkt politischen fortgesetzt. Diesem Zustand gegenüber repräsentiert der Liberalismus noch in seiner Verfallsform das größtmögliche Glück der größtmöglichen Anzahl. Denn die Menge des Unglücks, das die

15 Ebd., S. 316

16 Ebd., S. 320

Majorität in den kapitalistischen Mutterländern erlitt, ist kleiner als die heute auf die verfolgten Minderheiten konzentrierte.«[17]

Ökonomische Bedrohung oder gar Scheitern wird nicht mehr als Einzelschicksal vor einer anonymen Instanz erlitten, sondern nur noch im Kontext mit dem Staat. Er ist es, der die Unterstützung kürzt, er ist es, der auf Abschaffung des Tarifsystems drängt; er ist es aber auch, der zur Behebung der Mißstände angerufen wird, sprich, »um die Menge des Unglücks« auf Ausgewählte zu konzentrieren. Nicht auf eine Beschneidung dieser Funktion zielt denn auch die anti-etatistische Rhetorik des neoliberalen Nationalsozialismus, sondern darauf, daß der Staat sich parasitärer Kostgänger und allzu zögerlicher Elemente, die die barbarische Krisenlösung behindern könnten, entledigt. Eine Mehrheit drängt es zur Wiederholung – ob in Haiderscher oder anderer Form, sei dahingestellt: Herrschaft soll wieder so unmittelbar werden, wie sie es zu Zeiten der deutschen Arbeitsfront schon einmal war; allerdings in einer sehr viel ›individuelleren‹, flexibleren Auffächerung: Von ungarantierter Beschäftigung über den Dumpinglohn bis hin zur durchaus traditionellen Zwangsarbeit für die Gemeinschaft: »An Stelle des Tausches mit der Arbeit tritt das Diktat über sie. Waren die Massen in den letzten Jahrzehnten aus Kontraktpartnern Bettler, Objekte der Fürsorge geworden, so werden sie jetzt unmittelbar Objekte der Herrschaft. Im vorfaschistischen Stadium bedrohten sie die Ordnung... Im Spätkapitalismus verwandeln sich die Völker zuerst in Unterstützungsempfänger und dann in Gefolgschaften.«[18] »Zuerst« will sagen, daß es ohne Unterstützung sicherlich keine Gefolgschaft gegeben hätte – daß die Gefolgschaft aber gekündigt würde, nur weil die Unterstützung karger wird, folgt daraus mitnichten. Nach dem epochalen Zusammenbruch des mehr oder weniger ungesteuerten Marktes ist der Staat tatsächlich zum ›Lebensmittel‹ geworden, egal, ob dieses Lebensmittel nun als Eintopf oder Wassersuppe in Erscheinung tritt; selbst wenn man sich für die Wassersuppe in den Schützengraben begeben müßte, ändert sich mehr etwas an der Verstaatlichung der

17 Ebd., S. 314f.

18 Ebd., S. 312

Subjekte, die – *nota bene* – ihrem eigenen, unmittelbaren Bedürfnis entspringt. Die Zwanghaftigkeit dieser Verstaatlichung, die Gewißheit, daß allein die staatliche Handlungsfähigkeit und nicht mehr das Vertrauen in die eigene Veräußerbarkeit die Existenzgarantie noch gewährt, hat sich in einem Maße habitualisiert, daß die Kürzung der staatlichen Alimente relativ klaglos hingenommen wird. Das einzige, was noch interessiert und womit diese Kürzung, siehe Haider, bestens verkauft werden kann, ist das Versprechen, daß die lästigen Mit-Esser vom Tisch verjagt werden. Je erschütterter das Vertrauen in die eigene Verwertbarkeit, desto polternder nicht nur das Beharren auf nationaler, rassischer Zugangsberechtigung, sondern auf der eigenen Solidität, auf der Fähigkeit des kleinen Mannes zu harter Arbeit und grenzenloser Opferbereitschaft. Zwang soll wieder alle von Bluts wegen Gleichen zu Arbeitstieren machen und alle diesem Zusammenhang Fremden ungleich halten – was auch für diejenigen gilt, die ihr Existenzrecht durch Parasitismus verwirkt haben: Faulenzer, Penner und Subventionsbezieher, die nichts Erbauliches für die Gemeinschaft liefern, ›Kunstbagage‹ und jüdische Gemeinden sowieso; aber auch Beamte und Funktionäre, die im Auge des Neiders ihre soziale Sicherheit auf Kosten ›unserer‹ Unsicherheit behaupten. Daß man die einen nur beschimpfen, die anderen aber verfolgen soll, versteht sich für den autoritären Charakter von selbst.

Erwischen soll es diejenigen, denen man unterstellt, sie lebten besser und sonnten sich in unverdientem ›Glück‹; wie man früher im deutschen Schlager der Wirtschaftswunderzeit den ›lachenden Vagabunden‹ oder ›Zigeunerjungen‹ um sein Nichtstun bewunderte, so neidet man noch dem offensichtlich Armen seine Beschäftigungslosigkeit. Ein ähnliches ›unverdientes Glück‹ wittert man aber ausgerechnet auch bei den Kujonierern solcher Parasiten, den Beamten des öffentlichen Dienstes, deren Existenzsicherheit als genauso parasitär am Staat angesehen wird wie das vom Staat verwaltete und alimentierte Elend: Dem Steuerrebell, der gegen Korruption und Verschwendung sich wendet, ist jede Mark zuviel, die in derlei Usurpatoren gesteckt wird. All das gilt ihm als Betrug an der Gemeinschaft, deren innerer Kitt das neidvolle Wachen darüber ist, daß ja keiner aus der Phalanx des Unglücks sich davonstiehlt – eine gemeinsame Lehre aus dem deutschen Parteienskandal und dem Aufstieg der FPÖ. »Die Unteren dürfen nicht zu glücklich werden, sonst hören sie auf, Objekte zu sein. Die Wut aber, die durch das Elend erzeugt wird, die tiefe, inbrünstige, geheime Wut der an Leib und Seele Abhängigen betätigt sich dort, wo Gelegenheit ist, also gegen das Schwache und Abhängige selbst.«[19] Und ist es das nicht von vornherein, wird es dazu gemacht: das ist das Un-Wesen der ›negativen Integration‹, die man als gemeinsamen Willen zum Unglück beschreiben könnte. Er begründet das Bündnis von Mob und Elite: Letztere weiß diese Vorgabe sehr wohl zu nutzen, um Hemmnisse auf dem Sparkurs fortzuräumen, die Zustimmung zum Terror gegen die besonderen Volksteile für die ›Gesundung‹ des Staatshaushaltes zu mobilisieren.

Der neuerdings offen ausgestellte Pseudo-Individualismus ist kein Indiz dafür, daß der Faschismus sich demokratisiere oder gar mit dem Liberalismus aussöhnen müsse, sondern bringt offener denn je ans Tageslicht, was den Faschismus von jeher auszeichnete: daß seine Massenverbände, genau wie das eben beschriebene Bündnis von tiefer und allseitiger Feindseligkeit bestimmt werden. Der Konkurrenzkampf aller gegen alle geht weiter nicht nur mehr im Sinne eines objektiven Schicksals, sondern im Sinne subjektiv ausgeübter wie erlittener Willkür, als die die Ohnmacht gegenüber dem objektiv sich vollziehenden Verhängnis auftritt; im Gegensatz zu seinem Vorläufer muß die neueste Gestalt des Faschismus nicht mal mehr so tun, als ob sie die eigenen traditionellen Lügen von Solidarität und nationaler Geborgenheit noch glauben würde. Faschismus ist so selbstverständlich geworden, daß er seine Geschäftsgrundlage, die willkürliche Selektion, offen preisgeben kann, ohne noch wie sein historischer Vorgänger Mimikry an die Solidarität einer revolutionären Bewegung betreiben zu müssen. Gerade die wachsende Gleichheit derer, die um die Vernutzung ihrer Arbeitskraft zu einem existenzsichernden Preis ringen, setzt die Willkür der Selektion von Staats wegen erneut in Kraft.

»Die Lüge von der Gerechtigkeit ... die Lüge von der freien Bahn, die Lüge vom Gottesurteil des Erfolgs sind durchsichtig geworden«,

19 Ebd., S. 327

aber so zwingend wie je, denn »die Bürokratie entscheidet über Leben und Tod. Sie schiebt die Verantwortung für das Scheitern von Existenzen nicht wie die alten Kapitalisten auf Gott, sondern auf staatliche Notwendigkeit.« Eine staatliche ›Notwendigkeit‹, die zunehmend im Dienste des ›faschistischen Verbandes‹ steht. Der Terror, den sie exekutiert, entspringt dem Kampf um den »Aufstieg in der barbarischen Hierarchie«, die aus den »Genossen präsumptive Gegner« nach dem Muster von »Gangsterkämpfen« macht.[20] Horkheimer erkannte den zutiefst asozialen Charakter, der den Massenverbänden des NS eignete und der in der Hierarchisierung und Organisation des sozialen Abstiegs à la Schröder und Haider offen sich als ›Demokratisierung‹ zeigt: Sehnsucht nach unmittelbarer Herrschaft und Lust am Abschuß gerade dessen, der einem zutiefst in Überflüssigkeit und Austauschbarkeit ähnlich ist.

20 Ebd., S. 323

Stephan Grigat/Florian Markl

Österreichische Normalität

Postfaschismus, Postnazismus und der Aufstieg der Freiheitlichen Partei Österreichs unter Jörg Haider

Im Oktober 1999 hat die Freiheitliche Partei Österreichs (FPÖ) unter Jörg Haider 26,9 % der Stimmen bei den österreichischen Nationalratswahlen erhalten und in der Folge mit der konservativen Volkspartei (ÖVP) eine Koalition gebildet. Bei den Wahlen im November 2002 hat die FPÖ zwar stark zugunsten der ÖVP verloren. Beide Parteien zusammen konnten aber über 50 % der Stimmen auf sich vereinigen.

Der Erfolg der FPÖ bis zu den Wahlen 1999 ist nur vor dem Hintergrund der Besonderheiten der österreichischen Geschichte und Gesellschaft zu verstehen. In aktuellen Diskussionen wird gerne vernachlässigt, daß es sich sowohl bei den Freiheitlichen als auch bei der ÖVP um Nachfolgeorganisationen faschistischer Bewegungen handelt. Deshalb soll im folgenden zunächst auf den Austrofaschismus und kurz auf den Nationalsozialismus in Österreich eingegangen werden, um daran anschließend die postfaschistische Normalität der österreichischen Gesellschaft nach 1945, aus der heraus Haider erwachsen ist, zu skizzieren.

Der Austrofaschismus

Zweifellos handelt es sich bei Österreich, wie bei der Bundesrepublik Deutschland, um ein postnazistisches Land. Doch die postnazistische Normalität der österreichischen Gesellschaft ist nicht die gleiche wie in der BRD. Die österreichische Nachkriegsgesellschaft trägt sowohl postfaschistische als auch postnazistische Züge. Dem Diktum Max Horkheimers: »Wer aber vom Kapitalismus nicht reden will, sollte auch vom Faschismus schweigen«[1] ist wohl niemand so konsequent gefolgt wie die Österreicher. Sie haben weder von dem einen noch von dem anderen gesprochen, wie Rudolf Burger, der leider vom scharfsinnigen

Kritiker der österreichischen Zustände zum intellektuellen Begleitmusiker der freiheitlichen Geschichtsentsorgung mutiert ist,[2] in den 1980er Jahren zu Recht festgestellt hat.[3] Während eine Auseinandersetzung mit dem Nationalsozialismus allein schon der Eigenstilisierung zum Opfer wegen nicht zu umgehen war und deshalb in der jüngsten Vergangenheit zwar keineswegs ernsthaft, dafür aber um so redseliger betrieben wurde, ist über die Zeit des Austrofaschismus ein Mantel des Schweigens gebreitet worden, der alljährlich nur am 12. Februar durchbrochen wird. An diesem Datum wird der bürgerkriegsähnlichen Kämpfe gedacht, in denen Bundesheer und Heimwehren 1934 mit militärischen Mitteln der organisierten Arbeiterbewegung ein Ende setzten. Doch dienen diese Gedenkveranstaltungen keineswegs der Vergegenwärtigung einer wichtigen Etappe im Konstituierungsprozeß des Austrofaschismus. Beschworen wird mit dem Hinweis auf die Wirren der 1930er Jahre vielmehr die nationale Einheit Österreichs: Die politischen Auseinandersetzungen sollten keinesfalls wieder die Form des Jahres 1934 annehmen – darin sind sich, seien es Christlichsoziale oder Sozialdemokraten, alle einig. Die Tatsache, daß zwischen 1934 und 1938, also lange vor der Machtübernahme der Nationalsozialisten die Christlichsozialen in Österreich bereits Träger des Faschismus waren, wird bewußt verleugnet. Von der ÖVP wird der Austrofaschismus als groß angelegtes Widerstandsprojekt Österreichs Deutschland gegenüber verklärt.

Ende der 1920er, Anfang der 1930er Jahre vertraten die bürgerlichen Parteien, allen voran die Christlichsozialen, die Position, eine

1 Max Horkheimer: *Die Juden und Europa*. In: Ders.: *Gesammelte Schriften*, Bd. 4. Frankfurt am Main 1988, S. 308 f.

2 Vgl. Alexander Pollack/Heribert Schiedel: *Nationaler Schulterschluß gegen die Erinnerung. Über Aktualität und politische Opportunität von Burgers Philosophie des Vergessens*. In: Context XXI (Hg.): *Siegfrieds Köpfe. Rechtsextremismus, Rassismus und Antisemitismus an der Universität*. Wien 2002, S. 73 ff.

3 Rudolf Burger: *Einleitung*. In: Österreichische Gesellschaft für Zeitgeschichte (Hg.): *Faschismus in Österreich und international*. Wien 1982, S. 11

Lösung der wirtschaftlichen und politischen Probleme sei nur unter Ausschaltung des Parlamentarismus und der organisierten Arbeiterbewegung möglich. Unterstützung erhielten sie in erster Linie durch die Heimwehren. Dabei handelte es sich um bewaffnete Gruppierungen, die – ähnlich den Freikorps in Deutschland – nach dem Ende des Ersten Weltkrieges gegründet wurden, um die neu entstandene Republik Deutsch-Österreich gegen deren Feinde zu verteidigen. Diese Feinde waren in einzelnen Bundesländern wie Kärnten und der Steiermark zunächst ausländische Armeen, die das Staatsgebiet bedrohten. Nach Abwendung der ›äußeren‹ Gefahr wurden die Heimwehren allerdings nicht entwaffnet und aufgelöst; jetzt ging es um den Kampf gegen einen anderen Feind: den ›Bolschewismus‹ und die Sozialdemokratie als seine Inkarnation im ›roten Wien‹. Innerhalb der Heimwehren gab es von Beginn an zumindest zwei Strömungen. Ein Großteil der Heimwehren verstand sich als ›Kettenhund‹ der bürgerlichen Parteien, insbesondere der Christlichsozialen. In der Steiermark und in Tirol gab es einen starken deutschnationalen Flügel, der vor allem mit rechtsextremen bewaffneten bayrischen Verbänden gute Kontakte pflegte. Als ideologische Klammer diente ein antisemitisch angereicherter Antimarxismus. Die soziale Basis der Heimwehren war die bäuerliche Bevölkerung, während sich die Führungsriege hauptsächlich aus Akademikern und ehemaligen Aristokraten rekrutierte.[4]

Ende der 1920er Jahre genügte den Heimwehren ihre Rolle als bürgerlicher Kettenhund nicht mehr. Sie begannen sich am faschistischen Italien zu orientieren und vertraten Anfang der 1930er Jahre ein faschistisches Programm. Dennoch übernahmen sie bei der Konstituierung des Austrofaschismus ab 1933 nur die Funktion der Herrschaftssicherung für die Christlichsoziale Partei, während sie bei der militärischen Ausschaltung der Sozialdemokratie in den Februarkämpfen 1934 eine entscheidende Rolle spielten.

4 Vgl. Francis L. Carsten: *Faschismus in Österreich*. München 1978; Bruce F. Pauley: *Nazis and Heimwehr Fascists: The Struggle for Supremacy in Austria, 1918–1938*. In: Ugeluik Larsen Stein u. a. (Hg.): *Who were the fascists?* Bergen 1980

Die teilweise prominenten Stellungen einiger Heimwehrmitglieder in der austrofaschistischen Regierung dürfen nicht darüber hinwegtäuschen, daß deren vorübergehende Integration zum einen bloß die fragile Basis des Regimes verbreitern sollte und zum anderen vor allem außenpolitisch motiviert war. Der Austrofaschismus konnte sich nur am Leben erhalten, solange das faschistische Italien für Österreich die Rolle einer Schutzmacht Deutschland gegenüber einnahm. Als diese Funktion durch die Annäherung Deutschlands und Italiens ab 1936 entfiel, wurden auch die nun nicht mehr protegierten Heimwehren sukzessive aus der Regierung entfernt und als eigenständige Wehrorganisation aufgelöst. Deren Rolle innerhalb des Regimes nahmen fortan die sogenannten ›Nationalen‹, also die österreichischen Nazis, ein.[5]

Sowohl im nationalsozialistischen Deutschland als auch im faschistischen Italien gab es mit der NSDAP beziehungsweise dem *Partito Nazionale Fascista* Massenbewegungen, die zunächst an der Errichtung, später an der Festigung des Faschismus massiv beteiligt waren. Die 1934 per Gesetz zur österreichischen Monopolpartei erklärte *Vaterländische Front* hatte im Vergleich zu den beiden genannten Parteien einen anderen Charakter, denn sie »war nicht der organisatorische Ausdruck einer Bewegung, sondern der Versuch, über ein von oben eingesetztes organisatorisches Konstrukt die Verschmelzung der traditionellen bürgerlichen Parteien zu erreichen«.[6]

Die ideologische Ausrichtung des Austrofaschismus brachte Bundeskanzler Dollfuß in einer programmatischen Rede im September 1933 so auf den Punkt: »Die Zeit des kapitalistischen Systems, die Zeit kapitalistisch-liberalistischer Wirtschaftsordnung ist vorüber, die Zeit marxistischer, materialistischer Volksverführung ist gewesen! Die Zeit der Parteienherrschaft ist vorbei! Wir lehnen Gleichschal-

5 Vgl. Gerhard Botz: *Gewalt in der Politik. Attentate, Zusammenstöße, Putschversuche, Unruhen in Österreich 1918 bis 1945*. München 1983, S. 234ff.

6 Wolfgang Wippermann: *Europäischer Faschismus im Vergleich 1922–1982*. Frankfurt am Main 1983, S. 97

terei und Terror ab, wir wollen den sozialen, christlichen, deutschen Staat Österreich auf ständischer Grundlage, unter starker, autoritärer Führung.«[7]

Das Mittel zur Beseitigung der »materialistischen Volksverführung« – also des Klassenkampfes – sollte der Aufbau einer berufsständischen Wirtschaftsordnung sein: Die gesamte Gesellschaft sollte in sieben Berufsständen organisiert werden. Innerhalb eines jeden Berufsstandes wären somit Klassenkonflikte beseitigt und die gesellschaftliche Harmonie würde durch die für die Vertreter des variablen und des konstanten Kapitals gemeinschaftliche Lösung der Aufgabe, die Interessen der jeweiligen Wirtschaftssparte zu organisieren und zu vertreten, hergestellt.

Der Umbau der Wirtschaft sollte in drei Etappen erfolgen. In einem ersten Schritt waren die Interessen der Arbeiter in dem neu gegründeten Gewerkschaftsbund zu bündeln, freilich nicht ohne die oppositionellen Teile der Gewerkschaften völlig zu entmachten und die Gewerkschaftsführung zu einem willigen Instrument zur Durchsetzung der Herrschaftsinteressen des neuen Regimes zu machen. Der zweite Schritt sollte die Organisierung der Unternehmer in den jeweiligen Unternehmerbünden umfassen. Beide Etappen waren vorbereitende Maßnahmen im Zuge des angestrebten berufsständischen Aufbaus, um im dritten und letzten Schritt die Interessen von Arbeit und Kapital in einem ›Berufsstand‹ zusammenzufassen. Den Austrofaschisten war bewußt, daß der Klassenkampf nicht einfach per Dekret aus der Welt zu schaffen war. Der damalige Sozialminister Odo Neustädter-Stürmer, ein prominentes Heimwehrmitglied, erläuterte, es sei politisch unmöglich, den Arbeitern schon frühzeitig ihre eigene Organisationsform zu nehmen und sie mit den Unternehmern gleich in einer gemeinsamen Interessenvertretung zusammenzuführen. Dies sei nicht machbar, weil der jahrzehntelange Klassenkampf eine enorm große Kluft geschaffen habe: »Hier muß das Vertrauen zwischen Arbeitnehmerschaft und Arbeitgeberschaft Schritt für Schritt, Tag für Tag und Arbeit für Arbeit

7 Zit. n. Klaus Berchtold (Hg.): *Österreichische Parteiprogramme 1868–1966*. Wien 1967, S. 430 ff.

entstehen, bis es möglich wird, wirklich ein innerlich geschlossenes Ganzes zu haben.«[8]

Der berufsständische Aufbau war in erster Linie von propagandistischem Wert: Von den angestrebten sieben Berufsständen konnten lediglich zwei eingerichtet werden (Land- und Forstwirtschaft, Öffentlicher Dienst).

Für das Verständnis der aktuellen Situation in Österreich sind aber nicht nur die wirtschafts- und gesellschaftspolitischen Vorstellungen der politischen Ahnen der ÖVP von Interesse, sondern vor allem auch die besondere Tradition des Antisemitismus in Österreich.

Der Austrofaschismus war dem eigenen Selbstverständnis nach ein Gegenentwurf zum Nationalsozialismus, der sich im stark ausgeprägten religiösen (katholischen) Charakter des Dollfuß-Schuschnigg-Regimes manifestierte. Auch wenn viele der Regierungsmitglieder sich aus den antisemitischen Heimwehren oder der Christlichsozialen Partei rekrutierten, verfolgte die Regierungspolitik eine Linie, die man als ›taktischen Nicht-Antisemitismus‹ bezeichnen könnte.

Diese Programmatik, mit der sich die Regierung auch von den einheimischen Nazis abgrenzte, ist der Grund für die paradoxe Situation, daß ein von Antisemiten getragenes Regime kaum antisemitische Politik betrieb. Anläßlich der Diskussion einer letztlich nicht erlassenen antisemitischen Gesetzesvorlage von 1936, in der Juden der Zugang zu bestimmten Berufen verwehrt werden sollte, läßt sich diese Strategie verdeutlichen: Die Austrofaschisten hatten einfach Angst, mit derartigen Gesetzen die Geschäfte der Nazis zu verrichten. Der taktische Nicht-Antisemitismus der Regierung hatte jedoch keinerlei Einfluß auf den nach wie vor grassierenden Antisemitismus weiter Bevölkerungsschichten.

8 Zit. n. Emmerich Tálos/Walter Manoschek: *Politische Struktur des Austrofaschismus (1934–1938)*. In: Emmerich Tálos/Wolfgang Neugebauer (Hg.): *›Austrofaschismus‹. Beiträge über Politik, Ökonomie und Kultur 1934–1938*. Wien 1984, S. 90

Österreich (und hier vor allem Wien) spielte innerhalb des Dritten Reiches eine Vorreiterrolle bei der Durchsetzung der antisemitischen Verfolgung. Saul Friedländer beschreibt, wie die jüdischen Gemeinden in Deutschland auf die ›Machtergreifung‹ durch die Nazis 1933 reagierten und betont, daß die Juden dort noch einige Zeit lang glaubten, sie würden – wenngleich unter schlechteren Bedingungen als zuvor – in Deutschland bleiben und leben können.[9]

Die jüdische Bevölkerung in Österreich hingegen befand sich ab März 1938 in einer Situation, die ohne Beispiel war. Die Juden wurden in Österreich »nicht Opfer einer von außen kommenden Politik. Jene Ausschreitungen und Raubzüge, die bisher in Deutschland unvorstellbar gewesen waren und nunmehr das ganz besondere Ambiente des nazistischen Wiens ausmachten, setzten nicht erst nach dem Einmarsch der deutschen Truppen, sondern bereits in der Nacht davor ein.«[10] Der ungezügelte antisemitische Terror veranlaßte selbst die neuen Machthaber, mäßigend auf die hochgepeitschte Bevölkerung einzuwirken. Zwei Tage nach dem Einmarsch der deutschen Truppen wurden die wilden Ausschreitungen und unkoordinierten Enteignungen untersagt. Am 17. März 1938 drohte Reinhard Heydrich sogar damit, die Gestapo gegen die ostmärkischen Parteigenossen einzusetzen, um die vollkommen »undisziplinierten« Übergriffe zu unterbinden.[11] An deren Stelle trat nunmehr die staatlich organisierte ›Entjudung‹ der Gesellschaft. Innerhalb weniger Monate wurde durchgesetzt, was in den sechs Jahren der Nazi-Herrschaft in Deutschland nicht annähernd gelungen war. Binnen kürzester Zeit wurden die Juden vollkommen aus der Gesell-

9 Vgl. Saul Friedländer: *Das Dritte Reich und die Juden. Die Jahre der Verfolgung 1933–1939*. München 2000, S. 73

10 Doron Rabinovici: *Instanzen der Ohnmacht. Wien 1938–1945. Der Weg zum Judenrat*. Frankfurt am Main 2000, S. 57

11 Vgl. Hans Safrian: *Eichmann und seine Gehilfen*. Frankfurt am Main 1995, S. 31

schaft ausgeschlossen. Die Enteignungen jüdischen Besitzes wurden mit der Politik einer wirtschaftlichen Rationalisierung verbunden, auf deren Basis das ›Wirtschaftswunder‹ der zweiten Republik überhaupt erst möglich wurde. Die jüdische Gemeinde konnte zwar noch nicht wissen, daß die Politik des Regimes in der Massenvernichtung enden würde, doch ihr wurde sofort klar, daß es für sie in dem Land keine Zukunft geben konnte. Die von Adolf Eichmann eingerichtete *Zentralstelle für jüdische Auswanderung* organisierte die massenhafte Vertreibung.[12]

Die besondere Situation der jüdischen Bevölkerung Österreichs verdeutlicht der Historiker Doron Rabinovici anhand des Novemberpogroms. Während die Ereignisse in der Nacht vom 9. zum 10. November 1938 für die jüdischen Gemeinden im ›Altreich‹ einen gravierenden Einschnitt bedeuteten, unterschieden sie sich in Österreich nur quantitativ von den Geschehnissen der vorangegangenen Monate. Bereits im Oktober waren in Wiener Synagogen die Fenster zerschlagen, Gebetshäuser zerstört und der große Tempel im 2. Bezirk angezündet worden: »Auf den Punkt gebracht ließe sich sagen: Während im März 1938 der ›Anschluß‹ Österreichs an das Deutsche Reich erfolgte, wurde mit dem Novemberpogrom 1938 der Anschluß des ›Altreichs‹ an die ›ostmärkische Judenpolitik‹ vollzogen. Die vorhergehenden Ausschreitungen in Wien mögen erklären, warum das Novemberpogrom dort brutaler als in vielen anderen Städten ablief... Der antisemitische Mob hatte die Gewalttaten schon eingeübt.«[13]

Diese »ostmärkische Judenpolitik« war in den Augen der nationalsozialistischen Behörden so effektiv und erfolgreich, daß die österreichischen ›Experten‹ gewissermaßen zu *shooting stars* der deutschen Vernichtungspolitik wurden. In Berlin und Prag wurden nach dem Wiener Vorbild ebenfalls *Zentralstellen für jüdische Auswanderung* eingerichtet. Nach Beginn des Krieges schwärmten die österreichischen ›Experten‹ im ganzen besetzten Teil Europas aus, um an entscheidenden Stellen ihre ›positiven‹ Erfahrungen aus Wien einzubringen.

12 Vgl. ebd., S. 36ff.

13 Rabinovici, S. 124

Österreich ist jenes Land, in dem es die Bevölkerung gemeinsam mit der Regierung geschafft hat, die ehemalige Gemeinschaft raubender und mordender Volksgenossen nach 1945 gleichzeitig hinter sich zu lassen und in die postfaschistische Demokratie hinüberzuretten, indem man sich erfolgreich als Opfergemeinschaft gerierte. Die Österreicher waren damit die ersten Täter, die zu Opfern mutierten. Was man in Deutschland in verstärktem Ausmaß seit der Wiedervereinigung beobachten kann, nämlich die Transformation der NS-Gefolgschaft in Opfer beispielsweise von alliiertem Bombenterror, ist in Österreich – und zwar mit einer sehr viel konsequenteren Begründung – seit 1945 Realität. Die Österreicher waren in ihrer Selbstsicht nicht Täter, aber auch nicht einfach nur Opfer der alliierten Kriegshandlungen, sondern sie waren in ihrer Selbstdefinition schlicht und einfach Opfer der Nazis.

Mit der Verklärung Österreichs zum ersten Opfer des Nationalsozialismus ging eine Ausbürgerung des Antisemitismus einher. Der offiziellen Lesart zufolge war alles Übel mit den deutschen Truppen über Österreich hereingebrochen. Das eindrucksvollste Dokument dieser Haltung ist die österreichische Unabhängigkeitserklärung vom 27. April 1945. Zur Legitimation des neuen Österreich wurde angeführt, »daß die nationalsozialistische Reichsregierung Adolf Hitlers kraft [einer] völligen politischen, wirtschaftlichen und kulturellen Annexion des Landes das macht- und willenlos gemachte Volk in einen sinn- und aussichtslosen Eroberungskrieg geführt hat, den kein Österreicher jemals gewollt hat, jemals vorauszusehen oder gutzuheißen instand gesetzt war, zur Bekriegung von Völkern, gegen die kein wahrer Österreicher jemals Gefühle der Feindschaft oder des Hasses gehegt hat«.[14]

Während die österreichische antisemitische Tradition nach außen hin nicht thematisiert wurde, wurde im Inneren nahtlos an eben diese

14 Zit. n. Josef Haslinger: *Politik der Gefühle. Ein Essay über Österreich.* Frankfurt am Main 1995, S. 60

Tradition angeschlossen. Über die angestrebte Reintegration der Nazis ist zu lesen: »Jene freilich, die nur aus Willensschwäche, infolge ihrer wirtschaftlichen Lage, aus zwingenden öffentlichen Rücksichten, wider innere Überzeugung und ohne an den Verbrechen der Faschisten teilzuhaben, mitgegangen sind, sollen in die Gemeinschaft des Volkes zurückkehren und haben somit nichts zu befürchten.«[15] Mit Leopold Kunschak wurde die österreichische Unabhängigkeitserklärung von einem der wüstesten christlich-sozialen antisemitischen Hetzer der Zwischenkriegszeit unterzeichnet. Kunschak, der sich noch im Dezember 1945 auf einer Massenkundgebung rühmte, er sei schon immer Antisemit gewesen, wurde zum ersten Präsidenten des Nationalrats gewählt und wird heute noch als einer der Gründerväter der Zweiten Republik verehrt.[16]

Max Horkheimer notierte Mitte der 1960er Jahre: »Das Schuldbekenntnis der Deutschen nach der Niederlage des Nationalsozialismus 1945 war ein famoses Verfahren, das völkische Gemeinschaftsempfinden in die Nachkriegsperiode hinüberzuretten. Das Wir zu bewahren war die Hauptsache.«[17] In Österreich gab es dieses von Horkheimer treffend eingeschätzte Schuldbekenntnis bis in die 1990er Jahre überhaupt nicht. Das durch den gemeinsam begangenen Massenmord an den Juden und durch den Vernichtungskrieg im Osten zementierte Wir-Gefühl aus der NS-Volksgemeinschaft mußte in Österreich durch die Uminterpretation der Tätergemeinschaft in ein Opferkollektiv in die postfaschistische Demokratie integriert und hinübergerettet werden.

Die zaghaften und halbherzigen Versuche zu Beginn der 1990er Jahre, mittels einer von Regierungsseite verlautbarten partiellen Kritik an der Opferthese die staatlichen und wirtschaftlichen Beziehungen zu Israel zu verbessern,[18] sind mit der ÖVP-FPÖ-Koalition nicht nur

15 Zit. n. ebd., S. 61

16 Vgl. Bruce F. Pauley: *Eine Geschichte des österreichischen Antisemitismus. Von der Ausgrenzung zur Auslöschung*. Wien 1993, S. 400

17 Max Horkheimer: *Gesammelte Schriften*, Bd. 6. Frankfurt am Main 1991, S. 404

beendet, sondern wieder zunichte gemacht worden: So wiederholte Kanzler Schüssel bei einem Israelbesuch die Meinung, nicht nur der souveräne österreichische Staat, sondern auch die Österreicher seien »in der Tat die ersten Opfer« des Naziregimes gewesen.[19]

Das beinahe fröhlich zur Schau gestellte Selbstmitleid läßt in Österreich für die wahren Opfer der mordenden Volksgemeinschaft keinen Platz. Wird das kollektiv begangene Verbrechen dennoch einmal öffentlich thematisiert, wie im Zuge der Verhandlungen über Entschädigungszahlungen oder die Rückgabe sogenannten arisierten Eigentums, so setzt beinahe reflexartig jene »Reaktionsform des nach außen Schlagens, sich ins Recht Setzens« ein, die von Adorno bereits in den 1950er Jahren als wesentlicher Bestandteil der Schuldabwehr analysiert wurde.[20] Es wird das gesamte Repertoire an Argumentationsmustern jenes spezifisch österreichisch-deutschen sekundären Antisemitismus aktiviert, das in der BRD beispielsweise aus der Diskussion über das Holocaust-Mahnmal oder der Walser-Debatte bekannt ist.

Im politischen Tagesgeschäft der Zweiten Republik blieb offener Antisemitismus dennoch eher die Ausnahme, wenngleich er bei einzelnen Anlässen immer wieder die oberflächliche Tabuisierung durchbrach.[21] Der Antisemitismus existiert hauptsächlich als gemeinsamer Fundus, auf den durch Anspielungen Bezug genommen werden kann, ohne daß deshalb jemand Gefahr läuft, als Antisemit bezeichnet zu werden.

18 Vgl. Helga Embacher/Margit Reiter: *Gratwanderungen. Die Beziehungen zwischen Österreich und Israel im Schatten der Vergangenheit*. Wien 1998, S. 273 ff.

19 Zit. n. *Der Standard*, 11./12.11.2000

20 Theodor W. Adorno: *Schuld und Abwehr*. In: Ders.: *Gesammelte Schriften*, Bd. 9.2. Frankfurt am Main 1997, S. 175

21 Vgl. Leopold Spira: *Feindbild Jud. 100 Jahre politischer Antisemitismus in Österreich*. Wien/München 1981, S. 190 ff.; Pauley 1993, S. 363 ff.; sowie die verstreuten Hinweise in Heinz P. Wassermann: *»Zuviel Vergangenheit tut nicht gut!« Nationalsozialismus im Spiegel der Tagespresse der Zweiten Republik*. Innsbruck/Wien/München 2000

Was die österreichische von der deutschen Post-Shoah-Normalität grundlegend unterscheidet, ist die Existenz einer Medienlandschaft, in der die größte Tageszeitung des Landes immer wieder offen rassistische und antisemitische Artikel publiziert. In der *Kronenzeitung*, die gemessen am Verhältnis ihrer Leser zur Gesamtbevölkerung die erfolgreichste Tageszeitung der Welt ist und von rund 40 % der Österreicher gelesen wird, finden sich fast täglich Artikel, die in der BRD in solcher Häufigkeit und Konsequenz wohl nur in deklariert rechtsextremen Hetzblättern zu finden sind.

Der Nationalismus der Zweiten Republik

Im Gegenzug zur Erklärung der ›immerwährenden Neutralität‹, die vor allem von der Sowjetunion eingefordert wurde, ließen sich die Sieger des Zweiten Weltkriegs darauf ein, der Lüge, die Österreicher seien nicht Täter, sondern die ersten Opfer des nationalsozialistischen Expansionsstrebens gewesen, den Rang einer geschichtlichen Tatsache zuzuweisen. Dieses Zugeständnis mildernder Umstände haben die Österreicher den Alliierten jedoch keineswegs gedankt. Noch vor der Entlassung in die neutrale Selbständigkeit versuchte die österreichische Führung den schwachen Österreich-Nationalismus mittels Agitation gegen die bis 1955 im Land befindlichen alliierten Truppen zu kultivieren. Entsprechend dieser Entstehungsgeschichte des staatstragenden Nationalismus der Zweiten Republik wird heute die Zeit der Besatzung in Österreich häufig auf 17 Jahre hochgerechnet. Die eigentliche Befreiung habe demnach nicht 1945, sondern erst 1955 stattgefunden.

Nach dem Zweiten Weltkrieg favorisierten die neuen Eliten einen österreichischen anstatt eines großdeutschen Nationalismus. Diese Politik wurde von den eben noch NS-begeisterten Volksgenossen zwar augenzwinkernd als notwendig akzeptiert, dennoch dauerte es ziemlich lange, bis aus dem großdeutschen Wahn dauerhaft eine halbwegs normale austro-nationalistische Verrücktheit wurde.

Der Austrofaschismus kann für sich das fragwürdige Verdienst in Anspruch nehmen, die »Konsolidierung der fragilen ›nationalen‹

Identität Österreichs« eingeleitet zu haben.[22] Dementsprechend gelten die Austrofaschisten bei vielen Österreichern auch nicht in erster Linie als Faschisten, die den Nazis – wenn auch zum Teil ungewollt – den Weg bereiteten und ihnen die Zerschlagung der Arbeiterbewegung größtenteils abgenommen haben, sondern als österreichische Patrioten, die Österreich vor dem deutschen Zugriff retten wollten. Um diese Einschätzung zu dokumentieren, hat die ÖVP bis heute das Bild von Dollfuß in ihren Parlamentsräumen hängen und Andreas Khol, langjähriger Klubobmann der Schwesterpartei der CDU, gehört zu den glühendsten Verteidigern des klerikal-faschistischen Diktators.

Während die ÖVP somit nie Probleme mit einem positiven Bezug auf Österreich hatte, taten sich die Freiheitlichen lange schwer damit. Bis in die 1990er Jahre hinein war die FPÖ eine deutschnationale Partei und bekannte sich stets zur »deutschen Volks- und Kulturgemeinschaft«, wie es noch im Parteiprogramm aus dem Jahr 1985 heißt.[23] Erst Mitte der 1990er Jahre hat sie sich davon teilweise gelöst und einen aggressiven Österreich-Nationalismus forciert.

Die Sozialpartnerschaft

Die Rettung des Wir-Gefühls, von der Horkheimer sprach, erfolgte in Österreich aber nicht nur durch die Transformation vom Täter- zum Opferkollektiv, sondern wurde zusätzlich durch ein konsequent antiliberalistisches Wirtschafts- und Politikmodell nach 1945 zementiert. Das großdeutsch-stolze, auf Expansion getrimmte Wir-Gefühl der NS-

22 Siegfried Mattl: *Modernisierung und Anti-Modernismus im österreichischen ›Ständestaat‹*. In: Österreichische Gesellschaft für kritische Geographie (Hg.): *Auf in die Moderne! Österreich vom Faschismus bis zum EU-Beitritt*. Wien 1996, S. 85

23 Zit. n. Birgitte Bailer/Wolfgang Neugebauer: *Die FPÖ: Vom Liberalismus zum Rechtsextremismus*. In: Stiftung Dokumentationsarchiv des österreichischen Widerstandes (Hg.): *Handbuch des österreichischen Rechtsextremismus*. Wien 1993, S. 336

Zeit wurde nach 1945 durch das auch für den Austrofaschismus bereits charakteristische, auf Abwehr äußerer Einflüsse gerichtete, stets etwas beleidigt und grantelnd daherkommende ›Mir san mir‹ ersetzt. Zugleich entstand mit den Großparteien SPÖ und ÖVP, die jahrzehntelang Politik und Gesellschaft dominiert haben, ein Paradebeispiel für das, was Johannes Agnoli als »plurale Fassung einer Einheitspartei« treffend charakterisiert hat.[24] In Österreich herrschte nach 1945 eine – Österreich auch durchaus von Deutschland abhebende – postfaschistische Intimität, in die bald auch das sogenannte dritte Lager, also die Nazis, eingebunden waren. Die Grundlegung der großkoalitionären Stimmung nach 1945 hat Ruth Beckermann pointiert beschrieben: »Die Sozialisten verzichteten auf den Klassenkampf und die Konservativen auf öffentliche Dollfuß-Verehrung. Auf die Juden verzichteten sie alle.«[25] Diese Einschätzung trifft für die jüngere Zeit nicht mehr ganz zu, da die Konservativen mittlerweile durchaus wieder zu öffentlicher Dollfuß-Verehrung bereit sind, was bei der Sozialdemokratie aber bekanntlich keineswegs zur Wiederaufnahme des Klassenkampfs geführt hat.

Der großen Koalition entspricht die neben dem Parlamentarismus existierende und agierende österreichische Sozialpartnerschaft, also ein besonders stark ausgeprägter Korporatismus, der bis heute dafür sorgt, daß sich die Personifikationen des Kapitals in Österreich mit Streiks kaum herumschlagen müssen. Bereits 1946 konstituierte sich im Sozialministerium die Zentrallohnkommission, auf die im wesentlichen die Befugnisse des NS-Treuhänders der Arbeit übergingen, womit der Grundstein zur modifizierten Fortführung der ›Gemeinnutz geht vor Eigennutz‹-Ideologie gelegt war. Die materielle Grundlage für die Sozialpartnerschaft wurde bereits in der NS-Zeit geschaffen.

Nach der Angliederung Österreichs an das Deutsche Reich kam es zu grundlegenden Veränderungen in der Wirtschaftsstruktur, welche die Entwicklung des postfaschistischen Österreichs prägten und teil-

24 Johannes Agnoli: *Die Transformation der Demokratie und andere Schriften zur Kritik der Politik*. Freiburg 1990, S. 53

25 Ruth Beckermann: *Unzugehörig. Österreicher und Juden nach 1945*. Wien 1989, S. 69

weise erst ermöglichten. War Österreich vor 1938 ein Land, dessen Wirtschaft im wesentlichen aus kleinen handwerklichen und landwirtschaftlichen Betrieben bestand, stand es nach den sieben Jahren seiner Zugehörigkeit zum Deutschen Reich als gut strukturiertes Kleinland mit einigen zukunftsträchtigen industriellen Betrieben da.[26] Diese neu entstandenen Industrien (etwa die VOEST in Linz, die vormaligen Hermann-Göring-Werke) bildeten das Kernstück der verstaatlichten Industrie, ohne die die Nachkriegssozialpartnerschaft in dieser Form nicht hätte existieren können.

Ein zentraler Aspekt der nationalsozialistischen Modernisierungsbestrebungen im wirtschaftlichen Bereich war der Einsatz von Zwangsarbeitern. Spätestens seit dem Überfall auf die Sowjetunion war die weitere Expansion der österreichischen Wirtschaft auf die Zwangsrekrutierung von ausländischen Arbeitskräften und den Einsatz von Arbeitskräften aus den Konzentrationslagern angewiesen. Diese Zwangsarbeiter haben die Grundsteine für die postfaschistische Entwicklung nach 1945 gelegt.[27]

Johannes Agnoli hat vor dem Hintergrund der Beschäftigung mit dem italienischen Faschismus geschrieben: »Wird der Faschismus auf die formalisierte Barbarei von ›totalitärer Herrschaft‹, ›Eroberung‹,

26 Lange Zeit war es umstritten, ob die österreichische Wirtschaft durch den Krieg nicht vielleicht doch eher unter dem Anschluß gelitten habe. Mehrheitlich hat sich seit längerem jedoch die Einschätzung durchgesetzt, daß das NS-Regime die Grundlagen für die Entwicklung nach 1945 geschaffen hat. Vgl. Felix Butschek: *Die österreichische Wirtschaft 1938 bis 1945*. Wien 1978; Hans Kernbauer/Fritz Weber: *Österreichs Wirtschaft 1938–1945*. In: Emmerich Tálos u. a. (Hg.): *NS-Herrschaft 1938–1945*. Wien 1988; Norbert Schausberger: *Der Strukturwandel des ökonomischen Systems 1938–1945*. In: Rudolf G. Ardelt/Hans Hautmann (Hg.): *Arbeiterschaft und Nationalsozialismus in Österreich*. Wien 1990; Harald Walser: *Bombengeschäfte. Vorarlbergs Wirtschaft in der NS-Zeit*. Bregenz 1989

27 Vgl. Florian Freund/Bertrand Perz: *Industrialisierung durch Zwangsarbeit*. In: Emmerich Tálos (Hg.): *NS-Herrschaft in Österreich 1938–1945*. Wien 1988

›Ausrottung‹ … reduziert, so erübrigt sich jede Diskussion darüber, was zum Beispiel am westdeutschen Programm der sozialen Symmetrie oder an der Politik der französischen *planification* generell techno kratisch und was speziell faschistisch-korporative Züge aufweist.«[28] Diese Diskussion wäre in jedem Fall zu führen, und vermutlich würde sich so auch einer der zentralen Unterschiede von korporatistischen Modellen in den Nachfolgestaaten des Nationalsozialismus einerseits und beispielsweise Schweden oder Holland andererseits zeigen. Auch in den letztgenannten Ländern bildet der Korporatismus nicht einfach nur eine Form technokratisch-demokratischer Verwaltungsmöglichkeit, sondern hat in Ansätzen ebenfalls den faschistischen Sozialpakt zum Vorbild oder zumindest zum Vorläufer.[29] In Deutschland und in Österreich ist er aber immer auch Erbe der verloren gegangenen Gemeinschaft der Volksgenossen. Die Sozialpartnerschaft ist eine Konstruktion, die nicht nur ein harmonisches Verhältnis von Arbeit, Kapital und Staat herstellt und auf diese Weise die Gesellschaft versucht zu homogenisieren und zu formieren, sondern auch ein nationales Dach, unter dem der der Demokratie angeblich so zuwiderlaufende Antisemitismus und Rassismus ebenso fortgeführt wird und prächtig gedeiht wie der nationale Kollektivismus.

Seit geraumer Zeit wird in Österreich zur Vorgeschichte der Sozialpartnerschaft geforscht. Es wurde nach Vorläufern im 18. Jahrhundert, strukturellen Voraussetzungen im 19. Jahrhundert, ersten korporatistischen Versuchen in der Ersten Republik und – bei linken Historikern oder Politikwissenschaftlern – im Austrofaschismus gesucht.[30] Über

28 Johannes Agnoli: *Faschismus ohne Revision*. Freiburg 1997, S. 28 f.

29 Zu berücksichtigen ist hier auch die enge ökonomische Kooperation Schwedens mit Nazi-Deutschland. Vgl. Gerhard Scheit: *Die Meister der Krise. Über den Zusammenhang von Vernichtung und Volkswohlstand*. Freiburg 2001, S. 62

30 Vgl. Emmerich Tálos: *Entwicklung, Kontinuität und Wandel der Sozialpartnerschaft*. In: Ders. (Hg.): *Kontinuität und Wandel eines Modells*. Wien 1993, S. 15; Emmerich Tálos: *Sozialpartnerschaft: Zur Entwicklung und Entwicklungsdynamik kooperativ-konzentrierter Politik*

den Nationalsozialismus wird in diesem Zusammenhang in der Regel kaum ein Wort verloren.[31] Der Korporatismus nach 1945 gilt als Fortführung erster Annäherungsversuche der gesellschaftlichen Lager und der politischen Parteien in den ersten Jahren der Ersten Republik. Der Austrofaschismus wird zwar als struktureller Vorläufer betrachtet; zugleich wird allerdings betont, daß es hier keine allseitige Zustimmung von Staat, Bürgertum und Proletariat gab, sondern daß es sich um eine verordnete Sozialpartnerschaft handelte.[32] Der große Unterschied zwischen faschistischem Korporatismus und der Sozialpartnerschaft nach 1945 wird gerade in der Freiwilligkeit ausgemacht, also in der Tatsache, daß sich Kapital und Arbeit ohne Zwang zueinander und mit dem Staat in ein harmonisches Verhältnis setzen.[33] Genau hier wird aber übersehen, daß der Austrofaschismus und vor allem der Nationalsozialismus, der nicht zuletzt durch die Verstaatlichung des Antisemitismus bei der Herstellung der totalen Vergesellschaftung erfolgreicher war als der Austrofaschismus, die Verhältnisse offenbar gerade dahingehend modifiziert haben, daß alle maßgeblichen gesellschaftlichen Gruppen von sich aus der zumindest partiellen Fortsetzung eines faschistischen Projekts, nämlich der umstandslosen Verpflichtung aller auf das Allgemeinwohl, zustimmen. Was den Unterschied zum

in Österreich. In: Peter Gerlich u. a. (Hg.): *Sozialpartnerschaft in der Krise*. Wien/Köln/Graz 1985, S. 55; Anton Pelinka: *Modellfall Österreich? Möglichkeiten und Grenzen der Sozialpartnerschaft*. Wien 1981, S. 107

31 Eine der seltenen Ausnahmen stellt eine Darstellung aus dogmatisch-parteikommunistischer Sicht dar, in der nicht nur auf Parallelen der Sozialpartnerschaft mit der christlichen Soziallehre und dem Austrofaschismus, sondern auch mit »dem Nazimythos von der ›Volksgemeinschaft‹« hingewiesen wird. Ernst Wimmer: *Sozialpartnerschaft aus marxistischer Sicht*. Wien 1979, S. 8

32 Vgl. Tálos 1993, S. 14; Pelinka, S. 2; Olaf Scheider: *Sozialisierung oder Sozialpartnerschaft. Österreich und Deutschland nach der Stunde Null des Jahres 1945*. Stuttgart 1991, S. 7f.

33 Vgl. Pelinka, S. 106

Faschismus ausmachen soll, bestätigt hier gerade sein Fortwirken. Als weiterer Unterschied wird in der Literatur darauf verwiesen, daß der faschistische Korporatismus auf einer korporatistischen Ideologie beruhte, während die postfaschistische Sozialpartnerschaft am Anfang eher aus der Praxis der unmittelbaren Nachkriegszeit entstand, ohne daß alle Beteiligten eine korporatistische Ideologie auf ihre Fahnen geschrieben hätten.[34] Das theoretische Konzept wie die praktische Umsetzung der Verpflichtung aller auf das Allgemeinwohl war demnach allen Beteiligten dermaßen in Fleisch und Blut übergegangen, daß sie auch ohne konzeptionelle Vorgaben bei einem korporatistischen Modell landeten.

Zentral für eine sozialpartnerschaftliche Orientierung war auch die zunehmende, bereits vorfaschistische Verstaatlichung der Arbeiterbewegung, die sie, in Form etatistischer Parteien als Vertreterin der schaffenden Menschen einerseits und des Staatswohls andererseits auftretend, nahezu zwangsläufig in die Nähe faschistischer Gemeinwohlkonzeptionen brachte. Österreichische Politologen gehen in der Regel davon aus, daß sich die Sozialpartnerschaft unterschiedlichen Traditionen zuordnen läßt, nämlich einer faschistischen, verkörpert etwa in Othmar Spann, und einer sozialdemokratischen, verkörpert in Otto Bauer oder auch Karl Renner. Dabei wird aber übersehen, daß dieses Zusammenspiel nur der zumindest partiellen Übereinstimmung genuin faschistischer und rechts-sozialdemokratischer Grundsätze wegen möglich ist: der gnadenlose Staatsfetischismus, die ihm inhärente Bindung von Interessen an die Allgemeinheit, die Beschränkung jedes partikularen Bedürfnisses durch die Bedürfnisse des übermächtigen Gewaltmonopolisten.[35]

Darüber hinaus ist die Sozialpartnerschaft durchaus auch Ausdruck der relativen Stärke der österreichischen Arbeiterbewegung, da sie ihr umfangreiche Mitspracherechte in vielen, nicht nur unmittelbar wirtschafts- oder sozialpolitischen Bereichen sichert. Andererseits spielte

34 Vgl. Scheider, S. 1 und 8

35 Grundsätzlich dazu Willy Huhn: *Der Etatismus der Sozialdemokratie. Zur Vorgeschichte des Nazifaschismus*. Freiburg 2003

sie eine zentrale Rolle bei der Transformation der österreichischen Gesellschaft von einem Teil der großdeutschen Volksgemeinschaft hin zu einer österreichischen Opfergemeinschaft. In dieser Gemeinschaft sorgen sich Staat, Kapital und Arbeit kollektiv um das Wohlergehen ihrer kleinen Nation. Da die staatliche Gewalt der Garant der Zusammenarbeit von Arbeit und Kapital ist, wurde der Staat zumindest bis zu den ernsthafteren Krisenerscheinungen seit Anfang der 1990er Jahre auch als zuverlässiger Garant der materiellen Versorgung des gesamten Staatsvolkes imaginiert. Die Sozialpartnerschaft stiftet so eine besondere Form von unterwürfigem Staatsbürgerbewußtsein. Dieses österreichische Bewußtsein überbietet in seiner prinzipiellen Verpflichtung jeglicher partikularer Interessen auf das Wohl der angeblich im politischen Souverän verkörperten Allgemeinheit vermutlich sogar noch die aggressive Untertanenmentalität der Deutschen und ihre Anbetung einer übergeordneten, auf Werten beruhenden ›freiheitlich demokratischen Grundordnung‹ – ein Konzept, das in dieser Form in Österreich nicht bekannt ist, auch wenn einzelne Politiker immer mal wieder von einem imaginären ›Verfassungsbogen‹ reden. In bezug auf die BRD ist es nicht zuletzt angesichts der Notstandsgesetzgebung und des Verhaltens des Staates im Deutschen Herbst Ende der 1970er Jahre völlig richtig, davon zu sprechen, daß der faschistische Ausnahmezustand in die demokratische Normalität integriert wurde, Politik als permanenter Notzustand betrieben wird, und daß dadurch ein System aktiver Krisenprävention installiert wurde.[36] In Österreich gibt es Notstandsgesetze, die auch in der politischen Praxis eine entscheidende Rolle spielen würden, trotz der 1945 erfolgten Wiederverlautbarung der autoritär modifizierten Verfassung von 1929 (statt jener von 1920) in dieser Form nicht. Das hat seinen einfachen Grund darin, daß die »Sublimierung des Klassenkampfs durch die Sozialpartnerschaft«, wie Bruno Kreisky es einmal genannt hat,[37] derart geglückt ist, daß Notstandsszenarien jeglicher Art ohnehin kaum vorstellbar sind.

36 Vgl. Clemens Nachtmann: *Die postfaschistische Demokratie in der Krise*. In: *Dokumentation der Beiträge zum antinationalen und antideutschen Aktionswochenende am 6./7. Mai 1995*, S. 26

Das heißt jedoch nicht, daß Haider oder auch die Nachfahren der Austrofaschisten heute darauf verzichten würden, die autoritären Instrumentarien der österreichischen Demokratie gegen politische Gegner zu verwenden oder gegebenenfalls deren weiteren Ausbau zu fordern. Selbstverständlich kam es seit der Regierungsbeteiligung der FPÖ nach den Wahlen 1999 zu einer verstärkten Repression gegen diverse gesellschaftliche Gruppierungen. Linke und liberale Zeitschriften geraten unter Druck, Funktionäre der jüdischen Gemeinde werden mit Klagen überzogen, fortschrittlichen Frauenprojekten werden die Subventionen gestrichen,[38] linke Gewerkschafter werden zum gemeinschaftsschädigenden Feind erklärt und die Polizei hat ihre Schießhemmungen endgültig abgelegt.[39] Haider forderte im Hinblick auf Auslandsreisen des SPÖ-Vorsitzenden Gusenbauer, daß Politiker, die, wie er es nannte, Österreich öffentlich in Verruf bringen würden, mit dem Verlust ihrer Mandate oder selbst mit Gefängnis bestraft werden sollten. Es könne ja nicht angehen, daß Gusenbauer »mit Feinden Österreichs« zusammen Sekt trinke. Der Justizminister der schwarz-blauen Koalition Böhmdorfer nannte Haiders Gedanken über die Kriminalisierung von Oppositionspolitikern einen »verfolgenswerten Vorschlag«[40], und auch

37 Zit. n. Hans Margulies/Ulrike Moser/Susi Rosner-Valter: *Der verwaltete Klassenkampf – Gewerkschaften in Österreich*. In: Marion F. Hellmann u. a. (Hg.): *Europäische Gewerkschaften*. Berlin 1980, S. 102

38 Zum Zusammenhang von Rassismus, Frauen- und Familienpolitik Renate Göllner: *Monetäres Mutterkreuz*. In: *Konkret*, Nr. 6, 2000, S. 24 ff. Zum Versuch des traditionellen faschistischen Souveräns, nicht nur Kapital und Arbeit in sich zu versöhnen, sondern auch den Gegensatz zwischen Mann und Frau aufzuheben Gabriela Walterspiel: *Das ›zweite Geschlecht‹ und das ›Dritte Reich‹. Über ›Rasse‹ und ›Geschlecht‹ im Feminismus*. In: *Kritik und Krise*, Nr. 6, 1993, S. 30.

39 Eine Auflistung der konkreten Projekte und Maßnahmen der FPÖ-ÖVP-Koalition findet sich beispielsweise bei Eva Kreisky: *In Konvergenz der Interessen: Neoliberale Praktiken und rechtspopulistische Regulierung sozialen Protestes*. In: Alex Demirovic/Manuela Bojadzijev (Hg.): *Konjunkturen des Rassismus*. Münster 2002, S. 67 ff.

der damalige FPÖ-Klubobmann Peter Westenthaler konnte dem einiges abgewinnen: »Man muß sich schon einmal darüber klar werden, daß die diversesten Ausfälle von Gusenbauer und Co gegen unsere Republik ungeahndet bleiben. Man muß sich die Frage stellen, ob sich ein Politiker nicht strafbar macht, wenn er gegen Österreich auftritt… [Es] gibt ja schon den Tatbestand des Hochverrats.«[41]

Mit der Etablierung der blau-schwarzen Koalition nach den Wahlen 1999 ist die Orientierung am Gemeinwohl im Regierungsprogramm festgehalten worden. Darin heißt es lapidar: »Es gibt keinen Interessengegensatz zwischen Kapital und Arbeit.« Der Bereich ›Arbeit‹, der zuvor zum Sozialministerium gehörte, wurde ins Wirtschaftsministerium verlagert. Kanzler Schüssel betrachtet dies als eine der wichtigsten Errungenschaften der neuen Regierung und brachte in seiner *Rede zur Lage der Nation* am 15. Mai 2000 seine Entzückung darüber mit den Worten zum Ausdruck: »Endlich, zum ersten Mal, ein Ministerium für Wirtschaft und Arbeit, nicht einen Arbeitgeberminister und einen Gewerkschaftsminister, sondern einer, der Sorge trägt, daß das Ganze im Vordergrund steht und nicht Detailinteressen.«[42] So neu wie Schüssel meint, ist das allerdings nicht. Die administrative Gleichschaltung von Wirtschaft und Arbeit gab es bereits während des Nationalsozialismus.

Lange bevor es zu der augenblicklichen Koalition kam, wurde in den 1970er Jahren mittels einer kreditfinanzierten Wirtschafts- und Sozialpolitik jenes materielle Substrat geschaffen, daß dem Austropatriotismus gegenüber der Deutschtümelei in großen Bevölkerungskreisen endgültig zum Durchbruch verhalf. Der sogenannte Austrokeynesianismus unter Kreisky, der zum Teil sehr unkeynesianische Elemente wie eine Hartwährungspolitik inklusive einer fixen Anbindung des Schillings an die D-Mark im Jahr 1976 enthielt,[43] lieferte die Grundlage dafür, daß heute die meisten Österreicher die Geschichte

40 Zit. n. *Der Standard*, 19.5.2000

41 Zit. n. *News*, Nr. 20, 2000

42 www.oevp.at/schue/reden/index.asp, 16.8.2000

der Zweiten Republik als ›Erfolgsstory‹ betrachten und sich auch Jörg Haider genötigt sah, nicht mehr die Abschaffung der Zweiten Republik zugunsten einer Dritten, sondern nur mehr die radikale Reformierung der eben doch erfolgreichen Zweiten Republik zu fordern.

Haider als Kritiker der Sozialpartnerschaft

Aber seit Beginn der 1990er Jahre ist die Republik nicht mehr gar so erfolgreich bei der Alimentierung ihres Staatsvolks und daher kommt auch der Korporatismus zunehmend in Verruf. Angegriffen wird er jedoch nicht mehr, wie teilweise noch in den 1950er Jahren von kommunistischen Arbeitern,[44] sondern von der FPÖ und auch von der ÖVP, die diese Sozialpartnerschaft jahrzehntelang mitgetragen hat.

Schüssel führte im Jahr 2000 in seiner *Rede zur Lage der Nation* aus, was am Korporatismus störend sei: »Noch immer gibt es innere Besatzungsmächte – innere Besatzungsmächte, die wir nicht so leicht los werden mit einer Unterschrift oder mit einer großen Versammlung. Das sind die Bequemlichkeit, die Mutlosigkeit, die Entscheidungsscheue, aber auch die Gier, der Egoismus, der Konsumismus, der Kampf um die ›wohlerworbenen Rechte‹ – all dies sind innere Besatzungsmächte, von denen wir frei werden sollten.« Die neue Regierung will das gemeinschaftsstiftende der Sozialpartnerschaft beibehalten, ihr materielles Substrat hingegen, die relativ komfortable Alimentierung der abhängig Beschäftigten, überwinden.

Wenn Jörg Haider nicht gerade gegen Ausländer oder Juden hetzt, ist eines seiner Lieblingsthemen die Kritik an der österreichischen Sozialpartnerschaft. Die demokratisierten Nazis von der FPÖ profitieren nahezu zwangsläufig von der Krise des Austrokeynesianismus,

43 Vgl. Franz Delapina: *Was kommt nach der Modernisierung? Überlegungen zum Strukturwandel in Österreich*. In: Österreichische Gesellschaft für kritische Geographie (Hg.): *Auf in die Moderne! Österreich vom Faschismus bis zum EU-Beitritt*. Wien 1996, S. 243

44 Vgl. Tálos 1993, S. 20

die das im bürgerlichen Subjekt angelegte Potential von Rassismus und Antisemitismus immer offener zutage fördert. Im prosperierenden Fordismus waren Volk und SPÖ dominierter Staat als erfolgreiche Wertproduktionsgemeinschaft vereint. Nun scheint es für das wert- und staatsfetischistische Subjekt so, als würde die Sozialdemokratie aus purer Gemeinheit oder im vorauseilenden Gehorsam gegenüber nicht dingfest zu machender internationaler Machtzentren ihre korporatistischen Versprechen zugunsten eines Setzens auf den Neoliberalismus verraten. Die Subjekte können die eigene Vergesellschaftung mittels der Verwertung des Werts kaum begreifen und müssen sich daher permanent dunkle Mächte halluzinieren, die für alles und jedes verantwortlich gemacht werden. Das öffnet der schizophrenen Propaganda der Freiheitlichen Tür und Tor. Schizophren ist diese Propaganda insofern, als daß Haider sich einerseits als konsequenter Kritiker des »Kammernstaats«, des »roten Filzes«, der »Packelei«, »leistungsfeindlicher« Sozialleistungen, kurz also der Sozialpartnerschaft und aller ihrer Folgen geriert, sich andererseits aber als Anwalt der angeblich von der Sozialdemokratie im Einklang mit der »internationalen Finanzmafia« betrogenen Arbeitskraftbehälter aufspielt. In Haider erwächst so aus der postfaschistischen Normalität ein modernisierter und demokratisierter Führertyp, der vermutlich tatsächlich nicht weiß, was er in diesen Dingen will, wie er also konsequente Deregulierung der Gesellschaft und Schutz der eingeborenen Deklassierten oder von Deklassierung bedrohten unter einen Hut bringen möchte. Die ökonomische Unterfütterung der Volksgemeinschaft mittels sprunghaft gesteigerter Staatsnachfrage, wie im Nationalsozialismus vorexerziert, scheint heute nicht mehr möglich.[45] Im Gegenteil: Angesagt ist, von den anderen Parteien bereits betrieben, die sogenannte Verschlankung des Staates. Die Freiheitlichen wollen das durchaus konsequent fortsetzen und sind insofern auch in diesem Fall nur die Vollender der postfaschistisch-demokratischen Entwicklung der Zweiten Republik.

45 Vgl. Gerhard Scheit: *Der Führertyp der demokratischen Volksgemeinschaft*. In: *Weg und Ziel*, Nr. 4, 1998, S. 29

Dennoch sind sie mehr als einfach nur die Speerspitze der ökonomischen Liberalisierung und Deregulierung, als die sie von traditionsmarxistischen Gruppierungen permanent geoutet werden. Die *Kommunistische Partei Österreichs* sowie verwandte Sozialdemokraten und Leninisten sind nur schwer davon abzubringen, ganz im Sinne des DKP-Stichwortgebers Herbert Schui in der FPÖ wie im europäischen Rechtsextremismus insgesamt stets nur die Avantgarde des Neoliberalismus zu sehen, während man ihre Wähler ganz im Sinne des verständnisvollen und einfühlsamen Soziologenjargons gerne als ›Modernisierungsverlierer‹ charakterisiert. Nicht wenigen jener FPÖ-Wähler, die sich zu Beginn des 21. Jahrhunderts vor allem für die NS-Verharmlosungen des FPÖ-Volksanwaltes Ewald Stadler oder die Nazi-Sprüche des niederösterreichischen FPÖ-Vorsitzenden Wildholz begeistern und sich damit in der parteiinternen Auseinandersetzung klar gegen einen entnazifizierten Geschichtsrevisionismus und Rassismus stellen, geht es vergleichsweise gut. Die Entscheidung, die FPÖ zu wählen, folgt keinem rationalen Interessenkalkül, sondern ist vor allem das Resultat wahnhafter Projektionen.

Nicht unbeträchtliche Teile der Freiheitlichen fordern vehement die Einführung von Schutzzöllen und andere gar nicht liberale Beschränkungen im Waren- und Personenverkehr. Selbst die wirtschaftsliberalen Teile der FPÖ stehen nicht in erster Linie für einen Neoliberalismus, wie er in zivilisierteren westlichen Demokratien von bestimmten Kapitalfraktionen favorisiert wird, sondern für die Produktivierung der völkischen Nation. Der Neoliberalismus wird nur als Fitneßprogramm für Nation und Vaterland akzeptiert, nicht als umstandslos zu gewährende schrankenlose Freiheit für das Kapital.

Die Freiheitlichen vereinen einen Widerspruch, der aus der Krise des Austrokeynesianismus entsteht. Galt der korporatistische Staat des Austrokeynesianismus als Sachwalter und Anwalt der ehrlichen Arbeit und des auf das Gemeinwohl verpflichteten Kapitals, so gilt er den meisten Warenmonaden heute als Räuber an der ehrlichen Arbeit und zugleich zunehmend als asozialer Vertreter des vagabundierenden Finanzkapitals. Seit Beginn der 1990er Jahre hat sich eine Gemeinschaft von sich permanent betrogen Wähnenden herausgebildet. Die einen, die an der Mehrwertproduktion nach wie vor in nicht unbeträchtlichem Ausmaß profitieren, mißtrauen dem Staat, weil er die Pauper überhaupt noch mittels Transferleistungen versorgt, die anderen, die zunehmender Verelendung ausgesetzt sind, sehen sich hingegen verraten, weil der Staat diese Transferleistungen permanent zusammenkürzt.[46]

Diese Gemeinschaft spaltet sich zum Teil parteipolitisch auf, in Haider und den Freiheitlichen ist sie jedoch vereint. Die unterschiedlichen Klientele finden sich alle in Haider wieder, der in seiner beachtlichen, auch in Kleidungsfragen stets demonstrierten Wandlungsfähigkeit sowohl unerträgliche gemeinschaftliche Wärme und bedrohliche Herzlichkeit für sorgengeplagte Menschen ausstrahlt, als auch zur Leitfigur für die erfolgreichen, kaltschnäuzigen, neureichen Hedonisten werden konnte. Als solcherart hedonistisch-asketischer, modernistisch-anachronistischer Führertyp könnte er trotz des zeitweisen Einbruchs der FPÖ durchaus Modellcharakter haben.

Trotz dieses potentiellen Modellcharakters und trotz der Übereinstimmungen von sozialdemokratischer und freiheitlicher Migrationsverwaltung ist die FPÖ nicht einfach eine demokratische Partei wie andere auch. Sie ist auch nicht das gleiche wie die mehr oder weniger offen faschistischen Parteien in anderen Ländern, in denen der Nationalsozialismus als Besatzungsmacht und nicht wie in Österreich und Deutschland als demokratisch legitimierte Volkserhebung aufgetreten ist. So sehr der Rassismus und Nationalismus eines Haider jenem von sämtlichen westeuropäischen demokratischen Normalstaatsrassisten und Nationalisten ähnelt, ist immer zu berücksichtigen, daß Haider ein Politiker in einer postnationalsozialistischen Gesellschaft ist. Vermutlich kann nur in solch einer Gesellschaft der mit sämtlichen Motiven des sekundären Antisemitismus arbeitende Antisemitismus Haiders und anderer FPÖler in der Form funktionieren, wie man es seit geraumer Zeit beobachten muß.

46 Vgl. Uli Krug: *Der regionale Wettbewerbsstaat. Europa am Ende des Keynesianismus*. In: *Bahamas*, Nr. 24, 1997, S. 16

In den Flugblättern und Kommentaren aus dem Umfeld der österreichischen Protestbewegung gegen die blau-schwarze Regierung gibt es die unterschiedlichsten Einschätzungen darüber, wie die FPÖ zu charakterisieren und wie Haider einzuschätzen sei. Einige können sich noch nicht ganz entscheiden und sehen in Haider mal einen Linken und mal einen Austrofaschisten. Andere bemühen die historische Parallele und verkünden kurz und bündig »Haider ist Hitler«. Wieder andere wollen Wörter wie Faschismus und Nationalsozialismus gar nicht mehr in den Mund nehmen, wenn sie über Haider und die FPÖ reden, sondern sehen im neuen Führer nur mehr ein Produkt der postmodernen Zersetzung der Demokratie. Man soll sich offensichtlich entscheiden. Ist Haider nun Demokrat oder Faschist? Seine Anhänger beteuern natürlich ersteres, während die meisten seiner Gegner – nicht zuletzt auf Grund ihres nahezu grenzenlos idealistischen Begriffs von Demokratie – auf letzterem insistieren. Niemand scheint auf die Idee zu kommen, daß er beides zugleich, Demokrat und Faschist, sein könnte und daß gerade darin seine Gefährlichkeit besteht.[47]

Haider »weckt, organisiert und beschleunigt die Selbsttätigkeit«, die Rassismus und Volksgemeinschaft heute erfordern. »Im Unterschied zur alten nationalsozialistischen Rhetorik mit ihrem endlosen Redeschwall und ihrem beschwörenden Tonfall genügen Haider stets einige spitze Bemerkungen und eindeutige Anspielungen«, um bei den Angesprochenen die rassistische, antisemitische und nationalistische Eigenaktivität in Gang zu setzen.[48] Die Österreicher werden so motiviert, den Fetisch von Kapital und Nation selbständig weiterzudenken und ganz von selbst, eigenverantwortlich und selbstbestimmt, die in der postfaschistischen Demokratie ohnehin vorhandenen faschistischen Elemente gesellschaftlich wieder stärker wirksam werden zu lassen.

47 Vgl. Scheit 1998, S. 27

48 Ebd., S. 30

Während der traditionelle faschistische Staat der absolute Souverän ist, der seine Macht aus dem Bündnis mit seinen Bürgern in Abgrenzung gegen äußere und innere Feinde gewinnt, erscheint heute zusehends der starke Staat selber als Feind. Dennoch ist das nicht einfach eine Parallele zum Liberalismus. Denn das Individuum wird heute nicht einfach als freier und gleicher Bürger, als Bourgeois, der seinen Geschäften nachgeht, begriffen, sondern als Ministaat, der weiß, was richtig ist und der daher auch dem Gesamtstaat reinreden kann, wenn dieser womöglich beginnt, gegen das gesunde Volksempfinden zu agieren. Diese Ministaaten konstituieren eine populistische Bewegung, als deren idealer, wenn auch keineswegs einzig möglicher Führer Haider auftritt. Er agiert als Führer von individuellen Ministaaten und bildet die Verbindung von ihnen mit dem zu verschlankenden Gesamtstaat.

Bezüglich der autoritären Feinderklärung gegenüber dem Staat verläuft die Entwicklung in Österreich und der BRD keineswegs gleich. Während es in bezug auf die BRD zutrifft, daß zusehends »nicht mehr die Börse, sondern der defizitäre Staat, nicht mehr die Rendite, sondern die Steuern und Abgaben«[49] dem strukturell faschistischen Tauschsubjekt als Ziel seines Ressentiments dienen, gilt dies für Österreich, wo es bei weitem noch nicht zur Herausbildung einer derartigen ›Aktienkultur‹ wie in der BRD gekommen ist, nur bedingt. Die Ressentiments der Österreicher sind diesbezüglich traditioneller als in der BRD, wo allerdings nach den ersten ernsthafteren Crashs und der Ruinierung von massenhaft Kleinanlegern ebenfalls mit einer Wiederbelebung des alten Hasses zu rechnen ist.

In der BRD ist die CDU im Parteispendenskandal ab Ende 1999 zwar als gemeinschaftsschädigende Vertreterin von partikularen Parteiinteressen angegriffen worden, aber gerade der politische Hauptwidersacher in Form der Sozialdemokratie hielt sich dabei als Gesamtpartei auffällig zurück. Die Kritik, wie sie von jemanden wie Haider in diesem Fall zu erwarten gewesen wäre, wurde dennoch als Kollektiv aus

49 Uli Krug: *Ende einer Zwangsdemokratie. Der ›Parteispendenskandal‹ oder das erneuerte Bündnis von Mob und Elite*. In: *Bahamas*, Nr. 31, 2000, S. 19

Medien und Vertretern aller Parteien geleistet. Aber gerade dadurch fehlte den Angriffen nicht nur die Schärfe eines Haider, sondern vor allem ihre Kontinuität, wie sie vom freiheitlichen Führer insbesondere durch die Verbindung mit anderen Themen hätte gewährleistet werden können. So schafft es die FPÖ beispielsweise, die Kritik an der sozialdemokratischen Schuldenwirtschaft der 1970er und 1980er Jahre stets mit der sozialdemokratischen Einwanderungspolitik aus jener Zeit in Verbindung zu bringen und so die Ressentiments gegen den defizitären Staat und die Migranten zu bündeln und über Jahre zum Hauptthema der Politik zu machen, was ihr zum Teil die Mühe des Lostretens ständig neuer Kampagnen, wie man es aus der BRD kennt, erspart, da die Hauptkampagne gegen parasitäre Schuldenmacherei und fremdländische Gemeinschaftsschädlinge ohnehin beständig am Laufen ist.

Der mal formelle und mal informelle Chef der FPÖ verkörpert den Führertypus einer neuen Form von Demokratie und einer neuen Form von Volksgemeinschaft. Er ist der Protagonist einer spezifischen Form der postfaschistischen Demokratie, der Repräsentant der demokratischen Volksgemeinschaft.[50] Zentrales Moment der demokratischen Volksgemeinschaft ist die potenzierte Verinnerlichung und Subjektivierung von Zwang und Herrschaft, von Ausgrenzungswille und Ausgrenzungserduldung. Ist diese Verinnerlichung nahezu vollständig vollzogen, so ist die adäquate faschistische Herrschaftsform die direkte Demokratie. Es ist kein Zufall, daß die Freiheitlichen und nicht wie noch in den 1980er Jahren die Grünen, heute die vehementesten Protagonisten von Plebisziten, von Volksbegehren und Volksentscheiden sind. Haider und die Freiheitlichen treten als Radikaldemokraten auf und zielen damit auf die Wiederherstellung der Unmittelbarkeit von Herrschaft. Der Staat und seine Institutionen haben Erfüllungsgehilfen jener Ansammlung von Menschen zu Zwecken von Ausbeutung und Herrschaft zu sein, die sich ›Volk‹ nennt. Dienen die Institutionen

50 Vgl. Scheit 1998, S. 27 ff.; Ders.: *Demokratischer Rassismus, Outsourcing des Staats. Thesen zum Verhältnis zwischen Nation und Bande*. In: *Krisis*, Nr. 23, 2000, S. 47 ff.

nicht der Herrschaft des Volkswillens, so wird ihnen ordentlich Bescheid gegeben. So erklärte Haider im Rahmen der Diskussionen um die verfassungsmäßigen Verpflichtungen gegenüber der slowenischen Minderheit, daß das Höchstgericht der Republik »korrigiert« werden müsse, wenn es so weitermache. Schließlich sei Österreich eine Demokratie und kein »Richterstaat«.[51]

Auch wenn es noch deutliche, unübersehbare Unterschiede zwischen den plebiszitären Vorstellungen der FPÖ und traditionell linken basis- oder gar rätedemokratischen Vorstellungen gibt, kann die Demokratiebegeisterung eines Haider nicht einfach als Wiederbelebung alter faschistischer Vorstellungen, die auf die Absegnung vorgegebener Entscheidungen zielen, oder als reine Taktik abgetan werden. Sie weisen vielmehr den zugleich spezifischen wie auch partiell verallgemeinerungsfähigen österreichischen Weg in eine demokratische Barbarei. Die kommt zwar ohne den mal expliziten, mal impliziten Bezug auf den historischen Faschismus und Nationalsozialismus nicht aus, aber durchaus ohne den klassisch-faschistischen Terror gegen eine heute eben nicht mehr existierende sozialistische Arbeiterbewegung, die früher nicht völlig zu Unrecht als reale Bedrohung des faschistischen wie nationalsozialistischen Projekts gesehen wurde, und auch ohne die völlige Suspendierung demokratischer Verkehrsformen, da sich gerade diese als zum Teil ausgesprochen hilfreich auf dem Weg in die selbstbestimmte Barbarisierung erwiesen haben. Was die Protagonisten solch einer demokratischen Barbarei in Zukunft noch alles anzetteln werden, läßt sich dennoch kaum vorhersehen, da nicht nur ihre Gefolgschaft, sondern auch sie selbst nicht zu knapp von wahnhaften Projektionen getrieben werden. Es ist also keinesfalls auszuschließen, daß sie sämtliche Verfolgungs- und Diskriminierungspraxen in Gang setzten, die aus der Vergangenheit bekannt sind, auch wenn diese vom Standpunkt eines modernisierten Autoritarismus als hoffnungslos antiquiert erscheinen mögen. Das sieht man schon heute an jenen Freiheitlichen, die sich vermutlich lieber wieder gleich in NSDAP umbenennen würden. Gerhard Sailer, der nach dem FPÖ-Regierungseintritt im Jahr 2000 zum

51 Zit. n. *Profil*, Nr. 2, 2002, S. 9

hochrangigen Beamten im Infrastrukturministerium wurde, jammerte in der staatlich subventionierten *Zur Zeit*: »Wozu ist die FPÖ in der Regierung, wenn Asylkriminelle und Heroinafrikaner mehr denn je ihr Unwesen treiben und der Bürger schlimmer als je zuvor für dubiose Entschädigungsansprüche ausgepreßt wird!«[52]

Beneš und die österreichisch-arabische Freundschaft

Gerade in Österreich sollte man nichts ausschließen. Wenn irgendwo auf der Welt ein politisch halbwegs interessierter Mensch an den Nachfolgestaat der NS-Ostmark denkt, denkt er in aller Regel zuerst an den Antisemitismus. Und das völlig zu recht. Das Erschreckende an Österreich ist die unglaubliche Normalität des Antisemitismus in Politik und Gesellschaft. Diese Normalität hat sich der europäischen und auch außereuropäischen Öffentlichkeit insbesondere anläßlich der Präsidentschaftskandidatur von Kurt Waldheim in den 1980er Jahren offenbart. Nun ist sie seit dem Wahlerfolg der FPÖ 1999 und des anschließenden kollektiven Umsichschlagens aller Parlamentsparteien anläßlich der gegen Österreich kurzzeitig verhängten Sanktionen, die in den Augen der Österreicher natürlich am Rande der internationalen Holocaust-Konferenz vom linken Flügel der Sozialistischen Internationale in Stockholm ausbaldowert worden sind – ein klarer Fall von ›jüdisch-kommunistischer Weltverschwörung‹ – abermals registriert worden.

Vermehrte Angriffe auf Juden oder auch auf jüdische Einrichtungen, wie sie seit Beginn der Terrorintifada im Jahr 2000 in fast allen europäischen Ländern stattfanden, wurden in Österreich nicht registriert. Allerdings ist dabei zu berücksichtigen, daß die Österreicher erstens in ihrem grenzenlosen Autoritarismus eine nahezu eindeutige Aufforderung von Staats wegen selbst dann noch brauchen, wenn es ums Brandstiften und um Gewalt gegen Schwächere geht; zweitens hat eine deutliche Verschärfung der Situation für die jüdische Bevölkerung in Österreich schon einige Zeit vor der Eskalation der Gewalt durch Arafat

52 *Zur Zeit*, Nr. 17, 2001

stattgefunden. Anläßlich des freiheitlichen Wahlkampfs zur Nationalratswahl 1999 legte die Israelitische Kultusgemeinde einen Bericht vor, in dem der sprunghafte Anstieg antisemitischer Beschimpfungen, Drohungen und auch tätlicher Übergriffe dokumentiert wurde.

Der israelische Staat, der konsequenterweise seinen Botschafter nach der Regierungsbeteiligung der FPÖ aus Österreich abgezogen hat, ist mit der internationalen Unterstützung des palästinensischen Terrors konfrontiert, vor allem aus Deutsch-Europa. Österreich, das schon bei der Zerschlagung Jugoslawiens als vorauseilender Juniorpartner der BRD aufgetreten ist, hat daran natürlich Teil. Nicht nur, daß sich die Freiheitlichen offen mit islamischen Faschisten verbrüdern, auch der konservative Bundespräsident Thomas Klestil und zahlreiche Regierungsmitglieder hofieren Israelfeinde aus der arabischen und islamischen Welt wie beispielsweise den Reformantisemiten Khatamie aus dem Iran. In der Sozialdemokratie hat der Antizionismus seine treuesten Anhänger vor allem unter jenen, die sich ansonsten, wie etwa der einflußreiche ehemalige Innenminister Karl Blecha, Sorgen um die Pensionsansprüche ehemaliger Vernichtungskrieger aus der Wehrmacht machen. Und grüne Politikerinnen haben Palästina-Solidaritätsdemos gemeinsam mit jenen Antiimperialisten organisiert, die in ihren Zeitschriften die islamistischen Selbstmordattentate abfeiern. Wenn es um den Staat der Shoah-Überlebenden geht, wird man sich auch in Österreich schnell einig und kennt keine Parteien mehr.

Jörg Haider gibt die Avantgarde der österreichisch-arabischen Freundschaft. Schon in früheren Jahren gab es rege Kontakte vor allem von Kärntner FPÖ-Funktionären zu Gaddafis Libyen. Inzwischen ist Haider Präsident der österreichisch-libyschen Gesellschaft geworden, was sich vor allem aus der innigen persönlichen und politischen Freundschaft Haiders mit Saif al Islam, dem Sohn Muhammar al Gaddafis erklärt, eine Freundschaft, die von Wertkritikern wie dem Wiener Franz Schandl als »Zweckbündnis«[53] verharmlost wird. Haider hat sich 2002 mehrmals mit

53 Franz Schandl: *Der Führer, die Show, das Publikum. Über Jörg Haider und die ihn umschwirrenden Elemente*. In: *Streifzüge*, Nr. 3, 2000, S. 21

Saddam Hussein und Tarek Aziz getroffen und parlierte mit ihnen über die »zionistische Verschwörung«, wie mehreren Nachrichtenagenturen zu vernehmen war. Der Führer der demokratisierten Nazis von der FPÖ gibt seine weiterhin bestehenden Kanzlerambitionen nicht mehr über die *austria presse agentur* bekannt, sondern über *Al-Dschazira*, wo er auch gleich, nach den Terroranschlägen in Israel gefragt, zu Protokoll gab, die Palästinenser hätten das »Recht auf Widerstand mit allen Mitteln«[54].

Kein Wunder, daß einer der wenigen Politiker, der sich 2002 mit Israel solidarisch erklärte, in Österreich als Staatsfeind, oder besser noch: Volksfeind Nr. 1 gilt: der Tscheche Milos Zeman. Zeman findet halbwegs klare Bezeichnungen für antisemitische österreichische Politiker und steht dem offensiven geschichtsrevisionistischen österreichischen Bemühungen klar im Wege. Mit seiner Verteidigung Israels einerseits und der Benešdekrete andererseits hat Zeman intuitiv auf eine Gemeinschaft von Palästinensern und Sudetendeutschen reagiert, die man bisher nur auf Grund ideologischer Überschneidungen kritisieren konnte, die sich jetzt allerdings vor allem in Österreich als tatsächliche Einheitsfront präsentiert. Mitte April 2002 fand in Wien im *Haus der Heimat* eine Podiumsdiskussion unter dem famosen Titel *Von Benes zu Sharon, Sudetendeutsche und Palästinenser – Entrechtet und vertrieben* statt. Eingeladen hatte eine *Plattform SOS Heimat*. Teilgenommen haben neben Vertretern der Vertriebenenverbände auch Dr. Georg Nicola, Obmann der Palästinensischen Ärztevereinigung und Vizepräsident der Palästinensischen Gemeinde in Wien. Solch eine Begegnungsstätte muß von der schwarz-blauen Koalition natürlich gefördert werden. Das *Haus der Heimat* erhielt von der österreichischen Bundesregierung satte 7 Millionen Euro an Zuschüssen. Ende 2002 wurden Pläne der sozialdemokratischen Wiener Stadtregierung bekannt, das Revanchistenzentrum mit zusätzlichen 650 000 Euro aus dem Kulturressort zu subventionieren.

Die seit der Wiedervereinigung forcierten deutschen Bemühungen, die sichtbaren Konsequenzen aus der Schuld an der Shoah und am

54 Zit. n. *Der Standard*, 25.4.2002

Vernichtungskrieg zu beseitigen – von der Zerstörung Jugoslawiens über die Versuche der Internationalisierung des Nahostkonflikts bis zu den Angriffen gegen Tschechien –, werden von Österreich eifrig unterstützt. Vor allem die tschechische Republik, die zeitgleich mit der Aussiedelung der henleinfaschistischen und NS-begeisterten Sudetendeutschen in den unmittelbaren Nachkriegsjahren die israelische Staatsgründung unterstützt hat, ist in letzter Zeit ins Visier der österreichischen Politik geraten.

In der Agitation gegen die Benešdekrete unterscheidet sich die FPÖ nur unwesentlich von der ÖVP. Die Außenministerin Benita Ferrero-Waldner bezeichnete die Benešdekrete in zahlreichen Nachrichtensendungen als »Unrechtsgesetze«, und Kanzler Schüssel präsentierte sich stolz als Träger des Karlspreises der Sudetendeutschen Landsmannschaft.

Haider setzt auf die Offensive, behält sich eine Blockade des EU-Beitritts Tschechiens vor und läßt seinen Ressentiments freien Lauf. Die ÖVP hingegen setzt zur Revision der Folgeerscheinungen des Zweiten Weltkrieges auf die Europäische Union, weil sie hofft, so ihre revanchistischen Gelüste gegenüber einem EU-Mitglied Tschechien besser zur Geltung bringen zu können. Sozialdemokraten und Grüne halten sich in diesen Fragen auffällig zurück. Bei der SPÖ handelt es sich ohnehin um eine Partei, die die Freiheitlichen in der Sorge um ehemalige Vernichtungskrieger wie auch beim Deutschnationalismus gegenüber der slowenischen Minderheit gelegentlich rechts zu überholen versucht. Die Grünen sind bei aller Kritik peinlich darum bemüht, daß ihre Hinweise auf die deutsch-österreichischen Verbrechen nicht als Entschuldigung für die Aussiedelung der Sudetendeutschen mißverstanden werden, und Parteichef Alexander Van der Bellen kann der Forderung des ÖVP-Kanzlers nach einer »Versöhnungserklärung« einiges abgewinnen.[55] Österreich reiht sich weitgehend nahtlos in die europäische antiisraelische und in die deutsche antitschechische Front ein.

Welche Rolle Jörg Haider dabei spielen wird, läßt sich kaum vorhersagen. Bei den Wahlen 2002 hat er sich die Verantwortung für die

55 Vgl. *Kurier*, 2.6.2002

absehbare Niederlage der FPÖ weitgehend vom Hals gehalten. Doch am Absturz der Freiheitlichen auf 10 % der Stimmen war er nicht ganz unschuldig.

Seit der Regierungsbeteiligung der FPÖ nach den Wahlen 1999 kam es immer wieder zu Konflikten zwischen freiheitlichen Regierungsmitgliedern und dem Kärntner Landeshauptmann. Wenn die FPÖ-ÖVP-Koalition in Wien die sozialstaatlichen Almosen zusammenkürzte, gerierte sich Haider als Anwalt der ›kleinen Leute‹ und forderte einen sozial verträglicheren Abbau des Sozialstaats. Während in Wien intensiv eine engere Kooperation mit der NATO diskutiert wurde, besuchte Haider den Irak. Wenn sich die damalige freiheitliche Parteivorsitzende und Vizekanzlerin Susanne Riess-Passer von rechtsradikalen Parteien in Europa distanzierte, obwohl sie ihnen inhaltlich in etwa ebenso nahesteht wie die sonstige Bagage, traf sich Haider mit Filip de Winter vom belgischen *Vlaams Blok* und Mario Borghezio von der *Lega Nord*, um über eine mögliche Vernetzung der europäischen Rechten inklusive einer zukünftigen gemeinsamen Kandidatur zum EU-Parlament zu diskutieren. Solche Konstellationen mußten natürlich zu Konflikten führen. Und die werden in der FPÖ etwas rabiater ausgetragen als in anderen Parteien. Dem zu verwirklichenden schlanken Staat entspricht die schlagkräftige Gang, als die sowohl die FPÖ als auch die frühe NSDAP schon mehrfach charakterisiert wurden.[56] Der Bandenbegriff birgt zwar die Gefahr, von jenen Inhalten wie etwa dem Antisemitismus zu abstrahieren, die den ganzen Haufen samt seiner Anhängerschaft zusammenschweißen, dennoch drängt er sich angesichts der Gepflogenheiten in der FPÖ auf – gerade wenn es um personelle Umstrukturierungen geht. Kaum einer jener Funktionäre, die noch Anfang der 1990er Jahre neben Haider zu den prominentesten Exponenten der Partei gehörten, hatte 10 Jahre später noch etwas zu melden. Gleichzeitig wird stets suggeriert: Bei uns kann jeder Trottel etwas werden, wenn er es nur an Loyalität und Brutalität nicht mangeln läßt.

Die parteiinternen Auseinandersetzungen gingen immer mit Drohungen Haiders einher, sich aus der Politik vollständig zurückzuzie-

56 Vgl. Scheit 2000, S. 58 ff.

hen oder auch die Kärntner FPÖ nach dem Vorbild der CSU von der Bundespartei abzuspalten. Seine zahlreichen angekündigten Rücktritte waren stets vom vorschnellen Abgesang der Medien auf die FPÖ und ihren mal offiziellen, mal inoffiziellen Führer begleitet. Die Medien sagen Haider seit etwa fünfzehn Jahren den endgültigen Absturz voraus. Sie haben den Aufstieg Haiders bis zur Jahrtausendwende mit ihren Untergangsprognosen nicht nur begleitet, sondern ihn geradezu unterstützt, da er lange Zeit nach jedem prophezeiten Absturz als klasser Kerl dastand, dem nichts und niemand etwas anhaben kann. Wenn es nach Haider selbst geht, so ist trotz seiner momentan geschrumpften Anhängerschaft nach wie vor mit ihm zu rechnen. Man kann davon ausgehen, daß er jeden seiner angekündigten oder tatsächlichen Rückzüge als Schritt zum endgültigen Triumph betrachtet. Es ist aber durchaus möglich, daß er sich eines Tages damit abfinden muß, »nur ein Ferment bei der Erneuerung nationaler Identität in Österreich und der Integration neonazistischer Elemente in Europa gewesen zu sein.«[57] Das Grauen des Normalzustands der postnazistischen österreichischen Gesellschaft bliebe auch ohne Haider bestehen.

57 Gerhard Scheit: *Glück im Unglück. Krise der FPÖ.* In: *Jungle World*, Nr. 47, 2000

Heribert Schiedel

Gemeinschaftsbildung und Verfolgungswahn

Thesen zur Besonderheit des österreichischen Syndroms

Um das Spezifische am österreichischen Syndrom herauszuarbeiten, muß die besondere Form der ideologischen Vergesellschaftung und der politischen Kultur in Österreich analysiert werden. Diese soll unter einigen Aspekten – allen voran sozialpsychologischen – thesenhaft diskutiert werden. Die Notwendigkeit der sozialpsychologischen Herangehensweise ergibt sich schon aus der Natur des Gegenstandes. Gerade der Antisemitismus, zentrales Element des österreichischen Syndroms, ist auch eine Leidenschaft, ein irrationales, ja psychopathologisches Massenphänomen oder eine Massenpsychose.[1] Mit dem Begriff des österreichischen Syndroms ist mehr gemeint als die überdurchschnittliche Verbreitung von Antisemitismus und Rassismus. Er zielt vielmehr auf den auffallend stabilen Gesamtzusammenhang von diversen (privaten wie öffentlichen) Idiosynkrasien und Ressentiments, autoritären Bewußtseinsinhalten und regressiven Momenten. Gemeinsam mit den entsprechenden Strukturen sind diese aber nicht Ausfluß einer österreichischen Natur, sondern Resultat des österreichischen Sonderweges. Daß es darüber hinaus auch andere Traditionslinien, wie zum Beispiel den antifaschistischen Aufstandsversuch 1934, den Widerstand gegen den Nationalsozialismus und die vielfältige literarische und theoretische Kritik an den österreichischen Zuständen gibt, soll dabei gar nicht abgestritten werden. Aber die Fixierung auf diese anderen, zum Teil verschütteten Traditionslinien, die gegenwärtig in der so beliebten Rede vom anderen Österreich seinen aktuellen Ausdruck findet, führt mindestens in die (verfassungs-) patriotische Betriebsblindheit.

1 Vgl. Ernst Simmel: *Antisemitismus und Massen-Psychopathologie*. In: Ders. (Hg.): *Antisemitismus*. Frankfurt am Main 1993, S. 58ff. Diese Feststellung bedeutet jedoch nicht, daß der einzelne Antisemit stets und schon von vornherein im klinischen Sinne psychotisch ist.

Zunächst gilt es, etwaigen Mißverständnissen, denen eine sozialpsychologische Herangehensweise oft ausgesetzt ist, vorzubeugen. Seit Sigmund Freuds *Massenpsychologie und Ich-Analyse* haben Versuche, die unbewußten Grundlagen und die regressiven Folgen der (pathologischen) Gruppenbildung sowie die Psychogenese kollektiver Einstellungen zu analysieren, mit dem Verdikt zu kämpfen, sie würden von der Existenz einer Massenseele oder gar Völkerpsyche ausgehen. Demgegenüber betonte Otto Fenichel, »daß wir, wenn wir von massenpsychologischen Phänomenen reden, beileibe nicht an mystische ›Massenseelen‹ zu denken haben, da seelisches Geschehen sich für den Naturwissenschaftler immer nur im einzelnen Individuum abspielt... Sie [die Massen- oder Sozialpsychologie] unterscheidet sich von der Einzelpsychologie nur dadurch, daß sie die Vorgänge im Einzelnen untersucht, ›insofern er einer Masse angehört‹. Der Mensch ›gehört‹ Massen ›an‹, insofern er mit anderen Individuen jeweils verschiedene Gruppen psychischer Eigenschaften gemeinsam hat. Solche psychischen Eigenschaften, in denen Gruppen von Menschen übereinstimmen, sind Gegenstand der Massenpsychologie.«[2] Begünstigt wurde und wird das verbreitete Mißverständnis durch die Tatsache, daß sozialpsychologische Ansätze mit dem begrifflichen Instrumentarium der Psychoanalyse operieren. Dabei sollte zunächst Freuds Einschränkung berücksichtigt werden: »Den Terminus ›das Verdrängte‹ gebrauchen wir hier im uneigentlichen Sinn. Es handelt sich um etwas Vergangenes, Verschollenes, Überwundenes im Völkerleben, das wir dem Verdrängten im Seelenleben des Einzelnen gleichzustellen wagen... Es wird nicht leicht, die Begriffe der Einzel-Psychologie auf die Psychologie der Masse zu übertragen, und ich glaube nicht, daß wir was erreichen, wenn wir den Begriff eines kollektiven Unbewußten einführen... Wir behelfen uns also vorläufig mit dem Gebrauch von Analogien.«[3]

2 Otto Fenichel: *119 Rundbriefe*. 2 Bde., Frankfurt am Main/Basel 1998, S. 843

3 Sigmund Freud: *Der Mann Moses und die monotheistische Religion*. In: Ders.: *Gesammelte Werke*, Bd. XVI. Frankfurt am Main 1999, S. 241

Die Sozialpsychologie geht in der Folge Freuds allerdings über Analogiebildungen hinaus. Sie relativiert nicht nur die Verantwortung libidinöser Strebungen und individueller Charakterstrukturen für soziale Phänomene zugunsten ökonomischer und politischer Faktoren und macht umgekehrt die Gesellschaft für die psychischen Dispositionen ihrer Mitglieder (mit-)verantwortlich, sondern sie analysiert auch die relativ eigenständige gesellschaftliche Tiefenstruktur. Erich Fromm führte im Anschluß an Freuds *Unbehagen in der Kultur* dazu den Begriff des, den ideologischen Überbau maßgeblich determinierenden, »Gesellschafts-Charakters« ein. Dieser meint den »Kern der Charakterstruktur, welcher bei den meisten Gliedern einer gleichen Kultur übereinstimmt«.[4] Wie die Individuen wären demnach auch Gesellschaften als oral-rezeptiv, oral-sadistisch, anal-sadistisch und genital sowie (nach den Ergänzungen von Fromm, Theodor W. Adorno u. a.) als autoritär zu charakterisieren.[5] Der ›Gesellschafts-Charakter‹ ist aber »kein statischer [Begriff] in dem Sinn, als wäre er die Summe der Charakterzüge, die die Mehrzahl der Menschen einer bestimmten Kultur aufweisen. Er kann nur in bezug auf die Funktion des Gesellschafts-Charakters verstanden werden.«[6]

Fromm geht aber noch weiter und behauptet auch die Existenz eines »gesellschaftlichen Unbewußten«. Dieses fällt (wie zunächst bei Freud[7]) mit dem Verdrängten zusammen: »Als das ›gesellschaftliche

4 Erich Fromm: *Über psychoanalytische Charakterkunde und ihre Anwendung zum Verständnis der Kultur.* In: Ders.: *Gesamtausgabe*, Bd. 1. Stuttgart 1980/81, S. 209

5 Vgl. Theodor W. Adorno: *Studien zum autoritären Charakter.* Frankfurt am Main 1995; Max Horkheimer (Hg.): *Studien über Autorität und Familie. Forschungsberichte aus dem Institut für Sozialforschung*. Paris 1936; vgl. auch Jan Weyand: *Zur Aktualität der Theorie des autoritären Charakters*. In: jour fixe initiative berlin (Hg.): *Theorie des Faschismus – Kritik der Gesellschaft*. Münster 2000, S. 55 ff.

6 Fromm: *Über psychoanalytische Charakterkunde*, S. 209

7 Freud hat in *Das Ich und das Es* aus dem Jahr 1923 nicht nur das topographische Modell der psychischen Instanzen durch das Strukturmodell

Unbewußte‹ möchte ich jene Bereiche der Verdrängung bezeichnen, welche bei den meisten Mitgliedern einer Gesellschaft anzutreffen sind. Bei diesen von der Allgemeinheit verdrängten Elementen handelt es sich um Inhalte, die den Mitgliedern der jeweiligen Gesellschaft nicht bewußt werden dürfen, wenn diese Gesellschaft mit ihren spezifischen Widersprüchen reibungslos funktionieren soll.«[8] Damit sind die Instanzen, die gleich einem Zensor zwischen Bewußtem und Unbewußtem wachen, auch in ihrer sozialen Bestimmtheit erfaßbar.

Bei aller Ausweitung des Gegenstandes sollten jedoch die obigen Einschränkungen nicht leichtfertig übergangen werden. Eine sozialpsychologische Herangehensweise ist nach wie vor nicht einfach als Psychoanalyse von Kollektiven zu verstehen, sondern vielmehr als Kritik des ganzen beschädigten Lebens in der bürgerlich-kapitalistischen Gesellschaft. Vor diesem Hintergrund sind die folgenden Thesen zur Besonderheit des österreichischen Syndroms zu verstehen.

I.

Eine brauchbare Theorie des Antisemitismus und Rassismus hat nicht deren Objekte zum Gegenstand, sondern deren Subjekte, also nationalstaatlich vergesellschaftete Warenbesitzer und Warenbesitzerinnen. Antisemitismus und Rassismus sind (auch) Gemeinschaftsideologien[9] und als solche durch die Genese und den Charakter des jeweiligen nationalen Kollektivs qualitativ wie quantitativ bestimmt. Antisemitismus und Rassismus stellen jene Handlungs- und Denkformen dar, die es dem spätbürgerlichen Subjekt erlauben, das Bedürfnis nach

ersetzt, sondern auch das Verständnis des Unbewußten ausgeweitet: Es umfaßt nun mehr als das Verdrängte.

8 Erich Fromm: *Jenseits der Illusionen. Die Bedeutung von Marx und Freud*. In: Ders.: *Gesamtausgabe*, Bd. 9. Stuttgart 1980/81, S. 96

9 Ideologie ist hier weniger im Sinne von bewußter Täuschung zu verstehen, sondern mehr als jene Effekte, wie sie im Prozeß der Gruppenbildung durch Ein- und Ausschluß entstehen.

Unterwerfung und Aufruhr gleichzeitig zu befriedigen.[10] Sie sollten nicht isoliert betrachtet werden, sondern als integraler Bestandteil des autoritären Syndroms. Als dessen weitere Bestandteile gelten: Konformismus, Konventionalismus, Verantwortungsscheue, autoritäre Unterwürfigkeit und Aggression, Ticketdenken, Antiintellektualismus, soziale Erstarrung, Neigung zur Irrationalität, Unfähigkeit mit Aggressionen und inneren Spannungen/verbotenen Wünschen umzugehen, erhöhte Neigung zur Projektion.

Wir können vermuten: Je stärker die Identifikation mit den herrschenden Normen, desto heftiger die ablehnende und haßerfüllte Reaktion auf all diejenigen, welche diesen Normen tatsächlich oder in der Phantasie nicht entsprechen. Je repressiver und uniformierter eine Gesellschaft, je rigider das Normale, desto stärker die Neigung zu Projektionen und autoritären Aggressionen. Im Rassismus richten sich diese Aggressionen gegen das Unwerte oder Unten, im Antisemitismus gegen das Übermächtige oder Oben.[11]

II.

In Ländern ohne gelungene bürgerliche Revolution und mit ausgeprägter autoritärer Tradition bleibt die (Volks-)Gemeinschaft und die Sehnsucht nach ihr virulenter als anderswo. Voller Neid wird das auch von deutschen Antiliberalen anerkannt: »Für den deutschen liberalen Individualisten, der auf sein Grundrecht pocht, ganz unvorstellbar: Der Österreicher wird in eine kollektive Haftung gegenüber der Gemeinschaft genommen… In Österreich ist die Staatspraxis schon auf Konsens angelegt, absolutes Ausleben der eigenen Ansprüche ist suspekt, spätestens seit dem Bürgerkrieg von 1934… Eine Sache

10 Vgl. Otto Fenichel: *Elemente einer psychoanalytischen Theorie des Antisemitismus*. In: Ernst Simmel (Hg.): *Antisemitismus*. Frankfurt am Main 1993, S. 38

11 Vgl. Joachim Bruhn: *Was deutsch ist. Zur kritischen Theorie der Nation*. Freiburg 1994, S. 77ff.

um ihrer selbst willen tun, das ist hier nicht möglich. Das verhindert Extremismus und trägt zur Einheit des Volkes bei.« An anderer Stelle heißt es: »Österreich ähnelt heute dem, was Ludwig Erhard die ›Formierte Gesellschaft‹ genannt hat... Universalismus zählt in Österreich wenig.«[12]

Während die Mitglieder der bürgerlichen Gesellschaft durch das individuelle, aber gemeinsame Interesse am Tausch von Waren verbunden sind, ist die Gemeinschaft notwendig essentialistisch als Gemeinschaft der von Natur aus Identischen gefaßt. Soziale Konflikte werden hier weniger als Interessenkonflikte wahrgenommen, sondern als Versuche von Fremden, die Gemeinschaft zu zersetzen. Je ausgeprägter die Volksgemeinschaft oder die Sehnsucht nach ihr und je geringer die Bereitschaft, sich mit der sozialen Macht anzulegen, desto größer ist der Haß auf die Nicht-Identischen. Als Ersatzobjekte ziehen sie sich die soziale Aggression, die sich in Volksgemeinschaften nicht anders artikulieren kann und darf, zu. Während sich der autoritäre Moment dieser Aggression gegen Migranten und Migrantinnen richtet, zielt der rebellische auf Juden und Jüdinnen oder Politbonzen und Bürokraten. Letztere nennt Adorno den »gerade greifbaren Ersatz für das eigentliche Haßobjekt, die Juden«.[13]

III.

Eine weitere Folge der Niederlage des klassischen politischen Liberalismus ist die anhaltende Macht des Etatismus. Die Thesen, wonach »sich in Österreich eine besonders starke staatlich-bürokratische Tradition entfaltet hat«, »Modernisierungen häufig von oben

12 Peter Maier-Bergfeld: *Deutschland und Österreich. Über das Hissen der schwarz-rot-goldenen Flagge in Wien*. In: Heimo Schwilk/Ulrich Schacht (Hg.): *Die selbstbewußte Nation. ›Anschwellender Bocksgesang‹ und weitere Beiträge zu einer deutschen Debatte*. Frankfurt am Main/Berlin 1995, S. 205 und 221

13 Adorno: *Studien zum autoritären Charakter*, S. 124

ausgehen« und »sich die ›bürgerliche Gesellschaft‹ nie so recht vom Staat freispielen kann«,[14] sind mehr als plausibel. Angesichts dieser Tradition kann ein deutscher konservativer Staatsfetischist schon mal ins Schwärmen geraten: »Österreich ist in seinem Kern nicht liberal, sondern etatistisch... ›Freie Entfaltung der Persönlichkeit‹ auf Kosten der öffentlichen Ordnung, Ruhe und Sicherheit existiert hier nicht... Der Staat ist mehr als die Summe der Einzelpersonen. Den absoluten Vorrang der Einzelrechte gegenüber den Gemeinschaftsrechten – wie in Deutschland – gibt es nicht.«[15]

Die spezifische Etablierung der bürgerlichen Gesellschaft von oben und die Kontinuität im Etatismus verstärkte die Reproduktion zeitinadäquater vorbürgerlicher Bewußtseinsinhalte. Vermutlich kann eine Partei wie die FPÖ, die zwar »den Gedanken der Marktwirtschaft« vertritt, »ohne sich aber eine Marktgesellschaft zu wünschen«, wie Jörg Haider das einmal formuliert hat,[16] nur in einem Land wie Österreich so erfolgreich sein. Die Marktwirtschaft ist für Haider, dieser Personifikation des österreichischen Syndroms, eine Ausgabestelle für Sekundärtugenden, während die dazugehörende Gesellschaft freier Individuen den Keim der Zersetzung in sich trägt: »In der Wirtschaft und der Arbeitswelt gilt Ordnung, Disziplin, Leistung ..., während in der kulturellen Sphäre Expressivität, Bindungslosigkeit und Spontaneität dominieren.«[17]

14 Ernst Hanisch: *Der lange Schatten des Staates. Österreichische Gesellschaftsgeschichte im 20. Jahrhundert*. Wien 1994, S. 15

15 Maier-Bergfeld, S. 202f.

16 *Junge Freiheit*, 5.5.2000

17 Jörg Haider: *Die Freiheit, die ich meine. Das Ende des Proporzstaates. Plädoyer für die Dritte Republik*. Frankfurt am Main/Berlin 1993, S. 239

IV.

Wenn es stimmt, daß Antisemitismus und Rassismus maßgeblich mit der Entpolitisierung (i. e. Ethnisierung) des Sozialen erklärt werden können, ist das wahre Ausmaß des Problems erkennbar. Gerade der Österreicher – verstanden als kritischer Idealtypus und nicht als Realkategorie – ist im engeren Sinne unpolitisch. Das ist jedoch nicht mit seinem natürlichen Charakter, sondern nur vor dem historischen Hintergrund erklärbar. Die enge Verzahnung des Sozialen mit dem Nationalen hat hierzulande eine lange Tradition und ist nicht so einfach von heute auf morgen aufzulösen. Die Sozialdemokratie, die in Österreich mehr in der Tradition von Lassalle und Dühring, nicht der von Marx und Engels steht, entstand aus dem Deutschnationalismus. Sie wurde in der Folge zum Transmissionsriemen völkisch-nationaler Interessen im sozialen Gewand und machte alle möglichen Konzessionen an den Nationalismus und Antisemitismus. Diese historische Leistung würdigt Haider, wenn er die Tatsache der »vielfach [identischen] Wählerpotentiale« von SPÖ und FPÖ damit erklärt, daß »der Sozialdemokrat im klassischen Sinne nie links gewesen ist und daher mit vielen Positionen, für die wir eintreten, übereinstimmt«.[18]

Der Sozialdemokratie und den ihr angeschlossenen Gewerkschaften ist es spätestens nach 1945 gelungen, den Menschen die ohnehin unterentwickelte Fähigkeit, soziale Interessen als solche zu erkennen und danach (kollektiv) zu handeln, auszutreiben. Auch darin baute die postfaschistische Demokratie auf den Ergebnissen nationalsozialistischer Herrschaft auf: Diese bedeutete einen enormen Schub bei der materiellen wie ideologischen Integration der Arbeiter und Arbeiterinnen als Klasse ins nationale Kollektiv. Als neuer Mittelstand mit kleinbürgerlichem Bewußtsein war das Proletariat nach 1945 Objekt sozialdemokratischer Verwaltung. Die entrüstete Leugnung, Klasse zu sein, und der Kampf gegen die Wirklichkeit und die Idee des Klassenkampfes blieben zentrale Elemente proletarischen Bewußtseins nach 1945. Heute stimmen in Österreich mehr als 90 % dem volksgemein-

18 *Junge Freiheit*, 5.5.2000

schaftlichen Stehsatz zu: »Im Ringen um eine gesunde Wirtschaft sitzen Arbeitnehmer und Arbeitgeber im selben Boot.«

Zusammenfassend läßt sich die politische Kultur wie folgt beschreiben: »Österreich ... weist den höchsten Prozentsatz an politisch Inaktiven und Konformisten, den geringsten an Reformisten, Aktivisten und Protestierenden auf; die österreichische politische Kultur räumt Widersetzlichkeit, Dissidententum, Anderssein nur einen geringen Raum ein; kurz: von allen untersuchten Ländern zeigt Österreich die deutlichsten Züge einer ›Untertanenkultur‹.«[19]

V.

Was oben über die Sehnsucht nach harmonisierender Gemeinschaft gesagt wurde, gilt auch für die Sehnsucht nach personaler Herrschaft. Die Volksgemeinschaft ähnelt einer patriarchalen Familie. Sie wird durch eine übermächtige Autorität zusammengehalten. Der kulturelle Traditionsbestand, welcher den Wunsch nach einem Führer oder starken Mann maßgeblich determiniert, reicht weit vor die Zeit des Nationalsozialismus zurück und speist sich – neben der bewußten Zustimmung zu den jeweiligen Programmen – aus der gleichen Quelle: der Unfähigkeit zur kritisch-produktiven Abgrenzung gegenüber der (elterlichen) Autorität. Diejenigen, die den Zumutungen der elterlichen Macht hilflos ausgesetzt blieben und diese nicht integrieren konnten, tragen den nicht bewältigten Ambivalenzkonflikt dann auf der politischen Bühne aus. Dabei werden die Unlusterfahrungen und die von daher rührenden aggressiven Impulse von der zu liebenden Autorität abgespalten und auf scheinbare Autoritäten wie Bonzen, Polit-Bürokraten oder eben das allmächtige Judentum übertragen.[20]

19 Hanisch, S. 23 f.

20 Vgl. Simmel, S. 73

VI.

Eine weitere Folge des Ausbleibens einer bürgerlichen Revolution ist die ungebrochene Macht des antimodernistischen Katholizismus und die unvollständige Trennung von Kirche und Staat. So sieht sich der Österreicher nach wie vor als Mitglied einer exklusiv-christlichen Gemeinschaft, die ihre Identität über Jahrhunderte durch Abgrenzung nach außen (Türken) und innen (Juden und Jüdinnen) bezog. »Jede historische Analyse muß davon ausgehen, daß die österreichische Volkskultur in ihrer Tiefenstruktur antijüdisch gezeichnet ist.«[21] Heute weisen die ländlichen Regionen und Kleinstädte, in welchen die katholisch geprägte Kultur noch immer hegemonial ist und in denen die Mehrzahl der österreichischen Bevölkerung lebt, die höchsten Antisemitismus-Werte auf. Wie Hitler hassen die Bewohner dieser Regionen Wien seit jeher: Das bäuerliche Ressentiment gegen die Großstadt als Synonym für Moderne und Zivilisation steht in wechselseitigem Zusammenhang mit dem Antisemitismus. Wenn heute FPÖ- und ÖVP-Politiker und Politikerinnen die Tracht, jene Uniform der Antisemiten und Antisemitinnen, wieder auf die politische Bühne bringen, so stellt dies tatsächlich ein (mehr oder weniger bewußtes) politisches Programm dar.

Darüber hinaus determiniert dieser alltagsreligiöse Antijudaismus aktuelle Formen der sozialen Wahrnehmung von Differenz: Wie die religiöse Urform des Antijudaismus stellt auch der Neorassismus auf kulturelle Unterschiede – vor allem auf unterschiedliche Religion – ab. Gerade das Feindbild Islam korrespondiert in Österreich mit antijüdischen Traditionen.

Der anhaltenden Macht des Katholizismus kommt durch dessen gegenreformatorischen Charakter zusätzliche Bedeutung zu: Unter dem Druck der Gegenreformation wurden massenhaft jene Verhaltensweisen eingeübt, die Österreich bis heute prägen: Konformismus, Anpassung und Heuchelei.

21 Hanisch, S. 31

Österreich »ist eine Brutstätte der Neurose«.[22] Der schon angesprochene Haß auf die Eltern darf gerade in Österreich, wo die Familie den Rang einer Staatsreligion hat, und die – wie deutsche Reaktionäre das nennen – »Singleisierung«[23] noch nicht so weit fortgeschritten ist wie in der BRD, nicht ausgedrückt, sondern nur verdrängt werden. Dieses in der Kindheit eingeübte Verhalten wird später derart konsequent fortgesetzt, daß Österreich »geradezu eine ›Verdrängungsgesellschaft‹«[24] genannt werden kann. Die Gemeinschaft des Verdrängens ist angesichts ihrer unbewußten Grundlage besonders gefestigt und in ihren Reaktionen auf Fremde und auf Kritiker des Verdrängungsvorganges besonders haßerfüllt. Hier ist die österreichische Disposition zum Antiintellektualismus angedeutet. Wenn es zustimmend heißt, in Österreich sei »der Typus des Berufskritisierers, des großstädtischen Zersetzungsdenkers nicht verbreitet«,[25] so wird instinktiv die Gefahr erkannt, die von intellektueller Kritik ausgeht: Sie ist in der Lage, die Grundlagen der Gemeinschaftsbildung bewußt zu machen und somit zersetzend zu wirken.

Der Verdrängungsvorgang ist jedoch nicht vollständig, das heißt, ein klein wenig Haß auf die elterliche Autorität bleibt bestehen. Dies führt zu massiven Schuldgefühlen, welche wiederum ein unersättliches Strafbedürfnis nach sich ziehen.

22 Erwin Ringel: *Die österreichische Seele. Zehn Reden über Medizin, Politik, Kunst und Religion*. Wien/Hamburg 1984, S. 9

23 Maier-Bergfeld, S. 206

24 Ringel, S. 13

25 Maier-Bergfeld, S. 224

VIII.

Der Österreicher ist das Ergebnis einer kollektiven narzißtischen Kränkung, die sich permanent reproduziert und historisch aus der Abkunft des österreichischen Kleinstaates aus der mächtigen Habsburgermonarchie 1918 rührt. Zunächst suchte der Österreicher seine Heilung im narzißtischen Größenselbst des Deutschen, wobei er sein Deutschtum jedoch dauernd unter Beweis stellen mußte. Im eliminatorischen und exterminatorischen Antisemitismus tat er das auch: Der Österreicher, noch dazu wenn er etwa Odilo Globocnik heißt, wird je mehr zum Arier, je mehr er die Juden und Jüdinnen haßt, verfolgt und ermordet. Hier ist eine Ursache dafür angesprochen, warum der Antisemitismus in der Ostmark um so vieles radikaler war als im Altreich.

Doch 1945 wurde auch diesem Heilungsversuch die Grundlage entzogen. Dieses kollektive Trauma, verstärkt durch den Verlust des geliebten Führers, wurde nun verdrängt.

Was den österreichischen Umgang mit den NS-Verbrechen und der eigenen oder familiären Verstrickung betrifft, kann bis in die 1980er Jahre hingegen kaum von Verdrängung im psychoanalytischen Sinne gesprochen werden. Denn die Schuldabwehr in Form des Opfermythos ermöglichte es dem Österreicher, nicht als sich zu verantwortender (oder eben verdrängender) Täter zu erscheinen. Statt zur Verdrängung kam es vielmehr zur Absperrung, das heißt, daß über den Nationalsozialismus und dessen Verbrechen zwar einiges gewußt wird, dieses Wissen aber vom Handeln und Fühlen abgetrennt bleibt.[26]

Grundsätzlich eignet sich der Begriff der Verdrängung nur eingeschränkt, um den kollektiven Umgang mit den NS-Verbrechen in den Ländern der Täter und Täterinnen zu analysieren, meint er doch in seiner eigentlichen Bedeutung eine unbewußte Reaktionsweise. Demgegenüber betonte Adorno, daß die »Tilgung der Erinnerung« an Auschwitz »eher eine Leistung des allzu wachen Bewußtseins als

26 Vgl. Meinrad Ziegler/Waltraud Kannonier-Finster: *Österreichisches Gedächtnis. Über Erinnern und Vergessen der NS-Vergangenheit*. Wien u. a. 1993, S. 76ff.

dessen Schwäche gegenüber der Übermacht unbewußter Prozesse« darstellt.[27]

An die Stelle der Trauerarbeit traten in Österreich neue Identifikationen: »Sozialpartnerschaft und österreichisches Nationalgefühl erhalten ... Züge von zwanghaften Gegenbesetzungen, die an die Stelle von Erfahrungen treten, die unbewußt gemacht werden sollen.«[28] Es blieb nach 1945 keine Zeit, Antisemitismus, Rassismus und Autoritarismus öffentlich zu thematisieren, mußte sich doch die vormalige Volksgemeinschaft mit notwendig manischem Eifer dem Wiederaufbau widmen. Nach der Bereicherung an jüdischem Eigentum und der Ausbeutung von Zwangsarbeitern und Zwangsarbeiterinnen erlaubte auch diese nationale Großtat keine störenden Fragen. Karl Renner, eine weitere Personifikation des österreichischen Syndroms, in seinem Aufruf vom 27. April 1945: »Österreicher! Schließt Euch zusammen zur Wiederaufrichtung Eures freien Gemeinwesens und zum Wiederaufbau Eurer Wirtschaft! Vertagt allen Streit der Weltanschauungen, bis das große Werk gelungen ist!«

Diese Aussetzung der politischen Auseinandersetzung brauchte aber gar nicht verordnet zu werden, sie ist das logische Resultat der ängstlich-vermeidenden Haltung gegenüber der NS-Vergangenheit: Die Vermeidung blieb nicht auf den Nationalsozialismus beschränkt, sondern dehnte sich auf andere Bereiche aus. Am Ende wurde »die Berührung politischer Themen überhaupt vermieden, die Übernahme jeglicher politischer Aufgaben und Verantwortung abgelehnt«.[29] Darin verstärkte die Tabuisierung der NS-Verbrechen den bereits erwähnten un-, ja: antipolitischen Charakter des Österreichers. Was heute als

27 Theodor W. Adorno: *Was bedeutet: Aufarbeitung der Vergangenheit?* In: Ders.: *Gesammelte Schriften*, Bd. 10.2. Frankfurt am Main 1997, S. 558

28 Ziegler/Kannonier-Finster, S. 33

29 Peter Fürstenau: *Zur Psychologie der Nachwirkung des Nationalsozialismus*. In: Herrmann Huss/Andreas Schröder (Hg.): *Antisemitismus. Zur Pathologie der bürgerlichen Gesellschaft*. Frankfurt am Main 1965, S. 128

gefestigtes österreichisches Nationalbewußtsein und sozialer Friede gefeiert wird, ist also vor allem das Resultat eines spezifischen Umganges mit der NS-Vergangenheit.

IX.

»Demokratie (auf österreichisch) bedeutet: Berührungsverbot der Vergangenheit.«[30] Der österreichische Umgang mit dem Nationalsozialismus kann allgemein als Externalisierung beschrieben werden. Diese »wirkt auch dahingehend, daß dieser historischen Erfahrung nur eine marginale Bedeutung für die Selbstreflexion des politischen und gesellschaftlichen Systems nach 1945 zukam. Die neue politische Ordnung sah es nicht als Aufgabe, politische Werthaltungen zu institutionalisieren, die als klare abgrenzende Antwort auf das NS-System zu verstehen waren«.[31]

Die Externalisierung des NS erfolgt vor allem in Form des Opfermythos. Tatsächlich stellt das Bekenntnis zur österreichischen Nation auch eine rückwärtsgewandte Identifikation zum Zweck der kollektiven Schuldabwehr dar: Weil bei den Alliierten Österreich als erstes Opfer der NS-Aggression durchging, sah sich seine Bevölkerung ebenso. Die Selbstwahrnehmung als Opfer fand ihre Entsprechung bei der politischen Macht, die damit erfolgreich Entschädigungszahlungen abwehrte.

Außerdem war der Austropatriotismus als Antithese zum Deutschnationalismus nach 1945 die einigende Klammer der postfaschistischen Eliten. Im von diesen Eliten verordneten kollektiven Abrücken vom deutschnationalen Ticket, auf dessen Bestandteil der nicht eigenständig thematisierte Antisemitismus reduziert wurde, erschöpfte sich weitgehend die ideologische Entnazifizierung. Trotzdem wollten viele im Wachsen des österreichischen Nationalbewußtseins antifaschistische

30 Josef Haslinger: *Politik der Gefühle. Ein Essay über Österreich*. Darmstadt 1987, S. 29

31 Ziegler/Kannonier-Finster, S. 35

Haltungen massenwirksam werden sehen. Da die FPÖ bis 1997 am Bekenntnis zur »deutschen Volksgemeinschaft« festhielt, schien diese Annahme auch Berechtigung zu haben. In Wahrheit konnten gerade im transformierten Nationalismus antisemitische Einstellungen ungehindert fortleben.

Auch das »Nachleben des Nationalsozialismus in der Demokratie«[32] wurde durch den Opfermythos erleichtert, garantierte er doch das Desinteresse der Alliierten und der internationalen Öffentlichkeit. Mit dem Staatsvertrag und dem Abzug der Alliierten war Österreich im Bewußtsein der Bevölkerung frei, auch und gerade vom Zwang, sich mit dem Nationalsozialismus auseinandersetzen zu müssen. Weitgehend frei war der Österreicher auch von Umerziehung und der zivilisatorischen Kraft des Auslandes, was Maier-Bergfeld neidvoll anerkennt: »Österreich hat – durch seine Opferlegende – bis 1988 ... vermeiden können, zum Dauerobjekt einer politisch instrumentalisierten Vergangenheitsbewältigung gemacht zu werden... Daher hat auch die weltweite Kulturrevolution von 1968 in Österreich keine nennenswerten Flurschäden angerichtet.«[33] Kaum jemand liefert eine derart treffende Beschreibung der bornierten österreichischen Zustände, der grauenhaften Normalität wie ihr offener Bewunderer: »Österreich als unterkapitalisiertes Land ist wirtschaftlich noch nicht an den Weltmarkt angeschlossen ..., ist zum Teil noch autark, ist politisch paternalistisch-vormodern organisiert ..., mehr gemeinschaftlich als individuell, mehr etatistisch als gesellschaftlich ..., eher ständisch als liberal, eher repressiv als permissiv, eher stabil als mobil, eher auf der Seite des Leviathan als auf der des Behemoth verortet. Mit einem Wort: Der Österreicher ist duldsam als Mensch, lebt aber nicht in einer liberalistischen Ordnung. Warum ist das so? Das ist einfach zu beantworten: Es gab in Österreich keine Umerziehung ..., weil es keine Kollektivschuldzumutung gab, weil es die Legende gab, man sei das erste Opfer Hitlers gewesen... Das hat es in Österreich möglich gemacht, der Vernichtung der Staatstugenden zu

32 Adorno: *Was bedeutet: Aufarbeitung der Vergangenheit*, S. 555

33 Maier-Bergfeld, S. 214f.

entgehen, die psychische und tatsächliche Desarmierung zu vermeiden. Der österreichische Grantler ist kein Nationalmasochist. Österreich hat die ganz normale Erkenntnis noch nicht verdrängt und eben auch nicht verdrängt bekommen: Zieht man vom Rechtsstaat das Recht ab, so bleibt doch der Staat, das weltliche Regiment zur hoheitlichen Ordnung der gemeinschaftlichen Aufgaben eines (Teil-) Volkes, das der Integration und Identität bedarf... Das ganze Geheimnis deutscher Politik ist ja der Köhlerglaube, man müsse nur alles um 180 Grad anders als Hitler machen, dann sei es schon gut und richtig. Da die Österreicher – mit Glück und List – diesen ›Hitler-Komplex‹ ... vermieden haben, haben sie sich Staat und Gemeinschaft mit ihren Vätern und Selbstachtung und Hausverstand gerettet.«[34]

X.

Der Opfermythos ist eine Form der Abwehraggression. Die österreichische Nation als Opfergemeinschaft basiert auf kollektiver Verleugnung, Verdrängung und Absperrung. Diesen Reaktionsweisen folgt grundsätzlich immer die eingeschränkte Wahrnehmung der Realität, die Scheu vor Konflikten und Erstarrung des sozialen Lebens, der Hang zur Stereotypenbildung sowie die soziale Paranoia, die regelmäßig in Haß auf alles Nichtidentische umschlägt: »Die Abwehr kollektiv zu verantwortender Schuld ... hat ihre Spuren im Charakter hinterlassen. Wo psychische Abwehrmechanismen wie etwa Verleugnung und Verdrängung bei der Lösung von Konflikten ... eine übergroße Rolle spielen, ist regelmäßig zu beobachten, wie sich die Realitätswahrnehmung einschränkt und stereotype Vorurteile sich ausbilden; in zirkulärer Verstärkung schützen dann die Vorurteile wiederum den ungestörten Ablauf des Verdrängungs- oder Verleugnungsvorganges.«[35] Dieser Vorgang verstärkt zudem die grundsätzlich dem autoritären Charakter zugeschriebene Unfähigkeit, authentische Erfahrungen zu machen.

34 Ebd., S. 211 f.

XI.

Wie jede kriminelle Organisation wird auch die »sekundäre Volksgemeinschaft«[36] durch das Verbrechen und sein Beschweigen zusammengeschweißt. Wer lästige Fragen stellt oder schon allein durch seine Existenz an Auschwitz erinnert, wird als die Gemeinschaft zersetzender Fremder zum Objekt des Hasses und der Verfolgung, was in den postnationalsozialistischen Ländern seinen Ausdruck im sekundären Antisemitismus findet.

XII.

Im Gefolge der Diskussion um die NS-Vergangenheit des ÖVP-Präsidentschaftskandidaten Kurt Waldheim und dem Drang der politischen Eliten in die EU geriet der Opfermythos gegen Ende der 1980er Jahre in die Krise. Nun war der Österreicher verstärkt angehalten, Verdrängungsleistungen zu erbringen. Die Krise des Opfermythos bedeutete für den Österreicher eine neuerliche narzißtische Kränkung, zu deren Heilung Haider erfolgreich angetreten ist. Dieser Erfolg Haiders als »magischer Helfer«[37] rührt daher, daß auch er »im allgemeinen ein meisterlicher Verkäufer seiner eigenen psychischen Defekte [ist]«.[38] Wie jeder erfolgreiche Führer muß auch Haider »selbst als absolut narzißtisch erscheinen …, um die narzißtische Identifizierung zu ermöglichen«.[39] Die persönlichen Verletzungen, die Haider als Kind

35 Alexander und Margarete Mitscherlich: *Die Unfähigkeit zu trauern. Grundlagen kollektiven Verhaltens*. Frankfurt am Main u. a. 1970, S. 24

36 Gerhard Scheit: *Deutsche Krisenbewältigung und österreichisches Lebensgefühl. Thesen zur sekundären Volksgemeinschaft*. In: Hermann L. Gremliza (Hg.): *Braunbuch Österreich. Ein Nazi kommt selten allein*. Hamburg 2000, S. 57

37 Erich Fromm: *Die Furcht vor der Freiheit*. Zürich 1945, S. 173

38 Theodor W. Adorno: *Antisemitismus und faschistische Propaganda*. In: Ernst Simmel (Hg.): *Antisemitismus*. Frankfurt am Main 1993, S. 153

aus nationalsozialistischem Elternhaus erfuhr, bilden dabei seinen zentralen Antrieb: Haiders Agitation und deren Erfolg verschaffen ihm jene »großartige narzißtische Zufuhr, die das narzißtisch gekränkte Kind des nach 1945 lange Jahre (wahl-)rechtslosen Vaters psychisch dringend braucht«.[40]

Haider führt bei seiner Heilung deutlich die Verneinung vor, die aus der Verdrängungsleistung folgt: »Ein verdrängter Vorstellungs- und Gedankeninhalt kann also zum Bewußtsein durchdringen, unter der Bedingung, daß er sich verneinen läßt. Die Verneinung ist eine Art, das Verdrängte zur Kenntnis zu nehmen ..., aber freilich keine Annahme des Verdrängten... Vermittels des Verneinungssymbols macht sich das Denken von den Einschränkungen der Verdrängung frei und bereichert sich um Inhalte, deren es für seine Leistung nicht entbehren kann.«[41] Besser kann Haiders stellvertretender Umgang mit dem Nationalsozialismus kaum beschrieben werden.

Mit dem Wechsel der FPÖ vom Bekenntnis zur »deutschen Volks- und Kulturgemeinschaft« zu aggressivem Österreich-Patriotismus begannen die Freiheitlichen ihr Angebot zu diversifizieren. Nun rückte die direkte Verneinung (etwa in Form der Verharmlosung von NS-Verbrechen oder Lobpreisungen nationalsozialistischer Praxen wie die

39 Theodor W. Adorno: *Die Freudsche Theorie und die Struktur der faschistischen Propaganda*. In: Ders.: *Kritik. Kleine Schriften zur Gesellschaft*. Frankfurt am Main 1971, S. 49. Allgemein kann der faschistische Führer oder Agitator »die seelischen Bedürfnisse und Wünsche der für seine Propaganda Anfälligen erraten, weil er ihnen seelisch ähnlich ist, und was ihn von ihnen unterscheidet, ist nicht irgendeine echte Überlegenheit, sondern die Fähigkeit, das, was in ihnen latent ist, ohne Hemmungen auszudrücken.« (Ebd., S. 58)

40 Peter Maier-Bergfeld: *Gegen Erziehungsdiktatur und Gesinnungspolizei. Die Freiheitlichen als Freiheitsgarant in Österreich, Deutschland und Europa*. In: Lothar Höbelt (Hg.): *Republik im Wandel. Die große Koalition und der Aufstieg der Haider-FPÖ*. München 2001, S. 272

41 Sigmund Freud: *Die Verneinung*. In: Ders.: *Studienausgabe*, Bd. 3. Frankfurt am Main 1982, S. 373 f.

»ordentliche Beschäftigungspolitik«) etwas in den Hintergrund. Statt dessen versucht nun die FPÖ, den Opfermythos zu reaktivieren. »Die FPÖ besetzt heute in diesem Feld der ›Vergangenheitspolitik‹ jene Positionen, die von SPÖ und ÖVP unter dem Druck der internationalen Kritik schrittweise aufgegeben wurden. Sie präsentiert sich damit als die wahre Verteidigerin der Unschuld der österreichischen Nation gegen den Vorwurf der braunen Flecken.«[42]

XIII.

Der Österreicher leidet unter Wiederholungszwang: Eine politische Kultur, die auf Verdrängung, Verneinung und Absperrung basiert, produziert den Zwang zur Wiederholung dessen, was nicht verarbeitet und bewältigt wurde. Weil Haider diese Wiederholung auf der politischen Bühne inszeniert, ist er so erfolgreich: Er »gibt den Menschen das Gefühl, daß man mit der alten Mentalität auch öffentlich wieder ungeniert herausrücken darf«.[43] Von daher rührt das befreiende Gefühl, das sich bei den Anhängern und Anhängerinnen Haiders einstellt und das diese wiederum enger an ihren Agitator bindet.

XIV.

So klein wie das Land machen sich seine Leute. Die kleinen Leute sind jene Subalternen, die es sich – unter tatkräftiger Mithilfe von Funktionären und Funktionärinnen der Arbeit – in ihrem Status eingerichtet haben. Diese Selbstinfantilisierung, welche eine konformistische

42 Rainer Bauböck: *Grenzziehungen. Zur Konstruktion des Volks durch den österreichischen Nationalpopulismus*. In: Erna Appelt (Hg.): *Demokratie und das Fremde. Multikulturelle Gesellschaften als demokratische Herausforderung des 21. Jahrhunderts*. Innsbruck/Wien/München 2001, S. 82

43 Haslinger, S. 79

Verarbeitung der eigenen Ohnmacht darstellt, erlaubt einerseits das Abschieben von Verantwortung und die Selbstdarstellung als Opfer, andererseits führt sie zu paranoiden Reaktionsformen. Je kleiner sich jemand macht, desto größer, mächtiger und feindlicher kommen ihm die Anderen vor. Die prototypischen Anderen – die Juden und Jüdinnen – stellen aufgrund der ihnen im antisemitischen Diskurs zugeschriebenen Machtfülle die ideale Projektionsfläche der permanent Zu-kurz-Gekommenen dar.

XV.

Die massenhafte Selbstwahrnehmung und -darstellung als kleine Leute hat darüber hinaus eine masochistische Komponente, perpetuiert sie doch die Ohnmachtsgefühle. Daß sich Masochismus (autoritäre Unterwürfigkeit) mit Sadismus (autoritäre Aggression) paart, zeigen auch die kollektiven Bestrafungs- und Rachephantasien, die sich gegenwärtig an Kinderschändern, organisierter Kriminalität oder nigerianischer Drogenmafia austoben.[44] Der Ursprung dieser Phantasien in der prägenitalen Regression ist nicht zu übersehen und korrespondiert von daher nicht zufällig mit der oben erwähnten Selbstinfantilisierung. Neben diesen Phantasien beziehen die kleinen Leute ihren psychischen Gewinn aus der libidinösen Nähe zu großen Männern und der Mitgliedschaft im nationalen Kollektiv, welche ihr Ich aufbläht.

44 Vgl. Uli Krug: *Kollektivprojektion als Soziale Bewegung. Ein ›weißer‹ Herbst in Belgien*. In: *Bahamas*, Nr. 22, 1997, S. 16ff.

Autoren

Ulrich Enderwitz lebt als freier Autor und Übersetzer in Berlin; Autor u. a. von *Antisemitismus und Volksstaat. Zur Pathologie kapitalistischer Krisenbewältigung* und *Reichtum und Religion* (8 Bände).

Stephan Grigat hat an der FU Berlin promoviert, war Forschungsstipendiat in Tel Aviv und ist Lehrbeauftragter an der Universität Wien; Autor von *Fetisch und Freiheit. Über die Rezeption der Marxschen Fetischkritik, die Emanzipation von Staat und Kapital und die Kritik des Antisemitismus*, Herausgeber von *Feindaufklärung und Reeducation. Kritische Theorie gegen Postnazismus und Islamismus*, Mitherausgeber von *Der Iran. Analyse einer islamischen Diktatur und ihrer europäischen Förderer* sowie *Iran im Weltsystem. Bündnisse des Regimes und Perspektiven der Freiheitsbewegung*.

Uli Krug ist Redakteur der Zeitschrift *Bahamas*, arbeitet im Mediensektor und lebt in Bayern.

Florian Markl promoviert an der Humboldt-Universität Berlin über palästinensische Terroranschläge in Österreich und war Historiker für den Allgemeinen Entschädigungsfond für Opfer des Nationalsozialismus in Wien; Koautor von *Feindaufklärung und Reeducation. Kritische Theorie gegen Postnazismus und Islamismus*; *Der Iran. Analyse einer islamischen Diktatur und ihrer europäischen Förderer* sowie *Iran im Weltsystem. Bündnisse des Regimes und Perspektiven der Freiheitsbewegung*.

Clemens Nachtmann ist Redakteur der Zeitschrift *Bahamas* und lebt als Komponist und Dozent für Musiktheorie in Graz; Koautor von *Feindaufklärung und Reeducation. Kritische Theorie gegen Postnazismus und Islamismus*.

Gerhard Scheit lebt als freier Publizist in Wien. Autor u. a. von *Verborgener Staat, lebendiges Geld. Zur Dramaturgie des Antisemitismus*; *Die Meister der Krise. Über den Zusammenhang von Vernichtung und Volkswohlstand*; *Suicide Attack – Zur Kritik der politischen Gewalt* und *Der Wahn vom Weltsouverän. Zur Kritik des Völkerrechts*; Herausgeber dreier Bände der neuen Jean Améry-Werkausgabe.

Heribert Schiedel ist langjähriger Mitarbeiter im Dokumentationsarchiv des österreichischen Widerstands in Wien; Autor u. a. von *Der rechte Rand. Extremistische Gesinnung in unserer Gesellschaft*, Koautor von *Iran im Weltsystem. Bündnisse des Regimes und Perspektiven der Freiheitsbewegung*.

Alfred Sohn-Rethel

Von der Analytik des Wirtschaftens zur Theorie der Volkswirtschaft

Frühe Schriften

Herausgegeben von Oliver Schlaudt und Carl Freytag

Frühjahr 2012 • 280 Seiten • 20 Euro • ISBN: 978-3-86259-109-1

Dieser Band versammelt erstmals Alfred Sohn-Rethels frühe theoretischen Schriften. Im Zentrum steht die Heidelberger Dissertation von 1928, vermehrt um bisher unveröffentlichte Dokumente, die ihre Entstehung im Zusammenhang seiner Arbeiten während der 1920er Jahre in Positano, Heidelberg und Davos nachzeichnen.

Hans-Georg Backhaus

Marx, Adorno und die Kritik der Volkswirtschaftslehre

Frühjahr 2012 • 700 Seiten • 34 Euro • ISBN: 978-3-86259-107-7

Es geht um den Begriff der „Kritik" und ebenso ihres Objekts, wie sie Theodor W. Adorno in seinen 1942 verfaßten „Reflexionen zur Klassentheorie" knapp und präzis formuliert hat: daß Marxens „Kritik der politischen Ökonomie die des Kapitalismus" bedeutet, also die der „politischen Ökonomie" primär nicht als einer ökonomischen Theorie, sondern als eines realen ökonomischen Gesamtsystems - eines „Systems der Entmenschlichung", wobei Adorno die „Unmenschlichkeit" so definiert, „daß die Menschen ... zu Objekten geworden sind". Einer so verstandenen „Kritik der politischen Ökonomie" geht es nicht allein um eine Ideologiekritik apologetischer Wirtschaftstheorien, sondern um eine weit radikalere und umfassendere Kritik, um eine „Kritik der ganzen Geschichte" als einer zu kritisierenden „Geschichte der Herrschaft". Der Untertitel des Marxschen „Kapital" – eben: „Kritik der politischen Ökonomie" – signalisiert in dieser Perspektive vor allem eine umfassende Kritik der Gesellschaft im Sinn jener Idee von „Erkenntnis, die zugleich kritisch" ist.

Georg Lukács u.a.

Verdinglichung, Marxismus, Geschichte

Von der Niederlage der Novemberrevolution zur kritischen Theorie

Herausgegeben und eingeleitet von Markus Bitterolf und Denis Maier

Frühjahr 2012 • 500 Seiten • 24 Euro • ISBN: 978-3-86259-105-3

Diskussionsbeiträge von Robert Fechner, Gerhard Stapelfeldt, Timothy Hall, Hans Martin Lohmann, Stephan Grigat, Joachim Bruhn, Fabian Kettner, Bierne Baumeister/Zwi Negator, Gerhard Scheit und Moishe Postone.